認知症の人の家族支援

介護者支援に携わる人へ

編著　矢吹　知之
東北福祉大学／認知症介護研究・研修仙台センター

株式会社 ワールドプランニング

はじめに

　本書をまとめるきっかけになったのは，ある元介護施設職員の方からの言葉であった．彼女は在宅介護をしている．長年勤めた介護施設を退職し，在宅介護のたいへんさを語り始めたとき，私は驚いた．「なぜ，施設では介護を楽しんでいたのに，在宅では涙するのであろうか」という言葉であった．在宅による「介護」，施設による「介護」は，同じ介護行為でありながら相違なるものである．知識・技術を超えた，もっと深い理解が必要であると考えたことであった．

　「その人らしさ」を支援することは，介護現場では徐々に浸透しつつある．「その人らしさ」は「利用者主体」または「当事者主体」とも言い換えることができるが，施設職員と家族介護者が感じる「その人らしさは」は，どうやら異なるようである．当事者とはだれなのか．ある夫を介護する妻は，「うちのお父さんは，あんなにもカメラと新聞が好きだったのに．認知症になってからは，カメラも新聞も見向きもしなくなってしまった．もう終わったんだ．この人は，前のあの人（夫）ではないのだ」，また，ある家族は，「うちの人が，ご飯の上に入れ歯を乗せて食べようとしていた．それをみた瞬間から，介護はもう無理だと思った」と語っていた．家族の語りからみえたのは，家族にしかみえない絆（bond）であった．家族の歴史を理解しなければ，認知症の人の「その人らしさ」は表層的で，客観的な理解にしかならないのである．認知症ケアにおける「当事者」とは，ほかでもない「認知症の人」と「家族」なのだ．

　「すぐに役立つ知識は，すぐに役立たなくなる」

　灘高校の名物教師であった橋本武氏は，結論を急ぐ生徒にそのように諭した．

　現場の支援者は苦しんでいるからこそ，あまたの困難事例への対応集が刊行されている．かつて，在宅介護問題について，嫁が一方的に担う在宅介護

に異を唱えた研究者は，その不平等さ，理不尽さに対し男女同権を訴えた．いまはどうか．男性介護者は全体の3割を超えている．3人に1人が男性介護者になっているのだ．しかも，その虐待問題の矢面に立たされてしまった．この事態は，研究によってもたらされた結果なのであろうか．だとすれば，実に非情である．確かに，家庭内の介護役割は負担感に影響をもたらしているかもしれない．しかし，高齢者が増加し，認知症の人が増え，そして支える人がいないことは，私たち研究者の論だけでは変えがたい事実として目の前に残されている．この状況では，家族が家族を支えることには限界があるという事実も，受け入れなければならないのである．だからこそ，本書では，介護の役割分担や，男性か女性かという性別や続柄の違いによる議論を重ねることの選択肢をとらなかった．

介護殺人，介護心中，介護離職，孤立社会や無縁社会，過疎地域や消滅可能性都市など，在宅介護を取り巻く現状は，社会の変化によって次々と新たな問題がうたかたのごとく湧き上がり消えてゆく事実と向き合う．人生の基盤であったはずの「家族」は，どうやらそれほど確かなものではない．社会のなかで最小単位の集団である「家族」は，「介護」を通じて，ときに厳しい状況に陥り，家族だけでは十分に支えきれないことに，だれもが気づき始めている．ゆえに，本書では，困難事例を検証することの重要性は意識しながらも，あえて事例検討を行っていない．なぜならば，多様化し解体の危機にとらわれる家族の側面に着目するのではなく，最愛の人との共同作業を行う，自由で豊かな生活基盤である家族の可能性を信じているからである．そのためには，場当たり的な事例検討ではなく，本質をとらえ直さなければならない．

本書のタイトルを，「介護者支援」ではなくあえて「家族支援」とした理由はここにある．

本書は，すぐに使えることだけにこだわらず，社会や人の変化に左右されない「家族支援」の根底に流れる本質的な支援の視点を，社会学，倫理学，精神医学，心理学，看護学，司法，それぞれの研究者や実践者の視点から，「家族支援」に携わる人々に向けた提言や助言を得たものである．

本書の特徴は，問題提起だけではなく，すべての章と節に出口を用意していることである．

第1章は，対象となる高齢者の障害や認知症を取り除き，人が人を支援するという本質的な問いにこたえようとしたものである．続柄・性別を排除し，「ケアする人」「される人」という存在をどのようにとらえるのか（矢吹），そして，どのように支えるかの境界線には，倫理観がある．支援者が迷った際に，どのように判断し（箕岡），どのようなサービスに結びつけるか提案されている（松本）．第2章は，家族支援に携わる人が感じている課題への解決の糸口を知ることができるであろう．離れたくても離れられない家族，強すぎる関係性をどのように支え（松下），介護が介護者にもたらす精神的な病理（高原）と理解に苦しむ結果（湯原）を防ぐための具体的方法（杉山）を導き出す試みである．第3章では，在宅介護を継続するための環境を専門職連携を通じて支え，整えるための方策について，家族教室の展開（佐藤），専門職連携の方法（大塚），そして鉄道事故をはじめとした，事故や家庭内のリスクと対応（松本）について詳細に解説を加えた．第4章では，高齢者介護のなかで家族支援の唯一の法的根拠ともいえる「高齢者虐待防止法」についてふれ（吉川），支援者として知るべき義務（箕岡）と対応（矢吹）について整理をした．そして，第5章は，人の人生の最期の最後のあり方，支え方（箕岡）が説明されている．

　念のために改めてつけ加えるが，本書は，家族とはなにかを述べることを主眼とした学術書としてではなく，「認知症の人を介護する家族の支援に携わるすべての人」に役立つ，分かりやすく質の高いものを目指しているが，事例が少ないために堅苦しく思われるところがあるかもしれない．しかし，あえて事例は用いていないことは前述したとおりであり，「すぐに役立たなくなる」ことを防ぐため，普遍的とまではいえないが，場当たり的対応にならない真の家族支援の可能性を示すことを目指したからである．家族支援の現場において，介護で苦しむ家族の方を支えるため日々奮闘されている方が，困難な事例でつまずいたそのとき，ふと思い出し，本書を手にとりヒントを得て，また現場に立ち向かう，そんな力になれれば，編著者としてそれに勝る喜びはない．

2015年4月

　　　　　　　　　　　　　　　　　　　　　　　　　矢吹　知之

執筆者一覧 （五十音順）

所属下欄は執筆箇所

大塚　眞理子		千葉大学大学院看護学研究科専門職連携研究センター
おおつか　まりこ		第3章　家族介護者を連携して支える方法―Ⅱ
佐藤　典子		順天堂大学医学部附属順天堂東京江東高齢者医療センター
さとう　のりこ		第3章　家族介護者を連携して支える方法―Ⅰ
杉山　秀樹		順天堂大学医学部附属順天堂東京江東高齢者医療センター
すぎやま　ひでき		第2章　認知症介護者が陥りやすい心理と支える方法―Ⅳ
髙原　昭		北播磨総合医療センター
たかはら　あきら		第2章　認知症介護者が陥りやすい心理と支える方法―Ⅱ
松下　年子		横浜市立大学大学院医学研究科・医学部看護学科
まつした　としこ		第2章　認知症介護者が陥りやすい心理と支える方法―Ⅰ
松本　一生		松本診療所
まつもと　いっしょう		第3章　家族介護者を連携して支える方法―Ⅲ
松本　望		北海道医療大学
まつもと　のぞみ		第1章　多様化する家族介護者と在宅介護の現状―Ⅳ
箕岡　真子		東京大学大学院医学系研究科客員研究員／箕岡医院
みのおか　まさこ		第1章　多様化する家族介護者と在宅介護の現状―Ⅱ
		第4章　高齢者虐待の未然防止と対応の方法―Ⅱ，Ⅲ
		第5章　看取りにおける倫理
矢吹　知之		東北福祉大学／認知症介護研究・研修仙台センター
やぶき　ともゆき		第1章　多様化する家族介護者と在宅介護の現状―Ⅰ，Ⅲ
		第4章　高齢者虐待の未然防止と対応の方法―Ⅳ，Ⅴ
湯原　悦子		日本福祉大学社会福祉学部
ゆはら　えつこ		第2章　認知症介護者が陥りやすい心理と支える方法―Ⅲ
吉川　悠貴		東北福祉大学／認知症介護研究・研修仙台センター
よしかわ　ゆうき		第4章　高齢者虐待の未然防止と対応の方法―Ⅰ

● 目 次

はじめに …………………………………………………………………… 3
執筆者一覧 ………………………………………………………………… 6

第1章 多様化する家族介護者と在宅介護の現状 ……………… 19
　Ⅰ．家族介護者を支えるための視角と方策 ………………… 矢吹　知之　21
　　1．はじめに ………………………………………………………………… 21
　　2．「家族にしか分からない」「介護をした人にしか分からない」の理由
　　　………………………………………………………………………… 21
　　　1）在宅の認知症ケアは知識と技術だけではない？！　21
　　　2）親密な関係の罠　22
　　　3）介護者の主体性の空洞化　23
　　　4）家族関係支援の見立てと方向性　24
　　3．家族介護者がケアをする権利，本人がケアを受ける権利 ……… 25
　　　1）介護は医療と同じくプロに任せるべきなのか　25
　　　2）介護される人へのまなざし　26
　　　3）当事者の声に耳を傾ける　26
　　4．認知症ケアの高度化による葛藤とケアをすることを
　　　強制されない権利 ……………………………………………………… 27
　　　1）認知症ケアの高度化と家族介護者の苦悩　27
　　　2）家族介護のブラックボックス　29
　　　3）ケアすることを強制されない権利の保障　29
　　5．おわりに ………………………………………………………………… 31

Ⅱ．家族支援に携わる人の『認知症ケアの倫理』；どのように支援したら，家族介護者がよりよいケアを実践できるのかを倫理的視点から考える……………………箕岡 真子 31
  1．はじめに………………………………………………………………… 31
  2．「認知症ケアの実践者としての家族」を支援する………………… 32
  3．「認知症本人の代弁者としての家族」を支援する………………… 33
  4．「介護者として限界のある家族」を支援する……………………… 33
    1) 家族介護者は，在宅ケアの"かなめ"　*33*
    2) 身体的疲弊・精神的疲弊・経済的疲弊　*34*
  5．認知症の医学的事項(病態・症状)を理解できるように
    支援する………………………………………………………………… 35
  6．認知症の人の尊厳について理解できるように支援する………… 36
    1) 家族が，本人のもっともよき理解者であることを自覚する　*36*
    2) アイデンティティーの継続　*36*
    3) 「抜け殻仮説」からの脱却　*37*
    4) パーソン論への挑戦　*37*
  7．尊厳に配慮する具体的対応(ケア)方法を支援する………………… 38
    1) 倫理的に配慮したケア＝パーソン・センタード・ケア　*38*
    2) パーソン・センタード・ケアの構成要素　*38*
    3) 認知症ケアマッピング　*39*
    4) パーソン・センタード・ケアの具体的実践　*40*
  8．おわりに………………………………………………………………… 40
Ⅲ．認知症介護における家族支援の必要性と課題……………矢吹 知之 41
  1．はじめに………………………………………………………………… 41
  2．小規模化する家族と介護者の行方…………………………………… 42
    1) 小さくなる家族，高齢化する介護者　*42*
  3．介護家族支援政策の歴史とこれから………………………………… 46
    1) 家族機能に依存してきた在宅介護政策　*46*
    2) 「無理を重ねる介護」から社会全体としての「家族支援」へ　*46*
    3) 介護保険制定後の家族支援　*47*

  4）これからの公的な家族支援施策の方向性　*49*
 4．介護者の介護負担の評価と軽減の方法……………………………… *52*
  1）介護負担を増大させる要因と軽減させる出来事　*53*
  2）介護家族の介護負担感の要因　*55*
  3）介護負担感軽減に向けた介護の肯定的評価　*57*
  4）求められる家族支援方法　*58*
Ⅳ．在宅介護サービスの種類と支援方法 ………………… 松本　望　*59*
 1．はじめに……………………………………………………………… *59*
 2．介護保険制度における在宅介護サービス…………………………… *59*
  1）「在宅介護サービス」とは　*59*
  2）介護保険サービスの利用方法　*61*
  3）【介護給付】で利用できる『居宅サービス』の種類と
   その特徴　*63*
  4）【介護給付】で利用できる『地域密着型サービス』の種類と
   その特徴　*66*
  5）【予防給付】で利用できる在宅介護サービスの種類と
   その特徴　*68*
  6）その他の【市町村特別給付】，地域支援事業によるサービスの
   種類とその特徴　*68*
 3．介護保険制度以外の在宅介護を支援するサービス………………… *70*
 4．おわりに……………………………………………………………… *72*

第2章　家族介護者が陥りやすい心理と支える方法………… *77*
Ⅰ．家族介護者と共依存 …………………………………… 松下　年子　*79*
 1．はじめに……………………………………………………………… *79*
 2．依存症とは…………………………………………………………… *80*
 3．共依存とは…………………………………………………………… *82*
 4．関係性の本質………………………………………………………… *84*
 5．システムの特徴とシステムズ・アプローチ………………………… *85*
 6．家族介護者や援助職者が陥りやすい危機…………………………… *87*

7．サービス利用に拒否的な家族介護者への支援方法……………… 88
Ⅱ．介護うつ………………………………………………………髙原　昭　90
　　1．はじめに………………………………………………………………… 90
　　2．『介護うつ』と支援のポイント…………………………………… 91
　　　1）介護することが不安でうつ状態になる場合　*92*
　　　2）介護を行っているときがつらくてうつ状態になる場合　*93*
　　　3）「介護がいつまで続くのだろうか」とさきのことを考え
　　　　うつ状態になる場合　*93*
　　　4）介護を終えて自分自身のこれからを考え
　　　　うつ状態になる場合　*94*
　　3．認知症介護における『介護うつ』と支援のポイント……………… 94
　　　1）介護することが不安でうつ状態になる場合　*95*
　　　2）介護を行っているときがつらくてうつ状態になる場合　*96*
　　　3）「介護がいつまで続くのだろうか」とさきのことを考え
　　　　うつ状態になる場合　*97*
　　　4）介護を終えて自分自身のこれからを考え
　　　　うつ状態になる場合　*97*
　　4．認知症の人の『介護うつ』に対する専門家のかかわりを考える… 98
　　5．おわりに………………………………………………………………… 99
Ⅲ．介護を理由にした殺人・心中…………………………………湯原　悦子　100
　　1．はじめに………………………………………………………………… 100
　　2．認知症で，介護うつが疑われる介護殺人事件……………………… 101
　　3．介護者のうつに関する支援者の意識………………………………… 104
　　4．介護者支援システムの構築…………………………………………… 106
　　5．おわりに………………………………………………………………… 108
Ⅳ．認知症介護者のメンタルヘルス…………………………………杉山　秀樹　109
　　1．はじめに………………………………………………………………… 109
　　2．認知症介護者のグループ療法………………………………………… 109
　　　1）グループ療法が始まるまでの経緯　*109*
　　　2）グループ療法の目的　*110*

         3）グループ療法の対象と方法　*110*
         4）グループ療法の結果　*111*
         5）グループ療法の効果　*113*
         6）グループ療法の課題　*115*
    3．認知症介護者をサポートするための視点································· 115
         1）認知症介護をめぐる感情　*115*
         2）認知症介護者の介護負担感の評価　*116*
         3）多職種協働のサポート　*117*

第3章　家族介護者を連携してさせる方法·················· 121
  Ⅰ．家族介護者教室の実際と課題······················ 佐藤　典子　123
    1．はじめに··· 123
    2．家族介護教室の実際··· 123
         1）病院・クリニックの家族介護教室　*123*
         2）地域の家族介護教室　*125*
         3）その他（認知症カフェ，家族会など）の家族介護教室　*125*
    3．家族介護教室の実践例··· 126
         1）当院における家族介護教室　*126*
         2）地域で実施した家族介護教室　*129*
    4．家族介護教室開催に関してのポイントと課題······················· 132
         1）時間・構成　*132*
         2）家族交流とその後の家族支援　*132*
         3）多職種連携・地域連携　*133*
    5．おわりに··· 133
  Ⅱ．専門職の連携協働による家族支援······················ 大塚眞理子　134
    1．はじめに··· 134
    2．認知症の人と家族に対する家族支援··· 135
         1）家族介護者の支援から当事者中心のケアへ　*135*
         2）家族システムを取り入れた認知症の人と家族への支援　*135*
         3）認知症家族支援に必要な専門職の連携　*136*

3. 専門職連携の新しい考え方とその実際……………………… 137
　1) 連携ができる専門職を育てる　137
　2) 専門職連携教育による人材育成でケアの質が向上　138
　3) 専門職連携のための態度とスキル　139
4. 多機関・多職種で行う認知症家族支援………………………… 142
　1) 事例の基礎情報　143
　2) 認知症高齢者の経過　143
　3) 主介護者（嫁）の介護経過　145
　4) 認知症の人の介護による家族の成長　147
　5) 多機関・多職種の連携した家族支援の促進要因　148
　6) 専門職連携は信頼関係がいちばん大事　151
5. おわりに………………………………………………………… 152
Ⅲ. 在宅介護を取り巻くリスクとその回避……………… 松本　一生　153
1. はじめに………………………………………………………… 153
2. 在宅ケアを成し遂げるために克服すべきリスクとは………… 154
3. 用語の倫理的配慮……………………………………………… 154
4. 精神運動性興奮や他者への攻撃性…………………………… 154
5. 無頓着行為や社会性を欠く行為……………………………… 156
　1) 異　　食　156
　2) 気になったものを持って帰ること
　　（ときに万引きと誤解される）　157
　3) 性的逸脱行為　158
6. 自動車運転と事故……………………………………………… 158
7. 歩き回る行為・自宅や病院からいなくなること……………… 159
　1) 鉄道踏切事故　160
8. 地域に対して…………………………………………………… 161
9. おわりに………………………………………………………… 163

第4章　高齢者虐待の未然防止と対応の方法…………………… 167
Ⅰ. 高齢者虐待防止法の概要と特徴…………………… 吉川　悠貴　169

1. はじめに ………………………………………………………………… 169
　　2. 高齢者虐待防止法の概要と関連制度等 ………………………………… 169
　　　1) 目　　的　*169*
　　　2) 法の対象となる「高齢者虐待」と注意すべき事項　*169*
　　　3) 早期発見の責務,「養護者による高齢者虐待」に関する
　　　　 通報義務と注意すべき事項　*171*
　　　4)「養護者による高齢者虐待」の防止・対応　*172*
　　3. おわりに ………………………………………………………………… 175
Ⅱ. 高齢者虐待と通報義務；守秘義務の解除 ……………… 箕岡　真子　175
　　1. はじめに ………………………………………………………………… 175
　　2. 守秘義務 ………………………………………………………………… 176
　　3. 相対的義務としての守秘義務 ………………………………………… 176
　　4. 通報の義務 ……………………………………………………………… 177
　　　1) 養護者（家族）による高齢者虐待　*177*
　　　2) 介護施設従事者による高齢者虐待　*178*
　　5. 虐待の悪循環を断ち切る ……………………………………………… 179
　　6. 高齢者と家族の関係を改善し, 本人の最善の利益を考える ……… 179
　　7. おわりに ………………………………………………………………… 181
Ⅲ. 介護者と認知症の人の権利擁護；成年後見を含む ………………… 182
　　1. はじめに ………………………………………………………………… 182
　　2. 個人情報保護 …………………………………………………………… 182
　　　1) なぜ, 個人情報保護が必要か　*182*
　　　2)「個人情報保護法」施行時の混乱　*183*
　　　3) 守秘義務と個人情報保護の関係　*183*
　　　4) 個人情報保護法の枠組み　*184*
　　3. 行動コントロールの倫理 ……………………………………………… 185
　　　1)「行動コントロールの倫理」とは　*185*
　　　2) なぜ,「行動コントロールの倫理」について
　　　　 考えなければならないのか　*186*
　　　3) 倫理的ジレンマ（倫理的価値の対立・倫理原則の対立）　*186*

4）身体拘束の弊害　*187*
　　　5）拘束に関する法律　*187*
　　　6）薬物による行動コントロール　*188*
　　　7）病院における身体拘束　*188*
　　　8）転倒のリスクマネジメント　*189*
　　　9）尊厳と行動コントロール　*189*
　　4．成年後見制度 …………………………………………… 190
　　　1）法定後見制度　*190*
　　　2）任意後見契約に関する法律　*192*
　　　3）成年後見人の医療同意権　*192*
Ⅳ．高齢者虐待の未然防止；一次予防 ………………… 矢吹　知之　193
　　1．はじめに ………………………………………………………… 193
　　2．社会の問題として虐待の未然防止を考える ……………………… 193
　　3．高齢者虐待防止法の限界とそれぞれの役割 ……………………… 193
　　4．市町村自治体，地域包括支援センターの未然防止の役割 ……… 197
　　　1）高齢者虐待防止法の周知方法　*197*
　　　2）本人からの発信，認知症・介護者の理解の啓発，教育　*198*
　　　3）関係者・団体のネットワーク構築と教育　*199*
　　5．介護保険施設・事業所による家族支援の役割 ………………… 204
　　　1）訪問看護の家族支援と情緒的支援　*205*
　　　2）訪問介護，訪問入浴の早期支援による予兆察知　*205*
　　　3）通所介護，通所リハビリテーションの家族支援と予兆察知　*206*
　　　4）短期入所サービスの家族支援と予兆察知　*206*
　　　5）特別養護老人ホーム等入所施設の家族支援　*207*
　　　6）地域包括支援センターとの連携と
　　　　 ケアマネジメントの質向上　*208*
Ⅴ．高齢者虐待の段階的対応と再発防止；二次予防・三次予防 ……… 209
　　1．はじめに ………………………………………………………… 209
　　2．虐待の悪化防止に向けた対応方法と家族支援の役割
　　　（二次予防）……………………………………………………… 210

1）市町村の虐待対応と家族支援の役割　*211*
　　　2）地域包括支援センターの虐待対応と家族支援の役割　*214*
　　3．虐待の対応を効果的に行うためのネットワーク……………………216
　　　1）虐待対応の分類とレベル　*216*
　　　2）早期発見・見守りネットワークの機能と役割（一次対応）　*217*
　　　3）保健医療福祉サービス介入ネットワークの
　　　　機能と役割（二次対応）　*219*
　　　4）関係専門機関介入支援ネットワークの
　　　　役割と機能（三次予防）　*221*
　　4．ネットワークに求められる虐待の緊急性の判断基準と
　　　事実確認……………………………………………………………223
　　　1）判断基準の考え方　*223*
　　5．終結と虐待の再発防止(三次予防)………………………………226
　　　1）2つの終結　*226*
　　　2）高齢者虐待防止法の対応の終結　*228*
　　　3）家族支援の終結　*230*
　　　4）終結の限界　*233*

第5章　看取りにおける倫理 ……………………… 箕岡　真子　237

Ⅰ．はじめに………………………………………………………………239
Ⅱ．よりよい「看取り」をするためには，正しい「看取りの意思確認」が
　　必要である……………………………………………………………240
Ⅲ．「本人意思」についての問題……………………………………………241
　　1．本人に意思能力があれば，「看取りの意思確認書」は，
　　　本人の意向に沿って作成されるのが原則である…………………241
　　2．「インフォームド・コンセント」の意味……………………………242
　　3．意思表示できない人の「自己決定権」を尊重するために；
　　　事前指示の重要性……………………………………………………243
Ⅳ．家族等による代理判断…………………………………………………244
　　1．「適切な家族」による「適切な代理判断」…………………………244

2．だれが『適切な代理判断者』か？ ……………………………… 244
　　3．『適切な代理判断の手順』とは？ ……………………………… 245
　　　1）事前指示の尊重　　*245*
　　　2）代行判断　　*246*
　　　3）最善の利益判断　　*246*
Ⅴ．家族がよりよい代理判断をするために ………………………………… 246
　　1．「家族の代理判断」の法的意味 ………………………………… 246
　　2．家族による代理判断は適切か？ ………………………………… 247
　　3．「本人が決めること」と「家族が決めること」の倫理的"ちがい" …… 248
Ⅵ．意思決定のプロセスの重要性 …………………………………………… 248
　　1．「看取りの意思確認」の結論を出すためのプロセス ………… 248
　　2．だれが「看取りの意思確認」の話し合いに参加するのか ……… 249
　　3．「看取りの意思確認」の手続き（プロセス）を公正にするために … 250
　　　1）十分なコミュニケーション　　*250*
　　　2）透 明 性　　*251*
　　　3）中 立 性　　*251*
　　4．「看取りの意思確認書」の最終確認 …………………………… 251
　　5．定期的な再評価（再確認）の必要性 …………………………… 252
　　6．関係者のコンセンサスが必要である
　　　　（意見の不一致の解決方法） ……………………………………… 252
Ⅶ．「看取り」に際して，医学的アセスメントは十分か？ ………………… 253
Ⅷ．高齢者の慢性疾患における緩和ケアの重要性 ………………………… 255
　　1．「看取りの意思確認」があるからといって，必要な医療やケアを
　　　　提供することを妨げてはならない ……………………………… 255
　　2．緩和ケア的アプローチは，患者に対してだけでなく，
　　　　家族に対しても ……………………………………………………… 255
　　3．「看取りの意思確認」後にも，緩和ケアの内容について
　　　　十分な対話を ………………………………………………………… 256
　　4．『緩和ケア』の概念 ………………………………………………… 256
　　　1）緩和ケアの定義　　*256*

2）緩和ケアの具体的実践　　*256*
Ⅸ．心肺蘇生をしない(＝看取る)という医師による指示；
　　DNAR指示……………………………………………………… 257
　1．「看取りの意思確認書」を作成したら，次は「DNAR指示」を
　　作成してください……………………………………………… 257
　2．DNAR指示(蘇生不要指示)とは ………………………… 258
　3．DNAR指示は，介護施設の「看取り」においても
　　無関係ではない ………………………………………………… 258
Ⅹ．おわりに……………………………………………………………… 259

おわりに……………………………………………………………………… 261

第1章

多様化する家族介護者と在宅介護の現状

Ⅰ. 家族介護者を支えるための視角と方策

1. はじめに

　介護が必要になっても，住み慣れた自宅や地域で暮らし続けることができる体制づくりを目指す地域包括ケアシステムへの転換を考えるうえで，翻弄される介護家族の苦悩があることを忘れてはならない．

　いまから14年前，介護保険制度の創設により，「介護の社会化」がうたわれ，介護は家族の役割や義務という私的領域から公的領域に移行した．とはいえ，在宅介護の現状をかんがみると，介護保険における在宅介護サービスは家族介護を前提とし，それを補完する程度である現状は否めない[1]．介護を理由にした自殺や心中，高齢者虐待は家族だけの問題ではなく，社会全体の課題でもある．在宅介護を社会問題としてとらえる公的な在宅介護サービスのあり方についての検討が進んだのかといえば，未解決の問題が多く残されている．たとえば，高齢化率が介護保険制度施行2000年当時の17.4％から15年後の2014年には24.1％に進展したことをはじめ，要介護者のいる世帯構成，主たる介護者の続柄の変容，そして，介護者の経済的な問題等多くの歪みを生じさせる社会的背景は十分に考慮されているとはいいがたい．

　本節では，認知症の人を介護する家族(以下，家族介護者)を支援しようとする際に，顕在化しづらい背景や葛藤という家族の心理状況をどのように理解し，どのような姿勢でかかわることが必要であるのかを読み解くための視点を多角的に考えていく．

2. 「家族にしか分からない」「介護をした人にしか分からない」の理由
1） 在宅の認知症ケアは知識と技術だけではない?!

　「介護をした人にしか分からない」，これは家族介護者の相談場面や当事者会である家族会，交流会で聞かれる言葉である．他方，家族会に参加した家族から，「あの人たちと私は違う」「まったく理解してもらえなかった」という言葉を聞くこともある．一見まったく異なる意見を聞いたとき，次の手紙を思い出す．Aさん(女性，既婚)は，25年間施設で介護職員として認知症ケアに携わり，介護主任まで務めた敏腕ケアワーカーであった．そのAさんは，

義母と実母の介護のために中途退職をしたのである．

「長年，認知症の人の介護をしてきておおよそ察しがついており，自宅でもうまく介護ができると思っていましたし，うまくやっていく自信もありました．しかし，実際に介護をすると涙が止まらなくなるのです．これではいけないと思っていても，どうしてもうまくいかなくて．こんなはずではなかったのに．本当に苦しい．情けない」

認知症ケアを担うにあたり必要である十分な知識と技術を有しているにもかかわらず，燃え尽きてしまいそうな元介護職員である．この手紙から，在宅介護に必要なものは知識，技術だけではないことが分かる．家族介護者を支える役割にある専門職者(以下，支援者)には知識や技術の伝達指導だけではなく，「その他のなにか」，いわゆる「第3の視点」が求められるのではないであろうか．その視点について次項で述べる．

2）親密な関係の罠

同じ認知症ケアであっても，在宅と施設での大きな違いは，仕事で行われる公的領域の介護か，家族間で行われる私的領域の介護かという点である．家族のような私的な領域での親密な関係性は「親密圏」と表現され，愛情を基盤とした情緒的なつながりの集合体であり，近代以降の小家族を指してきたものである[2]．そして，この領域は従来安全な場所として考えられてきたが，現在の介護場面においては極めて不安定な状況が露見されるようになった．たとえば，養護者による高齢者虐待数の増加である．情緒的なつながりを基盤とした「親密圏」にある家族関係は，安全であると同時に閉鎖的であり，相対的に危険な場であるとも考えられている[3]．なぜなら，その関係性のなかで営まれる介護は，常に「ケアする／される」という非対称な関係が生じるからである．在宅での家族による介護では，要介護状態になる以前の関係性が一度リセットされ，新たな関係を構築しなければならないのである．確かに，要介護者が認知症になり，意思疎通がうまくできなくなっていても，在宅介護を継続している家族も少なくないが，その場合，要介護者が「いつもすまんね」「ありがとう」等の感謝の言葉を口にしたり，要介護者自身の介護者への思いを表出したりしている．これは，単なる感謝だけではなく，要介護者自身の存在の主張ととらえることができる．ギデンスは，「親密な関係性」に

おいて，「人は，相互に『愛しているのであれば愛してくれるだろう』という役割を期待している」として，親密な関係を築くためには，1つに溶け合う愛情の必要性があると説明し，同時に介護者は，要介護者の気持ちと一体化しようとする「自己投影的同一化」をも図ろうとするとしている[4]．このような関係性では，相手を自分と同質のものであるとみなし，そのことは，相手を「他者」として扱わなくなる，またはその事実をみえにくくしてしまうという危険性をはらんでいる[3]．知らず知らずのうちに，要介護者への過度な期待や愛情が要介護者の存在を消してしまうという罠にはまっていくことになるのである．

3）介護者の主体性の空洞化

　その結果，介護者自身の「主体性の空洞化」が生じる．在宅での介護場面でみれば，自己を犠牲にし，自分自身もみえなくなり，相手もみえなくなる状態になる．第三者からみれば明らかにその介護方法は要介護者のためにならない誤りであると気づいても，介護者本人は相手がみえず，自身の行為にも盲目になっているような状態になる．本来，介護者は，要介護者を「他者」であると認めているからこそ，相手の要求を理解したり配慮したりすることができる[5]．相手が認知症などで要求が分かりにくくなっている場合ではなおさらである．このような状況に対して,他者から「もっとうまくできるでしょ」などの否定的な言葉に介護者はいらだち，ストレスを抱え，知らず知らずのうちに要介護者への暴力や暴言，ときに自分自身への暴力に転化してしまう．ケアという関係を通じた要介護者への支配である．一方で，施設における介護では，そもそもこうした関係性を，介護職員と利用者という役割をお互いに演じることが約束されている．施設や事業所においては，その役割を演じる教育を行い，それに対して対価を支払っているのである．実は，ここにも対人援助への対価を通じた問題が潜んでいるが，本書の課題ではないため，その点の考察は別に譲る．

　「親密な関係」で醸成されるこうした思考は，一度陥ると介護者自身では抜け出すことがむずかしく，そこで「家族にしか分からない」という言葉が出てくるのであろう．親密な関係である在宅介護場面では，「ケアする／される」という関係性であるからこそ，介護者は要介護者との違いを認識しなければ

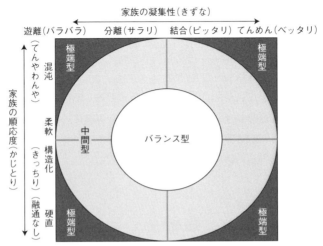

Olson DH, Russell CS, Sprenkle DH：Circumplex model of marital and family systems；VI. Theoretical update. *Family Process*, 22(1):69-83(1983)をもとに作成.

図1-1　オルソンの家族の円環モデル

ならない．つまり，介護者は自分自身の生活や人生を大切にするという，自己への配慮がなされなければならない．そのために，支援者による介護者の苦労を認める承認を繰り返すことが必要である．それは，「主体の空洞化」から生まれる自己犠牲の状態の予防につながる．

4）家族関係支援の見立てと方向性

ミネソタ大学のOlsonらは，家族関係について次のようなモデルを用いて説明した(図1-1)[6,7]．

Olsonは，家族システムの理論的・実証的研究者であり，50年にわたる実践と研究から，家族の機能度を知るうえで「きずな」と「かじとり」が需要な次元であるとし，これら2つの次元を組み合わせて家族の円環モデル(Circumplex Model)を導き出した．「かじとり」は，家族の柔軟性や順応度のことであり，問題が発生した際のリーダーシップ，相談，役割関係であるとしている．たとえば，介護問題が発生した際に，だれが主たる介護者となり責任をもつのか，また，どんな介護サービスを利用するか，在宅介護の限界を

決めることができるのかなどが考えられる．「きずな」は，家族の凝集性のことであり，情緒的結合，家族間の相互作用への関与の度合い，夫婦関係や親子関係などを意味している．介護場面では，密接すぎる関係であると他者や介護サービスを受け入れることができず，離れすぎた関係は，家族のなかで介護に無関心であり，1人の介護者に任せっきりになり，協力が得られない状態になるおそれがある．支援者として家族支援に携わるうえで目指すべき方向性としては，バランスのよい中庸な関係への支援であり，かかわっている家族がどのような状態にあるのかといったみえづらい関係性についてのアセスメントに役立つ考え方である（図1-1）．

3．家族介護者がケアをする権利，本人がケアを受ける権利
1）介護は医療と同じくプロに任せるべきなのか

　平均寿命から健康寿命を引いた数字を平均介護期間とすると，2013年時点で男性は9.13年，女性は12.68年である．在宅介護期間の伸長と在宅介護中心の施策は家族介護者の負担の増加につながることが以前から指摘されており，家族の将来設計の不安要素でもあった．家族社会学者である森岡の著書「『無縁社会』に高齢期を生きる」のなかでは，介護の役割について一般市民からの新聞投稿による興味深い論争を紹介している[8]．「我々医者の間では，自分の家族を自分で診ると，情がからんで必ず誤診するから，他人の医者に診てもらうべきだというのが，昔からの常識である．介護に関しても同じことが言えると思う．(中略)家族の情が本人の自立を妨げることがあるのだ（京都市男性医師(68歳)）／朝日新聞1996年5月4日」．こうした意見について森岡は，介護保険制度導入による介護の外部化並びに社会化の意義と家族が介護することの肯定的側面について論じ，わが国の介護に対する歴史的背景からも，家族の果たす役割である「情緒的満足」や「心の安らぎ」を尊重しながら社会化を進めることが望ましいと述べている．合わせて，現在の在宅介護が介護の外部化との組み合わせで成り立っていることを前提に，「別居拡大家族の支援を得，社会資源を大いに活用して，中心で介護する人が普通の生活を維持できる介護の形であってこそ，家族の情のポジティブな側面が活性化され，老親の生活の質を高めるのであろう」と結び，「介護はプロがすべき

―介護は家族がすべき」の二元論にとどまらせない調整役として,介護支援専門員(ケアマネジャー)への期待を述べている.

2) 介護される人へのまなざし

しかし,森岡自身も指摘しているところであるが,これら一連の議論では,現在の認知症ケアの位相からみても大きく不足する論点がある.先述した「専門家による介護(医療)か,家族による介護(看護)か」という議論について帰着する協働的役割の具体的な方法と,当事者である「介護される人」へのまなざしである.つまり,「介護は専門家に」という意見は「介護する人」の思いであり,「介護される人」である「認知症の人」の思いが内包されているとは考えにくいのである.これまで述べてきたとおり,ケアという関係性では,「介護する人」と「介護される人」の関係が生じる.とくに,認知症ケアの場合,「介護される人」である認知症の人本人が,自身の苦しい思いや環境の変化に適応できなくなったことを介護者にうまく伝えることがむずかしくなる状態である.その原因を理解できなければ,介護者との関係性は悪化する.従来は,このような状態を「なにも分からなくなった人」として人格を否定し,"抜け殻(Non-person)"(p.37参照)とした扱いをし,個別性と尊厳は無視されてきたが,こうした過去の認知症ケアのアンチテーゼとして,Kitwoodが提唱した個別性と尊厳を配慮したケア,いわゆるパーソン・センタード・ケアが日本においても広く浸透してきた経緯がある[9].認知症に伴う個人的な症状のすべてを,その人の個人的な脳神経学的な原因に還元してしまうこれまでの標準的なとらえ方に対して,「認知症ケアにおける主要な心理学的課題は,認知症の人のpersonhoodが保たれるようにすること」という概念は,「医学モデルから生活モデル」を目指し,認知症のケアの質向上を訴えてきた多くの実践者の考え方を後押しする概念として共感された.つまり,先述した「介護はしろうとがするものではない」という議論は,「介護する人」の側からの医学モデル的な意見であり,生活モデルともいえる「介護される人」の視点は不在であったのである.

3) 当事者の声に耳を傾ける

パーソン・センタード・ケアがわが国に紹介され始めたころとほぼ同時期に,認知症ケアに携わる人にとって大きなインパクトを与える出来事が起

こった．2004年に京都国際会議場で開催された国際アルツハイマー病協会総会において，認知症当事者のクリスティーン・ブライデン氏（当時46歳）が，認知症のそれを感じさせない理路整然とした語り口調で自らの心理状況をゆっくりと，そしてしっかり話す姿が巨大なスクリーンに映し出されるようすを多くの関係者が見つめた．多くの認知症の研究者や実践者は驚きを隠せなかったが，もしかすると，一部の家族介護者は常識の範囲内のこととして受け止めていたのかもしれない．そもそも若くして認知症に苦しむ人，そしてその家族が昔からいたはずなのに，認知症ではない精神疾患など別の病としてとらえていたのかもしれない．また，認知症介護は高齢者だけの問題で自分の意思を語れるはずがないという誤った常識にとらわれ，区別していたことについて忸怩たる思いに駆られた．クリスティーン・ブライデン氏の衝撃の直後，わが国では2004年12月に痴呆から認知症へ呼称が変更され，2006年に「本人会議」によって当事者のアピールが発表されたことは[10]，認知症ケアおよび家族の支援の概念形成やあり方に，大きな歴史的変化をもたらすこととなったといっても過言ではなかった[11]（表1-1）．

4．認知症ケアの高度化による葛藤とケアをすることを強制されない権利
1）認知症ケアの高度化と家族介護者の苦悩

　当事者性を原理としたパーソン・センタード・ケアは，認知症ケアの専門性を高めることにつながり，施設・事業所において認知症の人をケアする標準的ケアの方向性として支持されている．しかし，一方でこうした認知症ケアの高度化や成熟は，家族を苦しめるという側面があることも忘れてはならない．なぜなら，介護は，ときに高齢者虐待や介護を理由にした自殺者を生じさせる[12]．こうした状況に陥らせる背景には，認知症の行動・心理症状（Behavioral and Psychological Symptoms of Dementia；BPSD）への対応が介護負担感を増加させていることが一因と考えられる．BPSDに対する理想的な対応は，パーソン・センタード・ケアでいわれるように，本人のペースや思いを尊重し，強制せず，無視せず，子ども扱いせず，欺かず，非難しないことを基本に，原因や背景を探り対応することである．しかし，家族介護者の多くはひとりで対応しており，やむなく身体拘束に当たる行為や不適切な

表1-1 認知症の人「本人会議」で認知症の人本人がまとめた社会に向けたアピール

● 本人同士で話し合う場を作りたい
 1. 仲間と出会い，話したい．助け合って進みたい．
 2. わたしたちのいろいろな体験を情報交換したい．
 3. 仲間の役に立ち，はげまし合いたい．
● 認知症であることをわかってください
 4. 認知症のために何が起こっているか，どんな気持ちで暮らしているかわかってほしい．
 5. 認知症を早く診断し，これからのことを一緒にささえてほしい．
 6. いい薬の開発にお金をかけ，優先度の高い薬が早く必要です．
● わたしたちのこころを聴いてください
 7. わたしはわたしとして生きて行きたい．
 8. わたしなりの楽しみがある．
 9. どんな支えが必要か，まずは，わたしたちにきいてほしい．
10. 少しの支えがあれば，できることがたくさんあります．
11. できないことで，だめだと決めつけないで．
● 自分たちの意向を施策に反映してほしい
12. あたり前に暮らせるサービスを．
13. 自分たちの力を活かして働きつづけ，収入を得る機会がほしい．
14. 家族を楽にしてほしい．
● 家族へ
15. わたしたちなりに，家族を支えたいことをわかってほしい．
16. 家族に感謝していることを伝えたい．
● 仲間たちへ
17. 暗く深刻にならずに，割り切って，ユーモアを持ちましょう．

出典）社団法人認知症の人と家族の会(2006)「認知症の人『本人会議』」(http://www.alzheimer.or.jp/?page_id=4997)．

ケアと思われる行為をしてしまうことがあることは否めない．そして，家族介護者の多くは，介護を始めた当初は，認知症である要介護者を大切な「個別の存在」と認識し，家族として尊重しケアに当たっており，介護生活のプロセスのなかで「そうせざるを得ない状況」に陥ってしまったといえるのではないであろうか．それは，家族によるケアは「親密圏」にあるがゆえに，専門職の「公共圏」での，役割を割り切れた介護と異なり，その介護プロセスはより経験的・主観的であり，介護プロセスのなかでしだいに，家族の思いと本人の思いがかけ離れてしまった結果の行為であるととらえる必要があろう[13]．家族介護者の虐待や不適切なケアについて，専門職である支援者は杓子定規に虐待行為として非難するべきではなく，理想と現実の狭間に立たさ

れた家族の意図せざる結果として受け止め，苦悩の結果であることを理解し対応に当たらなければ，より潜在化を進めてしまうことになるであろう．そこで，支援者は初期の段階から教育的な働きかけにとどまらず，家族の体験を共有し共感する姿勢と，もともとあった家族の情緒的結合を紡ぎ止める働きかけが求められる．

2) 家族介護のブラックボックス

在宅での認知症ケアプロセスにおいて発生した家族による虐待を「そうせざるを得ない状況」とする場合，そうなる前である介護プロセスの初期段階の家族ではない支援者による介入が重要である．そして，認知症ケアという行為を当事者視点として，家族介護者の「家族にしか分からない」という心理的背景を検討するうえで，支援者である専門職がもう一度自己の認識を疑ってみなければならないことがある．それは，「介護者は本当に介護をしたい」と望んでいるかという点である．家族介護者の介護プロセスでの「自己成長」など，「介護肯定感」についてこれまで多くの研究が報告されており[14-16]，在宅介護をするうえで極めて重要な視点であることに異論はない．しかし，その結果として，家族介護者が自己犠牲を強いられながら継続しなければならない状況をつくってしまうおそれがあることも認識しなければならない．いわば，家族の真の思いのブラックボックス化のような状況をつくってしまうおそれがあるのである．筆者らが行った家族に対する調査で，専門職から言われた嬉しかった助言として「サービスの提案」を挙げた家族介護者が多数いたことからも分かるように，在宅介護から少しでも解放されたいという思いを後押しする配慮も必要である．上野は，ケアそのものを，Dalyらの「依存的な存在である成人または子どもの身体的かつ情緒的な要求を，それが担われ，遂行される規範的・経済的・社会的枠組みのものにおいて，満たすことにかかわる行為と関係」という定義を支持し，「相互行為としてのケア」は，社会権としてケアをとらえ，ケアする側，ケアされる側の双方からのアプローチの必要性について，4つのダイアグラムを用いて説明した[17,18]（図1-2）．

3) ケアすることを強制されない権利の保障

ここで，強調したいことは，「ケアする／される」関係が必然的に生じる家族介護者と要介護者には，同時に，家族には「ケアすることを強制されない

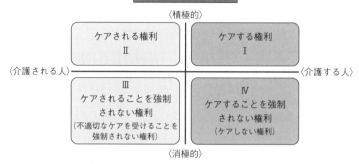

上野千鶴子：家族の臨界；ケアの分配公正をめぐって．(牟田和恵編)家族を超える社会学；新たな生の基盤を求めて，初版，2-16，新曜社，東京(2009)をもとに作成．

図1-2 ケアの人権アプローチ4象限モデル

権利」，要介護者には「ケアされることを強制されない権利」が保障されなければならないという点である．

「ケアされることを強制されない権利(不適切なケアを受けることを強制されない権利)」は，「高齢者虐待の防止，高齢者の養護者に対する支援等に関する法律」の制定により法的に認められてきたことである．しかし，介護者側の主張である「ケアすることを強制されない権利」は社会的にも認識されておらず，当然支援者のなかには，「家族が介護をすることがいちばん幸せである」ことを前提とした支援が行われてしまうことは，変わりゆく家族の感情の表出する機会を減少させてしまい，介護生活による地域社会での孤立，離職など社会的な不利益を発生させ，望ましくない結果を発生させてしまうおそれがある．ケアを引き受けた介護者は，他の介護をしていない家族から「ケアをする権利」を得たこととして認識され，最後までケアを担うというコミットメントとしてとらえられてしまい，介護者や周辺の人々は，「ケアすることを強制されない権利」の意識が薄れていく可能性が高い．支援者に家族の「ケアをする権利」を奪うことはできないが，それに伴う社会的な不利益を排除する働きかけを行うことが求められるのではないであろうか．介護中心の生活から解放されることの保障として，「もう限界です」と言える場である自治体や施設・事業所ごとの家族会や相談会の設置，または現在は任意事

業として行われている各自治体が主催する介護者交流会開催や専門職の参加，そして現在オレンジプランで推奨されている「認知症カフェ」の設置など，すべきことは多々あるのではないかと思われる．

5．おわりに

本節は，家族介護者を支える専門職として想定される介護保険施設・事業所職員，各自治体担当者に求められる考え方と方法について，介護する家族の当事者性にて，介護をケアという関係性の視点で分析を加えたものである．しかし，本節は，家族と同居する要介護者だけを論じたものであり，増加するひとり暮らし高齢者についてはふれていない．平成25年の厚生労働省「国民生活基礎調査」によると，要介護者の3人に2人は主に同居する家族に介護されているものの，傾向としては同居家族による介護が減少し，事業者と別居家族による介護が増加している[19]．さらに，2020年には全体の4割がひとり暮らしとなる推計をかんがみれば，地域包括ケアシステムを推進するうえで，今後はより認知症の人そのものの当事者性を配慮したうえで，権利を保障する体制づくりが求められる．「認知症になってもケアを選択できる権利」が社会的に保障される仕組みや，それが侵害されることを未然に防止するための体制づくりは急務である．しかし，公的な領域で行われる制度は基本的には平等性が重視されることから，本稿で述べたような家族介護者のナラティブな側面に1つひとつ配慮することは，現実的ではないこともまた事実である．だからこそ，制度の下で展開される介護サービスの提供者がすでに担っている，そこに対峙する家族介護者の「親密圏」における非対称な関係性と，そこから生じる葛藤を共感する作業を始めなければならない．

II 家族支援に携わる人の『認知症ケアの倫理』；どのように支援したら，家族介護者がよりよいケアを実践できるのかを倫理的視点から考える

1．はじめに

『認知症ケアの倫理』の重要な役割は，家族をはじめとする，進行性の認知

症にかかわるすべての人々が安心できるようなケアの倫理的土台をつくることである．したがって，ケアや支援においては，認知症本人の生活の質（Quality of Life；QOL）に第 1 番目に焦点が当てられるが，家族介護者を含めた関係者全員の Quality of Lives（QOLs）もたいへん大切な，倫理的考慮に値するものである．たとえば，最近の認知症の徘徊による踏切事故のように，家族がちょっと目を離したすきに事故が起こり，家族に多額の賠償金が請求されるといった事態が起これば，家族介護者は過度に萎縮する結果となり，認知症の在宅介護のシステムはうまく稼働しなくなり，結果として，そのしわ寄せは認知症の本人にいくことになる．

　本節では，1）認知症ケアの実践者としての家族，2）認知症本人の代弁者としての家族，3）介護者として限界のある家族をどのように支援していったらよいのか，さらに，家族が 4）認知症の医学的事項（病態・症状）の理解，5）認知症の人の尊厳についての理解を通じて，6）尊厳に配慮する具体的対応方法を学ぶことを支援し，家族介護者がよりよいケアを実践することができるアプローチを倫理的視点から考えていく．

2．「認知症ケアの実践者としての家族」を支援する

　認知症の人と共に暮らす家族介護者は，食事や排泄などの生活支援をはじめとする日常ケアや身体ケアを実践する，認知症の本人にとってなくてはならない存在である．また，認知症の初期には，家族がその異変に最初に気づき，それらの情報は，診断の助けとなる．さらに，認知症の人が「不安がなく安心である」「受け入れられている」「必要とされている」と感じられるような心理的ケアにも大きな役割を果たしている．家族は，認知症の人々を理解し，社会の偏見や差別から認知症の人々を保護し，避難場所を提供している存在であるといえる．このように，家族介護者は，認知症の人々が社会の一員として生活するために重要な役割を果たしている．

　しかし，最近の家族構成は，核家族あるいは少人数であったり，女性が外で働く機会が多くなったりしているため，家族介護者といっても，その介護力が十分でない場合が多い．さらに，国の医療政策により，施設から在宅へとシフトが図られているが，家族に余力はなく手いっぱいの状況がある．

したがって，家族介護を強要したり，あるいは，質の向上を強要したりすることは，家族介護者を疲弊させてしまう場合がある．たとえば，認知症の本人が，かつて望んでいなかった施設入所に関しても，家族が入所を希望する理由が，周囲が納得いくものであれば，許容されることもある．家族の介護力を適切に見極め，不足分を過不足なく支援・提供することが介護専門職に求められている．

3．「認知症本人の代弁者としての家族」を支援する

軽・中等度認知症の人は，自身の考えを伝えることができる場合が多いが，認知症の進行に伴って，自分の声をまわりの人々や社会に届けることができなくなる．家族は，このような弱い立場の人々の代弁者として，大切な役割を果たしている．

家族は，「かつてのその人」をよく知っているため，肯定的なアプローチで認知症の人々の潜在能力や感情的豊かさを代弁することができる．「認知症の人を，どのような視点で受け止めるのか」ということは，今後のケアの質に大きな影響を与えることになる．

したがって，家族介護者の生きた経験からの声に耳を傾け，代弁者としての家族を支援することが大切である．このような，家族介護者の生きた経験は，日常ケアにおける具体的な問題点を明確にし，社会政策的にも欠くことができないものとなる．家族介護者の声を謙虚に聴く姿勢は，認知症の人々が幸福に生きる権利がある存在として扱われる，よりよいケア体系と倫理体系を作り出すことができる．

4．「介護者として限界のある家族」を支援する
1）家族介護者は，在宅ケアの"かなめ"

家族介護者は，手を差し伸べる必要のある認知症の人々を守る重要な"かなめ"である．そして，家族介護者は，たいていの場合，介護をしなければならない人は，"たった1人"の家族のみであるため，自身の経験を通じて，悩み，試行錯誤しながら，介護方法を学んでいくことになる．したがって，家族によるケアは，技術的にも介護専門家と異なり，よりナラティブで経験

的・主観的なものとなる.

　また，家族であるからといって，自身のことについて適切にコミュニケーションできない認知症の人の感情を正しく解釈(翻訳)できない場合もある．ときに，家族ゆえに，感情的になり，ますます正しく解釈できなくなる場合すらある．ここでは，認知症の人の経験を，「自分の価値観で翻訳し，解釈している」「自分のフィルターを通じてみている」「自分自身の辞書を用いて翻訳している」ことについて，倫理的気づきをすることが重要である．このように，認知症の人の経験を「自分の価値観で解釈している」ことに自覚的・内省的である必要があることを，「翻訳の倫理」という．

　さらに，しだいに家族の生活ペースに合わなくなってきた認知症の人を，邪魔な存在・不必要な存在とみなし，虐待が起こってしまうこともある．これについては，"過去の家族のあり様"が，認知症の人に対する想いやケアの質に影響を与えていることがしばしばあるといわれている．

2）身体的疲弊・精神的疲弊・経済的疲弊

　認知症の人を介護する家族は，多大なエネルギーと気配り・忍耐力を必要としている．実際，自分のことをする余裕すらない場合もある．家族介護者は，家族の一員である認知症の人に対する想いや愛情から，自身を犠牲にして介護に当たっているといえる．

　このような家族による献身的介護は，認知症の人々にとってたいへん大切なものであるが，家族介護者は，介護技術的にも限界があり，さらには身体的疲労が重なり，時間的・経済的にも逼迫してきてしまうことがしばしばある．とくに，一家の大黒柱が認知症になった場合，あるいは主介護者になった場合には，経済的苦境はことさらである．さらに，家族介護者の多くがうつ病のリスクにさらされているといわれ，これは倫理的配慮に値する．

　現実には，認知症の人の数が増加しているにもかかわらず，現代の高齢者世帯や核家族では，十分な介護機能を発揮できない状況にある．とくに，女性(妻・嫁・娘)は介護の担い手として期待されているが，家事や仕事と介護の責任の板挟みになり，多くのストレスを抱えているといわれている．最近では，男性介護者も増加し，息子が老いた親の介護をしているケースも多くみられ，失職・離職や，ときに虐待が問題とされている．

このような家族介護者自身がケアされない状態は問題といえる．家族の一員を介護することは，道徳的・社会的にも貴重なことであり，それゆえに家族介護者を孤立させたり，そこまで疲弊させたりしてはならないであろう．医療政策的にも，在宅介護にシフトが進んでいる現状もあるが，家族は必要な公的サポートの代用ではない．家族介護者の苦しんでいる声を真剣に受け止め，彼(女)らに対するサポート体制に反映させる必要があるといえる．

5．認知症の医学的事項(病態・症状)を理解できるように支援する

家族が，認知症という病気の原因や経過・症状・治療内容・予後等などの医学的事項について知っておくということは，慌てずに認知症の人に対応するために，たいへん重要なことである．また，医学的事実を適切に認識することは，よりよい倫理的判断をするためにも欠くことのできないものである．

認知症の原因はなにか．既往の脳血管障害(脳出血・脳梗塞)が原因なのか，それとも，アルツハイマー型認知症なのか，レビー小体型認知症なのか．また，パーキンソン様症状との関連は？　などについて知っておくことは，それぞれの疾患の特徴に応じて冷静に対応できる鍵である．さらに，ドネペジル塩酸塩やメマンチン塩酸塩などの薬物は有効なのか？　その他の抗精神病薬は有効なのか？　副作用にはどのようなものがあるのか？　といった基礎的知識は，家族が日常の経過観察をするのに役立つ．

経過・予後については，現在のステージ(重症度)，BPSDが出る可能性と時期など，予測可能なものについては，知らせておくことが望ましい．とくに，BPSDについては，当初は，家族介護者も認知症の人々の言動に驚き・困惑し，そして振り回され，自分のことをすることもままならず，日々の暮らしが成り行かないということも起こり得る．さらに，冒頭のように，中等度以上になると，徘徊による踏切事故なども起こる可能性がある．家族は，いままで自分が知っていた「かつてのその人」とあまりに違う本人の言動をみて，アイデンティティーの混乱さえ起こってしまうことがある．

しかし，認知症介護のむずかしさを実感し，試行錯誤を繰り返し，心身共に疲弊していった家族も，認知症という病気の症状を適切に理解し，冷静に受け止めることによって，「認知症の人と共に暮らすとはどういうことなの

か」を，自身の体験を通じて学んでいくことになる．家族が医学的事項を適切に理解することを支援することによって，認知症の人のBPSDに対して，感情的なネガティブな反応にならなくてすむであろうし，また，それらの認知症の人々を包み込むことさえできるようになってくる．

6．認知症の人の尊厳について理解できるように支援する

家族が，「認知症の人の尊厳」について理解できるように支援することは，家族介護者がよりよいケアを実践するためにもっとも重要なことである．

1）家族が，本人のもっともよき理解者であることを自覚する

家族自身が，自分たちが認知症の人のもっともよき理解者になれること，そして，継続して家族としての愛情を注ぐ役割を担っていることを自覚するよう支援することが大切である．それは，家族が，認知症になる前の「かつてのその人」をもっともよく知っている存在だからである．しかし，そのことは，逆に，認知症になり変化してしまった本人に，もっとも失望する立場にもなり得る．

家族は，認知症の人との深いつながりと継続した愛情ゆえに，その個人に特化した忍耐強い，気遣いのあるケアをすることができる．認知症の人を，いつまでも家族の一員として尊重するケアは，家族自身の生活ペースを犠牲にして，認知症の人のペースに合わせ，ときに利他的ですらある．そして，介護は，必要とされるときに与えられるものであるが，家族の愛情は継続的に存在するものである．

2）アイデンティティーの継続

家族が，認知症の人を，いつまでも尊厳をもった1人の人（パーソン）としてみなすことができるように支援することも大切である．

認知症の進行とともに，残念ながら，「現在のその人（now-self）」は，「かつてのその人（then-self）」とは変化してしまう[20]．しかし，共に暮らしてきた家族は，「現在のその人」のなかに，「かつてのその人」の片鱗を見いだすことができる．ときに，「かつてのその人」の手がかりは，たいへん微かな場合もあるが，その人に対する愛情ゆえに，家族はその手がかりに対して，敏感に，肯定的に反応できるのである．家族が，このように「かつてのその人」を，「現

在のその人」のなかに見いだし，アイデンティティーを確認することによって感情的交流をすることができれば，認知症の人を「人格を失った存在」「尊厳を失った存在」とみなすことはなくなる．

このように，'then-self'（認知機能が正常であった過去のその人）と'now-self'（認知機能が低下した現在のその人）との間に連続性を認めることによって，認知症の人は，尊厳をもった'1人のパーソン'であり続けるのである．

認知症発症前の思い出や感謝の気持ちから，一所懸命に介護をしている家族は，このようなアイデンティティーを認めることによって，本人の認知機能低下や対処困難なBPSDにもかかわらず，本人をかけがえのない1人としてみなし，'共にあること'に充足感を感じ，よりよいケアをすることができるようになる．

3）「抜け殻仮説」からの脱却

「抜け殻仮説」とは，認知症患者は，脳神経細胞の病理学的変性により認知機能が低下し，その後，人格が変化・崩壊し，ついには「抜け殻」（＝Non-person）になってしまうという考え方である．実際，「抜け殻仮説」は長期にわたって世間に流布していた．このような社会の偏見をなくし，家族介護者が，認知症が進展しても，「認知症の人の人格や尊厳は継続していること」を再認識できるように支援することが，よりよい在宅介護の実践につながる．

そして，認知症の人を「抜け殻」「人格崩壊」などとよんできた社会の偏見（社会的作用）そのものが，さらに，認知症の人々の脱人格化や偏見を助長してきてしまった可能性がある．したがって，Kitwoodは，このような困った社会的作用をなくせば，認知症の人々に対する偏見や差別をなくすことができると考え，パーソン・センタード・ケアを提唱した[21]．

4）パーソン論への挑戦

「我考える，ゆえに我あり（デカルト）」「人間は考える葦である（パスカル）」という文言が示すように，考えることができるということが，人間を人間足らしめているのだと17世紀の思想家であるデカルトやパスカルは考えた．20世紀においても，西洋のパーソン論哲学者たちは，人が道徳的権利主体としての「パーソン」であるためには，自己意識や自己支配が必要であるとした．パーソン論を主張するこれらの哲学者たちは，生物学的な意味での「ヒト」

と，道徳的な意味での「人・パーソン」を区別し，道徳的思考ができない知的障害者や重度認知症者を，パーソンの領域から追い出してしまった．

しかし，21世紀に生きているわれわれは，この「パーソン論」に挑戦し，人は認知機能ゆえに，その道徳的地位が与えられるのではないということ，そして，さらに一歩進んで，人は認知機能の衰退ゆえに，支援の手が差し延べられなければならないということを提唱していかなければならない．

7．尊厳に配慮する具体的対応(ケア)方法を支援する

上述のごとく，認知症の人の尊厳に配慮するアプローチ，すなわち「アイデンティティーの継続性を認めること」「認知症に対する偏見・差別を取り除くこと」により，認知機能が低下しても，認知症の人々が尊厳と人格をもった1人の人であることを家族に認識してもらい，それにふさわしい対応とケアを実践できるように家族介護者を支援することが求められる．

1）倫理的に配慮したケア＝パーソン・センタード・ケア

認知症の人の尊厳に配慮した，倫理的に適切なケアのひとつにパーソン・センタード・ケアがある．パーソン・センタード・ケアは，提唱者のKitwood[21]の主著のタイトル「The Person comes first まず，その人ありき」が示すように，すべての場面で認知症の人々の人格(パーソン)を認めることを中核概念としている．

【パーソン・センタード・ケア】＝【個別性に配慮したケア】＋【尊厳に配慮したケア】であり，【尊厳に配慮したケア】＝【自立Independenceへの配慮】＋【自律Autonomyへの配慮】となる．

パーソン・センタード・ケアの確立した定義はないが，少なくとも，その人個人に焦点を当て，(その人をコントロールするのではなく)「自立」と「自律」を支援するケアであるというコンセンサスがある．

2）パーソン・センタード・ケアの構成要素

以下，『Lancet』に記載されたパーソン・センタード・ケアの構成要素を示す[22]．

①認知症の人々のpersonhood人格は，失われるのではなく，しだいに隠されていくのだとみなすこと

②すべての場面で，認知症の人々のpersonhood人格を認める

③ケアと環境を，個人に合わせる

④Shared decision making(共有された意思決定・意思決定の支援)を実践する

⑤周囲(社会)との関係性(交流)を重視する

　とくに，4番目のShared decision makingについては，認知症ケアにおいていままで見過ごされることが多かったものである．かつて，認知症の人の意思能力を過小評価し，あるいは包括的に無能力とみなし，本人の自己決定の権利を奪ってしまっていた場面が多く見受けられていたが，今後は，介護専門家だけでなく，家族介護者においても，できる限り，本人の意向・願望・好みについて尊重する姿勢が求められる．

3）認知症ケアマッピング

　パーソン・センタード・ケアの理念を実践する方法として，認知症ケアマッピングがある．認知症ケアマッピングは，認知症の人々の尊厳に配慮しながら，認知症の人と介護者の相互作用の質(＝ケアの質 Quality of Care)を定量化する観察法である．したがって，認知症の人，本人を観察するだけでなく，認知症本人―介護者の「関係性」を観察することになるため，まさに「認知症の人の状態は，ケアの状態を反映する鏡である(Kitwood)」を具体的に実践するものであるといえる．

　具体的に観察する事項として，「人としての価値をおとしめる行為 Personal Detraction；PD」「よい出来事 Positive Event；PE」がある．

　「人としての価値をおとしめる行為PD」は以下の17個であり，これらは，倫理的には尊厳に反する行為となり，介護専門家だけでなく家族介護者も，認知症の人々に対して，しないようにする必要がある．【①ごまかし，②権限を与えない，③子供扱い，④脅かす，⑤レッテルを貼る，⑥偏見をもつ，⑦急かす，⑧訴えを退ける，⑨のけ者にする，⑩もの扱い，⑪無視，⑫無理強い，⑬ほっておく，⑭非難する，⑮妨害する，⑯嘲る，⑰誹謗する】．

　また，反対に，認知症の人々に対する肯定的な行為「よい出来事PE」は以下の12個である．【①受容すること，②話し合うこと，③協力すること，④楽しむこと(娯楽)，⑤感覚に訴える行為をすること，⑥祝うこと，⑦息抜きを

表1-2 パーソン・センタード・ケアの具体的実践の方法

- 病気のために失われた能力(=その人ができないこと)にではなく,その人ができること,あるいは,その人のもつよい面に焦点を当てること
- その人の潜在能力を最大限に引き出すこと
- 認知症の人を包みこみ,肯定的な姿勢をとること
- その本人が幸福と感じるようなアプローチをとること
- 介護専門家や一般人の視点ではなく,本人の視点に立つこと
- 本人の個別性・個性に配慮すること
- BPSDは,感情の表現であるとみなすこと
- BPSDを,なにかを伝えたいという表れであるとみなすこと「翻訳の倫理」
- 認知症の人々の世界に入り込み,たとえそれが理解に苦しむものであっても,すべての行動に意味があるのだと考えること
- 認知症の人の現実の世界(これはしばしば私たちの現実の世界と異なるが)を受け入れること
- 選択(自己決定)する機会を与え,それを尊重すること
- ケアのなかに,その人の過去の生活やたどってきた歴史を取り入れること
- かけがえのない1人として尊重すること

すること,⑧正当化,⑨身体的・心理的に包みこむこと,⑩容易にできるようにすること,⑪創造的行為をすること,⑫奉仕・献身する】.これらの「よい出来事PE」は,介護者の肯定的相互行為であるだけでなく,介護者に必要なよい資質(=徳)でもあることを,家族介護者に理解してもらうことによって,よりよい雰囲気が生まれ,ケアに生きがいを感じることができるようになる.

4) パーソン・センタード・ケアの具体的実践

認知症の人々の尊厳を守ることができる倫理的なケアであるパーソン・センタード・ケアの具体的実践は表1-2のようになる.家族介護者に対しても,できる限りこれらのアプローチの趣旨が理解できるように,コミュニケーションを深めていくことが望まれる.

8. おわりに

病院医療や施設介護から,在宅医療ケアへの政策的シフトが叫ばれているなか,家族介護者の役割はますますその重要性を増し,それらの家族介護者が疲弊しないように,あるいは介護に満足感を感じることができるように支援することは重要な課題である.そのためには,家族介護者を孤立させない

地域コミュニティーでのネットワークづくりも必要となる．

　認知症の本人と，その家族介護者は，決して，そのどちらかが快適で幸福であればよいというわけではない．認知症本人の QOL は，家族を含む他の介護者の QOLs に影響を与えるし，周囲の人々の QOLs は，認知症の本人の QOL に影響を与える．それは，認知症ケアにおける QOL という概念は，互いに助け合いながら生きている他の人々との関係性のなかに存在しているからである．実際の現場では，家族にとってのベネフィットと，認知症本人のベネフィットが，ときに対立するという倫理的ジレンマに遭遇するが，介護専門家は，本人および家族双方の要望を理解し，独断ではなく，医療ケアチームとして十分な話し合いをして支援する姿勢が求められる．

　認知症の人が，いつまでも，母として，父として，あるいは祖母・祖父として共に生きてきた大切な家族であり続けられるように，家族介護者が，ケアに「希望」を見いだせる支援について考えていかなければならない．そして，それは，願わくは，すべての人々が高齢になり死を迎えるとき，まわりの人に感謝をすることができ，自身の人生を幸福なものであったと感じることができるような支援である．

Ⅲ　認知症介護における家族支援の必要性と課題

1．はじめに

　少子高齢化社会における在宅介護においては，「だれが」「どのように」担うのかが常に問題となる．そして，少子高齢化は，社会病理的な現象としてとらえるよりも，今後ますます進行する常態のひとつとして在宅介護を考えていく必要がある[26]．

　在宅介護の「だれが」の主たる対象は，子どもや高齢化した家族が，親や配偶者を「どのように」介護するか，そして，介護しながら子育てや仕事を「どのように」両立するかが課題となる．また，「だれが」に当たる家族介護者が直面する課題の個人差が大きく，それが支援のむずかしさでもある[27]．さらに，在宅で介護をする家族の支援，いわゆる「家族支援」がいま大きな課題となっているのは，介護を家族だけでは担いきれなくなった家族形態と，それ

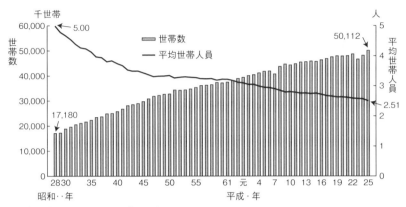

注：1）平成7年の数値は，兵庫県を除いたものである．
　　2）平成23年の数値は，岩手県，宮城県及び福島県を除いたものである．
　　3）平成24年の数値は，福島県を除いたものである．
出典）厚生労働省（2014）「平成25年国民生活基礎調査の概況」(http://www.mhlw.go.jp/toukei/saikin/hw/k-tyosa/k-tyosa13/dl/02.pdf)．

図1-3　世帯数と平均世帯人員の年次推移

を支える在宅介護サービスが十分に機能しきれていない現状が散見されるからであろう．

　ここでは，このような課題解決を試みるために，家族形態の変化，家族の周辺状況や経緯を理解することで問題を洗い出し，そこから家族の内面的な負担の要因と心理状況のとらえ方を考えていこう．

2．小規模化する家族と介護者の行方
1）小さくなる家族，高齢化する介護者

　世帯数の変化から，「だれが」介護を担うのかという問題が浮き彫りになってくる．図1-3は，わが国の世帯数と平均世帯人員を示したものである．平均寿命の伸長と比例するように世帯数は増加しているものの，その世帯に暮らす人数は減少している．これは，大家族が減少し，小規模化した家族が増加していることを示し，家族間の助け合いを期待することがむずかしい状況になっていることを表している．図1-4からは，65歳以上の高齢者がいる世帯の構成では，単独世帯，夫婦のみの世帯，親と未婚の子のみの世帯が

第1章　多様化する家族介護者と在宅介護の現状

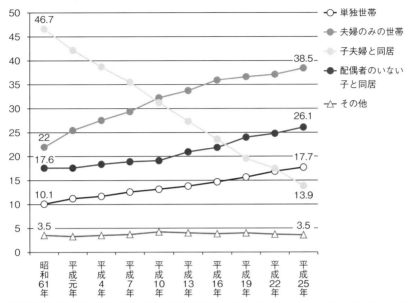

厚生労働省(2014)「平成25年国民生活基礎調査の概況」(http://www.mhlw.go.jp/toukei/saikin/hw/k-tyosa/k-tyosa13/dl/02.pdf)をもとに作成.
図1-4　家族形態別にみた65歳以上の人の構成割合の年次推移

増加し，かつて主流であった三世代世帯は大きく減少していることが読み取れる．さらに，図1-5からは，要介護者のいる世帯構成の状況では，平成13(2001)年度から平成25(2013)年までの変化をみても，年々，単独世帯と核家族世帯が増加し，三世代世帯が減少していることが分かる．また，図1-6では，主に介護している人の続柄をみると女性が多く，60歳以上の介護者が男女共に6割を超えていることが明らかになっている．この結果が示しているように，家族の世帯構成人員の縮小と高齢化は在宅介護の問題と直結しており，家族による介護のあり方自体に影響を与えているのである．

しかし，わが国において在宅での介護は，かつて「家制度」のなかで伝統的に根づいてきた経緯から，数字としては小さくなったとしても，家族が解体し在宅介護が消滅する方向に向かっているわけではなく，その形態が変容していると理解したほうがよいであろう[1]．

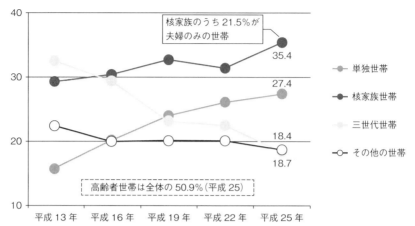

図1-5 要介護者のいる世帯構成の年次推移

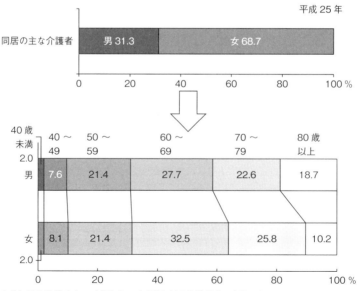

出典）厚生労働省(2014)「平成25年国民生活基礎調査の概況」(http://www.mhlw.go.jp/toukei/saikin/hw/k-tyosa/k-tyosa13/dl/05.pdf).

図1-6 性・年齢階級別にみた同居の主な介護者の構成割合

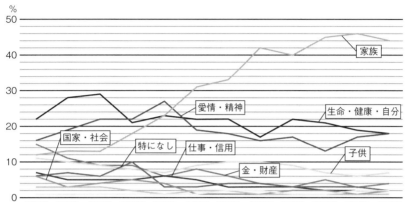

統計数理研究所(2014)「一番大切なもの」(http://survey.ism.ac.jp/ks/table/data/html/ss2/2_7/2_7_all.htm)をもとに作成.

図1-7 あなたにとっていちばん大切なものはなにか(日本人の国民性調査)

図1-7は，家族に対する日本人の価値観をみるうえで非常に興味深い．日本人の国民性調査において，「あなたにとっていちばん大切なものはなにか」という問いに対する回答である．その結果，1958年では「家族」がいちばん大切と回答した人は1割であったが，2013年では全体の4割を占めており，「子ども」を合わせると，実に全体の5割が家族がもっとも大切であると回答している．現在の日本人は価値観が多様化しているのではなく，1970年代から「家族」に一極化している傾向があり，家族は家族に対して大きな期待を寄せている．家族は分離するが，その反面期待は大きいという複雑な現象が起きている．つまり，家族の結合形態は，以前のような法律，世論，体裁などの「家制度」のような形式化した関係から，ばらばらであるからこそ「家族」を大切にするといった「家族愛」による情緒的結束が強くなっているようである．家族支援を考えた場合では，こうした密接な結合形態に対し，家族ではない第三者が価値観の異なる家族のなかに入って支援を展開することは，慎重でていねいな働きかけが必要とされる[28,29]．

3．介護家族支援政策の歴史とこれから
1）家族機能に依存してきた在宅介護政策

わが国における家族支援の現状を理解するために，これまでの公的な家族支援策の過程を概観していきたい．1976年は，平均世帯人数が3.27人であった時代である．経済企画庁から出された「昭和50年代前期経済計画」では，社会福祉に関して「家族機能の強化」「コミュニティケアの推進」「在宅福祉サービスの重点化」が強調され，翌1977年の「厚生白書」では，在宅での介護は，三世代世帯の家族機能を十分に生かし，子どもによる老親の介護を期待する旨の報告がなされ，政策の各種において家族による介護が明確に位置づけられ始めたのである[30]．

こうした流れを受けて1979年，経済審議会の「新経済社会7か年戦略」では，「公」と「私」の適切な役割や機能分担を目指し，個人の自助努力と家庭や近隣・地域社会等の連帯を基礎とした，新しい「日本型福祉社会」を構築することを基本方針とすることが明記された[31]．

そこで，「私」の分野で期待されたのが個人の自助努力，在宅介護でいえば家族による在宅介護であり，いわば家族の介護機能に依存した政策であった．さらに，1986年の「厚生白書」には，「日本型福祉」の視点をより明確化した次の文章をみることができる．「『自助・互助・公助の役割分担』『健全な社会』とは，個人の自立・自助が基本で，それを家庭，地域社会が支え，さらに公的部門が支援する『三重構造』の社会である，という理念に基づく」としている．つまり，介護は家族の責任で行われるものであり，その所在は三世代同居であり嫁（女性）による介護であり，介護サービスの主体的選択権はない．家族が高齢者を介護することが困難であると判断された場合の，その代替としての介護サービスや福祉サービスであったと解釈できる[32]．

2）「無理を重ねる介護」から社会全体としての「家族支援」へ

1985～1989年ごろになると，急速に進行する高齢化社会，核家族化，同居率・世帯人数の減少，女性の社会進出による家族内の役割の変化により，家族による介護機能は大きく変化し，政策自体の方向転換が必要となってきた．このころの平均世帯人数は3.22人へと減少していた．

こうした背景を受けて，国は，「高齢者保健福祉推進10か年戦略（ゴール

ドプラン)」を策定し,「無理を重ねる在宅介護」から「介護サービスを利用する在宅介護」を基本的方向性として定め,在宅・施設サービスの拡充を目指し,在宅介護を支援するデイサービス,ショートステイの整備,ホームヘルパーの養成を具体的数値目標に掲げて行うことで,在宅介護を担う家族の支援,在宅福祉の推進を図ることとなっていった.

　ところが,加速する少子高齢化と,家族機能や役割の変化,認知症の人の増加から,高齢者介護のシステム自体の見直しの必要性が高まっていった. 1994 年には「今後 5 か年間の高齢者保健福祉施策の方向(新ゴールドプラン)」を策定し,社会全体で介護を支えていく在宅福祉を基本理念として,家族が長期にわたる介護のために疲れ果てて崩壊することがないようにするための構造を構築することを目指した.こうした流れは,1997 年に制定された介護保険法に受け継がれ,在宅介護を家族に大きく依存していたそれまでの状態から,社会保険方式とし,社会全体で支えていく仕組みへと転換されていくこととなっていったのである[33].

3) 介護保険制定後の家族支援

　介護保険法では,「要介護状態となった場合においても,可能な限り,その居宅において,その有する能力に応じ自立した日常生活を営むことができるように配慮されなければならない(第 2 条の 4)」とされ,在宅介護サービスの拡充が図られた.その一方で,在宅で介護する家族に対して直接支援するサービスや給付の規定はなく,地域支援事業の任意事業として,各市町村自治体において定められており,その体制は消極的な支援にとどまっている.

　表 1-3 は,その主な内容について示したものである.残念ながら,現在のところ,在宅で介護する家族への支援は,介護者自身が声を出し支援を求めなければ,十分に享受することはむずかしい.また,介護保険サービスによって在宅サービスを受けていたとしても,家族の介護負担を十分に補っているとはいいがたい現状にある.それは,「高齢者虐待の防止,高齢者の養護者に対する支援等に関する法律に基づく対応状況等に関する調査結果」の結果からも読み取れる.

　この調査が実施された 2006 年度の虐待相談・通報件数が 18,390 件であったのに対し,2013 年度では 25,310 件と,6,920 件増加しており,毎年増加傾

表1-3　介護保険による主な家族介護支援事業

・家族介護教室の開催
・家族介護者の交流事業開催
・介護用品の支給
・家族介護者慰労金
・徘徊高齢者家族支援
・住宅改修補助
・緊急通報体制等整備事業
・認知性高齢者家族やすらぎ支援事業(やすらぎ支援員の養成と派遣)

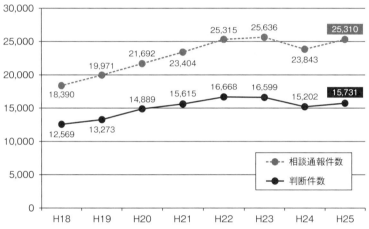

厚生労働省(2015)「平成25年度高齢者虐待の防止，高齢者の養護者に対する支援等に関する法律に基づく対応状況等に関する調査結果」(http://www.mhlw.go.jp/file/04-Houdouhappyou-12304500-Roukenkyoku-Ninchishougyakutaiboushitaisakusuishinshitsu/0000073579.pdf)をもとに作成．

図1-8　法に基づく状況調査の擁護者による虐待判断件数と相談・通報件数

向にある(図1-8)．さらに，被虐待者の要介護認定状況では7割が要介護認定ずみであり，そのうち7割が認知症を有していることが明らかになっている．さらに，虐待者は9割近くが同居である．これは，何らかのサービスを利用しているのにもかかわらず，同居する家族らが虐待に至ったケースが多いことを示している．

表 1-4　認知症施策推進 5 か年戦略(オレンジプラン)の 7 本の柱

① 標準的な認知症ケアパスの作成・普及
② 早期診断・早期対応
③ 地域での生活を支える医療サービスの構築
④ 地域での生活を支える介護サービスの構築
⑤ 地域での日常生活・家族の支援の強化
⑥ 若年認知症施策の強化
⑦ 医療・介護サービスを担う人材の育成

　この状況からも，介護保険サービスの利用だけでは，在宅で介護する家族の支援は十分とはいえず，とくに認知症の人を介護する家族には，きめ細やかな家族の介護負担感の評価や直接的な支援は課題となっていた．

4) これからの公的な家族支援施策の方向性

　介護保険法の目的第 1 条に明記されるとおり，支援の対象は第一義的にはあくまで要介護者本人であり，介護者にはふれられていない．当然，法に基づいて実施される各種事業でも介護者支援に対する事業は規定されておらず，通所介護や訪問介護は副次的には，介護者の一時的休息には値するものの，事業者にとって家族支援を強く意識してきたとはいいがたい．

(1) オレンジプランと家族支援

　わが国がこれからの介護の方向性として掲げる「地域包括ケアシステム」とは，重度な要介護状態となっても住み慣れた地域や自宅で自分らしい暮らしを人生の最後まで続けることができるよう，住まい・医療・介護・予防・生活支援が一体的に提供される仕組みを構築しようとするものである[34]．認知症対策については，厚生労働省が 2012 年に公表した，2013 年から 2017 年までの目標値を掲げた「認知症施策推進 5 か年計画(オレンジプラン)」を掲げ，具体的な方策が示された[35]．これまでの病院・施設を中心とした認知症ケア施策を，できる限り住み慣れた地域で暮らし続けられる在宅中心の認知症施策へシフトすること，地域で医療や介護，見守りなどの日常生活支援サービスを包括的に提供する体制づくりを目指して，7 本の柱を立て，具体的な方策がまとめられた(表 1-4)．これによって，認知症の早期発見・受診により，適切な介護や医療につながり，地域生活を可能な限り継続するうえでの

方向性が改めて明確に示された．これは，単純に施設から地域への方向転換というだけではなく，介護の社会化をより強く推し進めるための政策転換といってもよいであろう．

家族支援については，「⑤地域での日常生活・家族の支援の強化」において，地域住民の啓発的教育である認知症サポーター養成事業の推進による認知症に理解のある地域づくりと，認知症の人や家族に対する支援として，認知症の人，その家族，専門職などが集う場である「認知症カフェ」の推進を図ることが明記されている．認知症カフェは，オランダで1998年ごろから始まった「アルツハイマー・カフェ」をモデルにした取り組みである．オランダでは，220か所近くで月1回程度開催されており，カフェは定型的プログラムがあり，アルツハイマー協会が作成したガイドライン，運営マニュアルに基づき実施され，認知症の人，家族，地域住民などが自由に参加している．わが国の場合，現段階ではガイドラインやマニュアルはなく，比較的自由な内容で行われ，実施主体もNPOや社会福祉法人，個人など多様な形態で，家族や認知症の人の居場所づくりとして広がりをみせている．専門職からのアプローチとして，「②早期診断・早期対応」において設置される「認知症初期集中支援チーム」において，介護者の介護負担感の評価が加えられた．医師や看護師，介護福祉士などでつくる「初期集中支援チーム」は，専門職が積極的に出向き，働きかけを行うアウトリーチによるアセスメントなどで，症状が出た当初から最適な支援につなげるためのものである．

(2) 新オレンジプランと家族支援

2013年から進められてきたオレンジプランであるが，その間の他国の国際的認知症戦略に関する動向や，認知症の人の実態に関する調査研究などを受け，2015年1月に新たな認知症施策「認知症施策推進総合戦略；認知症高齢者等にやさしい地域づくりに向けて(新オレンジプラン)」が公表された．認知症を一般的な病気(Common Disease)ととらえ，2025年までに行うべき課題を見直し，厚生労働省だけではなく，各省庁が協力し総合的な国家戦略として，2017年度末までの数値目標が掲げられた．

新オレンジプランでは，新たな7本の柱を掲げ，とくに医療と介護の連携により良質で早期の支援を図ること，認知症の人や介護者が暮らしやすい地

表 1-5　認知症施策推進総合戦略（新オレンジプラン）の 7 本の柱

① 認知症への理解を深めるための普及・啓発の推進
② 認知症の容体に応じた適時・適切な医療・介護等の提供
③ 若年性認知症施策の強化
④ 認知症の人の介護者への支援
⑤ 認知症の人を含む高齢者にやさしい地域づくりの推進
⑥ 認知症の予防法，診断法，治療法，リハビリテーションモデル，介護モデル等の研究開発およびその成果の普及の推進
⑦ 認知症の人やその家族の視点の重視

域をつくること，認知症の治療と予防方法を確立することを目標に，これらの実現に向けた新たな事業が示された（表1-5）．

　家族支援については，「④認知症の人の介護者への支援」で，介護者の負担軽減や地域の理解を深めることを目的に，2013年から財政的支援を行っている「認知症カフェ」をいっそう推進し，「地域支援推進員」等の企画で設置されることが明記された．また，家族介護者支援について，「認知症の人の介護者たる家族等への支援を行うことで，認知症の人の生活の質を改善することができる．かかりつけ医等も，認知症の人の容態だけでなく，家族等の負担の状況をも適切に評価・配慮することが必要である」とした．そして，介護と仕事の両立については，介護を理由にした離職防止に向けた具体制整備の必要性と，パンフレット作成などの啓発活動の推進が明記された．

　また，「⑦認知症の人やその家族の視点の重視」では，認知症の人本人，家族がこれからの認知症施策の企画・立案に参加し，評価に携わることの重要性が強調されている．その表現は，「認知症の人やその家族の視点は，本戦略だけでなく，地方自治体レベルで認知症施策を企画・立案し，また，これを評価するに当たっても尊重されることが望ましい」とされた．

　新プランにおいては，これまで以上に認知症の人と家族の視点について述べられているものの，その多くが「必要である」「望ましい」という表現にとどまり，具体的な数値目標や新たな家族支援に関するサービスの開発はなされていない．現段階においては，どのようにして家族の介護負担感を評価し，それを施策に反映するかは明らかになっておらず，さらには，介護負担の評

価と配慮にとどまり，負担軽減策にはほとんどふれられていない．

　また，「認知症カフェ」は認知症の人本人や家族の地域の居場所をつくり，間接的には介護負担軽減につながるものであるが，これを施策として展開するためには，その情報発信と内容の品質の管理を行う責務が生じる．施策としてこのカフェを展開するにあたっては，所在や内容について国または公的な団体が情報を集約し，だれでもが情報を得ることができるような仕組みが必要であり，一部分の介護者しか恩恵が得られず，支援の偏在を生じさせることを防がなければならない．今後は，介護者の孤立防止，介護負担軽減のための介護保険サービス開発やサービスの質に関する言及，介護離職や介護疲れの防止策について具体的な数値目標をもった提言が望まれるところである．

　このように，わが国の公的な家族支援施策は，ここ数年で大きな変化を迎えている．ただし，認知症カフェは参集した参加者に対する支援にはつながるものの，介護や仕事に追われ参加できない状況にある人には恩恵は少ない．また，アウトリーチ機能として期待される初期集中支援チームについては，医師，看護師等の専門職が限られていることから，問題が悪化していない家族や，地域とのつながりがなく危機的状況が密室化している家族には，その手が行き届かない可能性があることも念頭におかなければならないであろう．今後は，こうした事業を担うマンパワーの確保と育成がより進められることが求められる．

4．介護者の介護負担の評価と軽減の方法

　在宅介護の担い手である家族は，世帯人数の減少による副介護者の不足，長期化による経済的問題，高齢化による身体的問題，社会的活動の制限による孤立など，負担感を増大させる要素が多い．在宅で介護する家族の思いを知るためには，在宅介護の継続を阻害する要因を明らかにし，その一方で，継続していくための促進要因を知ることが必要となる．つまり，介護への喜びと悲しみである．ここでは，支援者が理解すべき両側面について解説する．

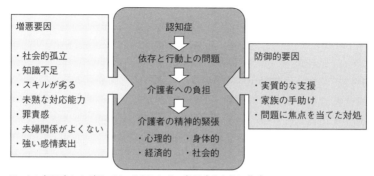

Brodaty(1977)および Poulshock&Deimling(1984)をもとに作成.
図1-9　認知症介護における虐待の増悪因子と防御因子

1）介護負担を増大させる要因と軽減させる出来事
（1）介護負担のメカニズム

認知症介護の特有の問題として，BPSDがある．その症状は，認知症の人を理解し，適切な対応ができないと出現しやすくなり，介護負担を増大させ，在宅介護を継続することをむずかしくさせることが明らかになっている．図1-9は，そのメカニズムを示したものである[36]．

「認知症」では，原因疾患や個人差はあるものの，記憶障害，見当識障害，実行機能障害，理解判断力の障害などが起こり，初期から介護者を困惑させる．そして，認知症の人は，「依存と行動上の問題」が生じ，依存的になり，介護者は1日中目が離せないような状態になる．介護者は，進行に伴い介護に手間と時間を要するようになってくる．時間経過とともに，介護者自身の社会生活の時間を圧迫し，経済的問題，身体的精神的疲労も増大していくことになる．介護者への負担は，介護者を取り巻く状況によって「介護者への負担」が悪化もしくは軽減するかが異なり，「防御要因」が少ないと精神的緊張が高まり，その結果在宅介護を継続することはむずかしくなり，施設や病院への入所となる可能性が出てくるのである．ただし，すべての介護者が同じような経過をたどるわけではなく，おかれた状況や環境，性格，過去の経験によって異なることを理解しておきたい．

(2) 介護負担の増悪要因
①社会的孤立

 介護の負担を悪化させる「増悪要因」として考えられるものに，介護者の社会的孤立がある．社会的孤立の理由は，介護に没頭することや，そもそも地域社会とのつながりが希薄であったことなどが考えられ，介護を理由に仕事を辞めた人にみられる傾向である．また，経済的理由から介護サービスを利用しない人にみられる場合もある．

②知識不足，スキルが劣る，未熟な対応能力

 認知症に対する知識が不足すると，病気がもたらす不可解な言動を理解することがむずかしく，同時に対応方法やスキルも劣ることになる．認知症がもたらす中核症状を理解し，できること，できないことを理解し，コミュニケーションを図っていかなければ，認知症の症状は悪化し，BPSDを誘発することになり，介護者と被介護者の間に悪循環をもたらすことになってしまう．

③罪責感

 「認知症が悪化しているのは自分のせいではないか」「対応がうまくいかないのは自分のせいではないか」という感情は，介護者を疲弊させていく．介護者自身がこのように感じる背景には，家族や周囲の協力の有無も関係しており，他の家族や親せき，地域の人から責められた経験が背景となっている場合もある．

④夫婦関係がよくない

 介護が原因で関係が悪化している場合と，そもそもの関係がよくない場合がある．また，夫婦のどちらかが介護が必要になったとき，以前の関係が悪かった場合や，亭主関白であった夫が被介護者になった場合，逆に亭主関白であった夫が介護者になった場合なども問題が生じることがある．いずれにしても，以前の関係のまま介護生活が始まると，介護者は困惑し，介護の負担感を増悪する要因となる．

⑤強い感情表出

 被介護者が介護者に対し感情を強く表出している場合，または介護者の性格により感情表出が強く出る人は，介護負担を増大させる要因になる．

(3) 防御要因

①実際的な支援

介護保険サービスを効果的に活用していることである．地域の人が理解を示しており，声かけや見守り等実際的な支援が提供されている場合には，介護者の介護負担軽減につながる．

②家族の手助け

同居する家族が介護の手助けをしてくれていることは，大きな助けになる．また，家族内で介護の方針を決定する際に，決定権を有する人が決まっていること，そして，方針決定権者が実際に介護をする人の負担を軽減しようと考えていることも大切である．

③問題に焦点を当てた対処

BPSDに対する対処的な対応ではなく，中核症状への対応に対する助言が必要である．また，対応方法や知識の提供にとどまらず，介護によって生じた家族関係や経済的問題等，家族が直面している諸問題を解決することで介護力を高めていくための対処は，介護負担の軽減につながる．

2）介護家族の介護負担感の要因

介護者の負担の介護負担が大きくなると，介護の質が低下する[37]．

しかし，介護負担は個人によって異なり，同じ状況におかれてもその状況をどのように感じるかによって，負担と感じる度合いは異なる．たとえば，介護生活によって自分の時間がなくなったと感じる人もいれば，時間は少なくなっても少しでも自分の時間がとれるから大丈夫と感じる人がいる．また，同じ介護度でも介護者に腰痛がある人とない人では感じ方が異なるように，表面的にとらえるのではなく，いまの状態を介護者がどのように感じているのかを明らかにしなければならない．こうした感じ方による負担の度合いが，介護負担感として考えられている．その介護負担感をもたらす介護負担の要因については，①要介護状態の高齢者に関する要因，②介護者の要因，③環境に関する要因，に分類される．①では，年齢，介護者との続柄，認知症の程度，日常生活動作（Activities of Daily Living；ADL）の状況があり，②では，要介護者との続柄，介護時間，介護者の健康状態，介護の内容などがあり，③では，家庭の経済状況，副介護者の存在，縁者からの情動的サポートや情

要介護状態にある高齢者の要因	年齢，介護者との続柄，認知症の程度，日常生活動作（Activities of Dialy Living；ADL）状況など
介護者の要因	要介護者との続柄，介護時間，介護者の健康状態，介護の内容など
環境に関する要因	家庭の経済状況，副介護者の存在，縁者からの情動的サポートや情報的サポートの有無など

図1-10　介護負担感を増加させる要因

表1-6　Zarit介護負担尺度日本語版短縮版（J-ZBI_8）

「介護を必要とする状況に関する否定的な感情の程度（Personal strain）」
1. 介護を受けている方の行動に対し，困っていることはありますか
2. 介護を受けている方の側にいると，腹が立つことはありますか
3. 介護を受けている方の側にいると，気が休まらないことはありますか
4. 介護をだれかに任せてしまいたいと思うことはありますか
5. 介護を受けている方に対して，どうしてよいか分からないと思うことはありますか

「介護によって社会生活に支障をきたしている程度（Role strain）」
6. 介護があるので，友人とつき合いづらくなると思うことはありますか
7. 介護があるので，自分の社会参加の機会が減ったと思うことはありますか
8. 介護を受けている方が家にいるので，友達を自宅によびたくてもよべないと思うことはありますか

荒井由美子：Zarit介護負担尺度日本語版および短縮版（J-ZBI_8），日本臨牀，62（増4）:15-20（2004）をもとに作成．

報的サポートの有無が考えられる（図1-10）．

　こうした介護者によって，個別性の高い心理的状況全般を総括し介護負担感として定量的に測定できれば，家族を支援する側が在宅介護の継続可否，または支援の緊急性や内容を判断するうえで非常に参考になる資料となる．そこで，わが国でもっとも頻用されている尺度である，「Zarit介護負担尺度日本語版短縮版」（J-ZBI_8）を紹介する（表1-6）[38]．

表1-7 介護に対する肯定的評価,認識

・介護をすることで成長したと感じる介護成長感
・介護能力および介護活動に関する充実感や達成感(介護役割の充実感)
・介護者との一体感(愛着・親近感)

　そもそもこの尺度は,22項目で構成されていたものを,介護現場でより簡便に測定できるように8項目に短縮し,「介護を必要とする状況に関する否定的な感情の程度(Personal strain)」と「介護によって社会生活に支障をきたしている程度(Role strain)」の2つの下位尺度から構成されており,質問に対して「いつも思う」を4点,「思わない」を0点として,満点の32点は負担が重く,0点は負担がまったくないことを示している.

3)介護負担感軽減に向けた介護の肯定的評価

　介護家族は,だれしもが介護負担を抱え,途中で在宅介護継続が困難になるわけではなく,当然,やりがいや生きがいを感じながら,最後まで自宅で介護する家族も多くいる.このような,最後までやり遂げた家族や家族会の会等で講演では,「最初はたいへんだったけど,いまになって考えると介護をやってよかった」「介護をすることで成長できた」「楽しまなきゃ」という言葉を聞くことがある.この思いこそが,介護負担感を軽減させている背景である.介護負担のような否定的側面だけではなく,肯定的側面に注目することが重要である[36].介護への認識を肯定的にとらえることは介護負担感を軽減させ,また,継続する意思を育み,介護者のQOLそのものによい影響を与えている.ただし,介護肯定感もしくは肯定的評価や認識には,いまだに一致しない項目が多いが,共通する項目のいくつかの要素を紹介したい(表1-7)[39].

　介護に対する肯定的評価や認識は,介護負担を軽減させ継続意思を高める力であり,介護を通じてのみ得ることができる無形の報酬である.こうした喜びや楽しみという報酬は,自らの力でのみ得られるものではない.それは,他者に評価されたり,自分を客観的に観察したりすることによって生まれる心理である.

　自分を客観的にみるためには,同じ体験をしている当事者,専門家からの

評価は大きな力となる．したがって，介護者教室や家族会，認知症や介護の講演会などの外的な支援によって，肯定的な視点への転換が図られるきっかけになりやすい．

しかし，BPSDなどによって「24時間目が離せない」「昼間は仕事が忙しくて」「私しかいない」「家の問題だから」と感じ，介護に没頭している家族や，仕事や家事に追われている家族にとっては，肯定的側面について評価を得る機会が少なく，もっとも支援が必要な家族に公的サービス以外のインフォーマルな家族支援の手が届きにくい状況に陥りやすい傾向がある．そのことからも，家族と接する機会の多い在宅介護の専門職であるケアマネジャーのみならず，通所サービスのデイサービス，デイケア職員，訪問サービスのホームヘルパーが家族とより積極的にかかわり，支援者から積極的に声かけを行う配慮が求められる．そして，客観的に家族の介護のよいところを認め，評価していくことによって介護を肯定的にとらえるきっかけになるであろう．

介護の肯定的評価を行ううえで，支援者として気をつけなければならないのは，介護にはその家族の歴史，背景，感情の問題が多く潜んでいるために，「介護はたいへんですね」「しかし，ものは考えようです」という助言では，かえって信頼関係を築くことができず，無責任に突き放してしまうことになりかねない．すなわち，介護の肯定的な評価は家族自身が気づき感じるものであり，支援者はそのきっかけを与える役割を担うことが求められているのである．

4）求められる家族支援方法

在宅における介護は24時間365日休みなく行われ，危機的な状況は唐突に現れる．たとえば，娘が母を懸命に在宅で介護していたとする．ある日，娘が母におかゆを食べさせていたとき，母が誤嚥して娘の顔におかゆを吐き散らしてしまった．このとき，娘が反射的に母に手を上げてしまったとする．この行為は，虐待になるのであろうか．

在宅における介護は，家族の関係性と家族しか分からない時間のなかで行われるものである．だからこそ，家族支援は家族の生活に合わせて，家族自身が選択できる形で行われなければならないのである．

介護保険法における在宅介護の支援や家族への精神的支援は，家族が助け

てほしいと声を上げることが前提となる．また，既存の地域支援事業で行われている介護者教室や交流会などについても，参加者の固定化や緊急に必要としている家族が参加できていないことも考えられる．前述のように，もはや従来の家族機能が期待できないなか，専門職である居宅サービス事業所の職員やケアマネジャーによる家族への積極的なアウトリーチ機能を強化することが必要であろう．そのために，認知症に関する知識を学ぶ講座の事業所単位での実施や，声を発することができず苦悩する家族をより早期に発見し，支援者がその予兆を早期に察知し介入する能力を有し，積極的に直接家族に働きかけることができる家族支援体制の構築の必要がある．

　年々増加する高齢者虐待相談・通報件数の増加，そして被虐待者の7割が何らかの介護サービスを利用しているにもかかわらず高齢者虐待が起こってしまっていることからも，現在の在宅介護サービスの質向上を家族支援と位置づけ，職員それぞれが家族支援者として重要な役割であることを意識する必要がある．

Ⅳ 在宅介護サービスの種類と支援方法

1．はじめに

　認知症を抱える人の多くが「在宅」で暮らしている現状があり，その数は今後も増加し続けていくことが予測される．そのため，在宅生活を支える「在宅介護サービス」への期待や需要も高まり続けるといえる．そこで，ここでは多くの人が利用している介護保険制度における「在宅介護サービス」を中心に，その内容と支援方法について整理する．

2．介護保険制度における在宅介護サービス
1）「在宅介護サービス」とは

　介護サービスにはさまざまな種類があり，大きく要介護者の居住場所によって「在宅介護サービス」と「施設介護サービス」に分類されることが多い．しかし，以前と比べて現在では住まいの形が多様化しており，「在宅」「施設」と二分することがむずかしくなっている．

介護給付によるサービス	予防給付によるサービス
『居宅サービス』 ①訪問系サービス……訪問介護，訪問看護，訪問入浴介護，訪問リハビリテーション，居宅療養管理指導 ②通所系サービス……通所介護[※1]，通所リハビリテーション ③短期入所系サービス……短期入所生活介護，短期入所療養介護 ④居住系サービス……特定施設入居者生活介護 ⑥その他……福祉用具貸与・購入	『介護予防サービス』 ①訪問系サービス……介護予防訪問介護[※3]，介護予防訪問看護，介護予防訪問入浴介護，介護予防訪問リハビリテーション，介護予防居宅療養管理指導 ②通所系サービス……介護予防通所介護[※3]，介護予防通所リハビリテーション ③短期入所系サービス……介護予防短期入所生活介護，介護予防短期入所療養介護 ④居住系サービス……介護予防特定施設入居者生活介護 ⑥その他……介護予防福祉用具貸与・購入
『地域密着型サービス』 ①訪問系サービス……定期巡回・随時対応型訪問介護看護，夜間対応型訪問介護 ②通所系サービス……認知症対応型通所介護 ①訪問・②通所・③短期入所系サービス……小規模多機能型居宅介護，複合型サービス[※2] ④居住系サービス……認知症対応型共同生活介護，地域密着型特定施設入居者生活介護 ⑤入所系サービス……地域密着型介護老人福祉施設入所者生活介護	『地域密着型介護予防サービス』 ②通所系サービス……介護予防認知症対応型通所介護 ①訪問・②通所・③短期入所系サービス……介護予防小規模多機能型居宅介護 ④居住系サービス……介護予防認知症対応型共同生活介護
	『介護予防支援』『介護予防住宅改修費の支給』
『施設サービス』 ⑤入所系サービス……介護老人福祉施設，介護老人保健施設，介護療養型医療施設	市町村特別給付によるサービス 市町村独自で条例で定めたサービスとして，見守りサービス，移送サービスなどを提供している場合もある．
『居宅介護支援』『居宅介護住宅改修費の支給』	

平成27年度の介護保険制度の改正に伴い，※1通所介護のうち小規模型の通所介護については，地域密着型サービスへ移行する予定．※2複合型サービスは，「看護小規模多機能型居宅介護」へと名称が変更された．※3介護予防訪問介護，介護予防通所介護は，予防給付から地域支援事業に移行する予定．

図1-11 介護保険制度によるサービス分類

　ここで取り上げる介護保険制度における「在宅介護サービス」については，以下のように整理する．まず，介護保険制度では保険給付の種類により【介護給付】【予防給付】【市町村特別給付】の3つに分類できる．そして，サービスの内容によって大きく『居宅サービス』『地域密着型サービス』『施設サービス』に分類され，さらに，具体的なサービスの形態によって，①「訪問系サービス」，②「通所系サービス」，③「短期入所系サービス」，④「居住系サービス」，⑤「入所系サービス」，⑥「その他(福祉用具貸与・販売)」に分類することができる[40]（図1-11）．このうち，ここでは④「居住系サービス」と⑤「入所系サービス」以外のサービスを「在宅介護サービス」と位置づけ，以下に各サービ

の内容と支援方法を中心に整理する．

2）介護保険サービスの利用方法

　介護保険制度には，日本国内に住む 40 歳以上の人に加入する義務があり，被保険者は年齢によって第 1 号被保険者(65 歳以上)，第 2 号被保険者(40～64 歳)に分けられる．そして，被保険者が介護保険制度のサービスを利用するためには，原則的に要介護・要支援の認定を受ける必要がある．そのため，まず市区町村の窓口に要介護認定の申請を行うが，これは本人や家族以外にも，成年後見人や居宅介護支援事業者，介護保険施設，地域包括支援センターの職員などが代行することも可能である．

　窓口に申請したあと，認定調査員による訪問調査を受け，その結果と主治医の意見書をもとに，コンピュータによる一次判定と，介護認定審査会による二次判定を経て，要介護度が認定される．現在，認定の結果は「要介護 1～5」「要支援 1，2」「自立（非該当）」に分けられる．

　要介護認定には有効期限が定められており，継続して保険給付を受けるためには，期限が切れる前に更新の申請を行う必要がある．有効期限にかかわらず，状態が変化した場合は認定の変更を申請することができる．また，認定の結果に不服がある場合，各都道府県に設置されている「介護保険審査会」に，認定結果の通知があった日の翌日から 60 日以内に審査請求を行うことができる．

　このようにして決められた要介護度も踏まえ，利用者本人や家族の状態，希望，生活環境，経済状況などのニーズを考慮したケアプランを作成し，これに基づいてサービスが提供される．ケアプランは原則的に，要支援 1，2 の場合は地域包括支援センターが作成し，要介護 1～5 の場合は居宅介護支援事業者が作成する[2]．ケアプランの作成にかかった費用については，自己負担はない．

　利用者の要介護度に応じて「区分支給限度基準額」が設定されており，その範囲内であれば，原則的にサービスにかかった金額の 1 割負担[3]でサービスを利用することができるが，支給限度基準額を超えた分は全額自己負担となる．また，要介護度が軽い場合には保険給付で利用することができないサービスがあり，そうしたサービスを利用した場合も全額自己負担となる．その

居宅サービス
1. 訪問系サービス
・訪問介護（ホームヘルプ）……ホームヘルパーが利用者の自宅を訪問し，入浴，排泄，食事等の介護，その他の日常生活上の世話を行うサービス
・訪問入浴介護……利用者の自宅に浴槽を持ち込んだり，浴槽を搭載した入浴車などで訪問し，浴槽を提供したりすることで入浴の介護を行うサービス
・訪問看護……利用者の自宅を看護師などの医療の知識をもつ専門家が訪問し，療養上の世話や診療の補助を行うサービス
・訪問リハビリテーション……利用者の自宅を理学療法士や作業療法士，言語聴覚士などが訪問し，心身の機能の維持回復や，日常生活の自立を助けるためのリハビリテーションを行うサービス
・居宅療養管理指導……退院後の利用者や通院が困難な場合など，医師や歯科医師，薬剤師，管理栄養士などが訪問し，療養上必要な管理と指導を行うサービス
2. 通所系サービス
・通所介護[※1]（デイサービス）……デイサービスセンターなどに通う利用者に対し，施設で入浴，排泄，食事等の介護，その他の日常生活上の世話や機能訓練を日帰りで行うサービス
・通所リハビリテーション（デイケア）……介護老人保健施設や医療機関などに通う利用者に対し，心身の機能の維持回復や日常生活の自立を助けるためのリハビリテーションを日帰りで行うサービス
3. 短期入所系サービス
・短期入所生活介護（ショートステイ）……介護老人福祉施設などに短期間入所する利用者に対し，入浴，排泄，食事等の介護，その他の日常生活上の世話や機能訓練を行うサービス
・短期入所療養介護（ショートステイ）……介護老人保健施設や介護療養型医療施設などに短期間入所する利用者に対し，看護・医学の管理の下，介護や機能訓練，医療，日常生活上の世話を行うサービス
4. 居住系サービス
・特定施設入居者生活介護……特定施設として指定を受けた施設に入居する利用者に対し，入浴，排泄，食事等の介護，その他の日常生活上の世話や機能訓練，療養上の世話を行うサービス
6. その他
・福祉用具貸与・購入……日常生活や機能訓練を支援するために，指定されている事業者から指定された福祉用具の貸与や，購入をした費用を支給するサービス
地域密着型サービス
1. 訪問系サービス
・定期巡回・随時対応型訪問介護看護……日中・夜間を通じて，定期的な巡回訪問と随時の対応により，入浴，排泄，食事等の介護，その他の日常生活上の世話，療養上の世話，診療の補助を行うサービス
・夜間対応型訪問介護……夜間に定期的な巡回訪問と随時の対応により，入浴，排泄，食事等の介護，その他の日常生活上の世話を行うサービス
2. 通所系サービス
・認知症対応型通所介護……デイサービスセンターやグループホームなどに通う認知症の利用者に対し，入浴，排泄，食事等の介護，その他の日常生活上の世話や機能訓練を日帰りで行うサービス
訪問＋通所＋短期入所系サービス
・小規模多機能型居宅介護……通所，訪問介護と短期入所を組み合わせ，入浴，排泄，食事等の介護，その他の日常生活上の世話や機能訓練を行うサービス
・複合型サービス[※2]……医療ニーズの高い利用者に対し，1つの事業所が一体的に「小規模多機能型居宅介護」に加え，必要に応じて「訪問看護」も組み合わせて行うサービス
4. 居住系サービス
・認知症対応型共同生活介護（グループホーム）……認知症の利用者に対し小規模で家庭的な環境の下，入浴，排泄，食事等の介護，その他の日常生活上の世話や機能訓練を行うサービス
・地域密着型特定施設入居者生活介護……29人以下の特定施設で入浴，排泄，食事等の介護，その他の日常生活上の世話や機能訓練，療養上の世話を行うサービス
5. 入所系サービス
地域密着型介護老人福祉施設入所者生活介護……29人以下の介護老人福祉施設で入浴，排泄，食事等の介護，その他の日常生活上の世話や機能訓練，健康管理，療養上の世話を行うサービス

(図1-12 つづき)

施設サービス	
5. 入所系サービス	
介護老人福祉施設(特別養護老人ホーム)……介護老人福祉施設で入浴，排泄，食事等の介護，その他の日常生活上の世話や機能訓練，健康管理，療養上の世話を行うサービス	
介護老人保健施設(老人保健施設)……介護老人保健施設で看護・医学の管理の下，介護や機能訓練，医療，日常生活上の世話を行うサービス	
介護療養型医療施設……介護療養型医療施設で看護・医学の管理の下，介護や機能訓練，医療，日常生活上の世話を行うサービス	
その他	
居宅介護住宅改修費の支給……手すりの取りつけや段差の解消など指定されている住宅改修を行った場合，支給される	
居宅介護支援……ケアプランの作成や，事業所等との連絡調整，その他の便宜の提供を行う	

平成27年度の介護保険制度の改正に伴い，※1通所介護のうち小規模型の通所介護については，地域密着型サービスへ移行する予定．※2複合型サービスは，「看護小規模多機能型居宅介護」へと名称が変更された．

図1-12 【介護給付】で利用できる介護サービス

ため，利用者の状況に合わせてサービスを選択することが，当然のことながら重要となる．以下に，介護保険制度で利用できる具体的なサービスの内容を示す．

3)【介護給付】で利用できる『居宅サービス』の種類とその特徴(図1-12)

　介護保険制度における『居宅サービス』は全部で12種類あり，そのうち以下の(1)〜(11)の11種類のサービスが，ここでいう「在宅介護サービス」に該当する．以下に，それぞれのサービスの概要を示す．

　(1) 訪問介護(訪問系サービス)

　いわゆるホームヘルプサービスであり，ホームヘルパー(訪問介護員)が利用者の自宅を訪問し，入浴や食事，排泄，着替えなどの介護や，掃除，洗濯，調理などの生活全般の援助などを行うサービスである．なお，介護保険制度は「自立」を支援するための制度であり，「訪問介護」も要介護者本人ができないことを援助することが目的のため，利用者の家族のための支援や，日常生活の援助を超える，たとえば草むしりやペットの世話などは提供できない．

　(2) 訪問入浴介護(訪問系サービス)

　利用者の自宅に浴槽を持ち込んだり，浴槽を搭載した入浴車などで訪問したりして，浴槽を提供して入浴の介護を行うサービスである．なお，自宅の浴槽で入浴の介護を行う場合は「訪問介護サービス」，利用者が施設などに

通って入浴介護を受ける場合は「通所介護サービス」となる．よって，家庭の浴槽での入浴が困難な場合や，通所介護の利用がむずかしい場合などに本サービスを利用することになる．

(3) 訪問看護（訪問系サービス）

主治医が必要と認めた場合，利用者の自宅を看護師などの医療の知識をもつ専門家が訪問し，療養上の世話や診療の補助として，食事の援助，排泄の援助，褥瘡の処置，経管栄養の管理などを行うサービスである．「訪問看護」は医療保険でも利用することができるが，末期の悪性腫瘍，難病患者などで医師による指示があった場合を除き，医療保険よりも介護保険の給付が優先される．

(4) 訪問リハビリテーション（訪問系サービス）

主治医が必要と認めた場合，利用者の自宅を理学療法士や作業療法士，言語聴覚士などが訪問し，心身の機能の維持回復や，日常生活の自立援助のためのリハビリテーションを行うサービスである．

(5) 居宅療養管理指導（訪問系サービス）

退院後の利用者や通院が困難な場合など，医師や歯科医師，薬剤師，管理栄養士などが訪問し，療養上必要な管理と指導，助言（介護サービスの利用方法，介護方法の指導・助言，ケアマネジャーへの情報の提供など）を行うサービスである．

(6) 通所介護（通所系サービス）[4]

いわゆるデイサービスのことであり，デイサービスセンターなどに通う利用者に対し，入浴，排泄，食事等の介護，その他の日常生活上の世話や機能訓練，レクリエーションなどのサービスを日帰りで行うサービスである．通常は施設と自宅との送迎も行われ，利用者本人の社会的孤立の予防や心身機能の維持・向上だけでなく，利用者の家族にとってのレスパイト（休息）の役割も果たす．

(7) 通所リハビリテーション（通所系サービス）

主治医が必要と認めた場合，介護老人保健施設（老人保健施設）や医療機関などに通う利用者に対し，心身の機能の維持回復や自立支援のためのリハビリテーションを日帰りで行うサービスである．上述した「通所介護」（デイサー

ビス)と区別して,「通所リハビリテーション」は「デイケア」とよばれることが多く,本サービスはリハビリテーションを主目的としている点が異なる.

(8) 短期入所生活介護(短期入所系サービス)

いわゆるショートステイのことであり,介護老人福祉施設(特別養護老人ホーム)などに短期間入所する利用者に対し,入浴,排泄,食事等の介護,その他の日常生活上の世話や機能訓練などを行うサービスである.「通所介護」と同様,利用者の家族にとってのレスパイトの役割も果たす.

(9) 短期入所療養介護(短期入所系サービス)

介護老人保健施設(老人保健施設)や介護療養型医療施設などに短期間入所する利用者に対し,看護・医学の管理の下で介護や機能訓練,医療,日常生活上の世話などを行うサービスである.ショートステイのうち,医療的なケアの必要性が高い場合に本サービスを利用する.

(10) 福祉用具貸与(その他)

自宅での日常生活や自立を支援するため,福祉用具を貸与するサービスである.車いすや特殊寝台,手すり,移動用リフトなど[5]の貸与が可能であるが,貸与できるものは要介護度によって異なる.また,指定を受けた事業所から介護保険で指定されている用具を貸与する必要がある.

(11) 特定福祉用具販売(その他)

自宅での入浴や排泄を支援するため,福祉用具を購入した場合に購入費が支給されるサービスである.貸与には向かない,簡易浴槽や腰掛便座など[5]が指定されており,購入できる品目は要介護度によって異なる.指定を受けた事業所から介護保険で指定された用具を購入したあと,申請に基づき償還払いされる仕組みとなっている.

(12) 特定施設入居者生活介護

有料老人ホームやケアハウスなどのうち,特定施設として指定を受けた施設に入居する利用者に対し,入浴,排泄,食事等の介護,その他の日常生活上の世話や機能訓練,療養上の世話を行うサービスである.本サービスは,ここでいう「居住系サービス」に該当する.

以上が,介護保険制度上の『居宅サービス』である.このほか,『居宅サービス』の定義には含まれてはいないが,「居宅介護住宅改修費の支給」として,

手すりの取りつけや段差の解消などの指定されている内容の住宅改修を行った場合に，費用が支給されるサービスもある．このような住環境の整備も，重要な「在宅介護サービス」のひとつであるといえる．

4）【介護給付】で利用できる『地域密着型サービス』の種類とその特徴（図1-12）

介護保険制度における『地域密着型サービス』は全部で8種類あり，そのうち以下の(1)～(5)の5種類のサービスがここでいう「在宅介護サービス」に該当する．

(1) 定期巡回・随時対応型訪問介護看護（訪問系サービス）

日中・夜間を通じて，1日複数回の定期的な巡回訪問と随時の対応により，入浴，排泄，食事等の介護，その他の日常生活上の世話，さらに主治医が必要と認めた場合に療養上の世話，診療の補助などを行うサービスである．とくに，中重度者への支援が期待されている．「定期巡回・随時対応型訪問介護看護」は介護・看護を1つの事業所から一体的に提供する「介護・看護一体型」と，訪問介護を行う事業所が訪問看護事業所と連携して提供する「介護・看護連携型」の2種類に分けられる．

(2) 夜間対応型訪問介護（訪問系サービス）

夜間に定期的な巡回訪問による体位交換や安否確認，入浴，排泄，食事等の介護，その他の日常生活上の世話や，緊急時への対応などを行うサービスである．上述の「定期巡回・随時対応型訪問介護看護」は，1月あたりの利用額が定額であり，訪問看護も利用できるのに対し，本サービスは利用した回数に応じて利用料が発生し，また，訪問介護のみ利用できる点が異なっている．

(3) 認知症対応型通所介護（通所系サービス）

デイサービスセンターやグループホームなどに通う認知症の利用者に対し，入浴，排泄，食事等の介護，その他の日常生活上の世話や機能訓練などを日帰りで行うサービスである．

通常の通所介護よりも小規模であり，認知症の利用者に限定してきめ細かいケアを提供することが期待されている．また，通常の通所介護と同様，施設と自宅との送迎も行われ，利用者の家族の介護負担の軽減やレスパイトの

役割も担う．

(4) 小規模多機能型居宅介護(訪問＋通所＋短期入所系サービス)

通所を中心に，訪問介護と短期入所を組み合わせ，入浴，排泄，食事等の介護，その他の日常生活上の世話や機能訓練などを提供するサービスである．同じ事業所に勤務する同じ職員から，通所・訪問・短期入所といったサービスを受けることができるため，認知症の人がなじみやすく，利用しやすいとされている．

利用するサービスの種類や回数に限らず1月あたり定額で利用できるが，小規模多機能型居宅介護を利用した場合，他の事業所の訪問介護や通所介護などのサービスを利用することができなくなる点には注意が必要である．

(5) 複合型サービス(訪問＋通所＋短期入所系サービス)[6]

医療ニーズの高い利用者に対し，1つの事業所が一体的に「小規模多機能型居宅介護」と，必要に応じて「訪問看護」も組み合わせて提供するサービスである．とくに，終末期などの医療ニーズの高い利用者や家族への支援が期待されている．法律上は，居宅サービスや地域密着型サービスを2種類以上組み合わせることが可能となっているが，2015年1月現在では，小規模多機能型居宅介護と訪問看護の組み合わせのみ導入されている．

(6) 認知症対応型共同生活介護

いわゆるグループホームのことであり，認知症の利用者に対し小規模で家庭的な環境の下共同生活を送ってもらい，入浴，排泄，食事等の介護，その他の日常生活上の世話や機能訓練などを行うサービスである．本サービスは，ここでいう「居住系サービス」に該当する．

(7) 地域密着型特定施設入居者生活介護

29人以下の小規模な特定施設で入浴，排泄，食事等の介護，その他の日常生活上の世話や機能訓練，療養上の世話を行うサービスである．本サービスはここでいう「居住系サービス」に該当する．

(8) 地域密着型介護老人福祉施設入所者生活介護

29人以下の小規模な介護老人福祉施設(特別養護老人ホーム)で入浴，排泄，食事等の介護，その他の日常生活上の世話や機能訓練，健康管理，療養上の世話を行うサービスである．本サービスは，ここでいう「入所系サービス」

に該当する．

5）【予防給付】で利用できる在宅介護サービスの種類とその特徴(図1-13)

　上述したサービスは，要介護者が【介護給付】として利用するだけではなく，一部のサービスについては要支援者が【予防給付】として同じようなサービスを利用することもできる．要支援者が【予防給付】として利用できる『居宅サービス』は，「介護予防訪問介護」「介護予防訪問入浴介護」「介護予防訪問看護」「介護予防訪問リハビリテーション」「介護予防居宅療養管理指導」「介護予防通所介護」「介護予防通所リハビリテーション」「介護予防短期入所生活介護」「介護予防短期入所療養介護」「介護予防福祉用具貸与」「介護予防特定福祉用具販売」の11種類の「在宅介護サービス」と，「居住系サービス」である「介護予防特定施設入居者生活介護」の全部で12種類である．なお，図1-14にあるように，介護保険制度の改正に伴い，「介護予防訪問介護」「介護予防通所介護」は【予防給付】から外れ，「地域支援事業」(新たな介護予防日常生活支援事業)へと移行することが予定されている．このため，これまで全国一律に【予防給付】として提供されていたサービスが，移行後は各市町村によってサービスの内容や料金などが異なってくる可能性がある．

　そして，【予防給付】で利用することができる『地域密着型サービス』については，「介護予防認知症対応型通所介護」「介護予防小規模多機能型居宅介護」の2種類の「在宅介護サービス」と，「居住系サービス」である「介護予防認知症対応型共同生活介護」の全部で3種類である．

　しかし，先述したように，一部のサービスについては要介護度によって利用が制限されるサービスもある．たとえば，「介護予防福祉用具貸与」の一部の品目については，要介護度が軽い場合は原則的に利用できないものもあり，また，「介護予防認知症対応型共同生活介護」は要支援2以上の人しか利用することができず，該当しない人がサービスを利用した場合は全額自己負担となる．

6）その他の【市町村特別給付】，地域支援事業によるサービスの種類とその特徴

　介護保険制度の保険給付によるサービスは，これまでみてきたような【介護給付】【予防給付】として利用できるサービスのほか，【市町村特別給付】と

居宅サービス
1. 訪問系サービス
介護予防訪問介護[*1]（ホームヘルプ）……介護予防を目的にホームヘルパーが利用者の自宅を訪問し，入浴，排泄，食事等の介護，その他の日常生活上の支援を行うサービス
・介護予防訪問入浴介護……介護予防を目的に利用者の自宅に浴槽を持ち込んだり，浴槽を搭載した入浴車などで訪問し，浴槽を提供したりして入浴の介護を行うサービス
・介護予防訪問看護……介護予防を目的に利用者の自宅を看護師などの医療の知識をもつ専門家が訪問し，療養上の世話や診療の補助を行うサービス
・介護予防訪問リハビリテーション……介護予防を目的に利用者の自宅を理学療法士や作業療法士，言語聴覚士などが訪問し，リハビリテーションを行うサービス
・介護予防居宅療養管理指導……介護予防を目的に退院後の利用者や通院が困難な場合など，医師や歯科医師，薬剤師，管理栄養士などが訪問し，療養上必要な管理と指導を行うサービス
2. 通所系サービス
・介護予防通所介護[*1]（デイサービス）……介護予防を目的にデイサービスセンターなどに通う利用者に対し，施設で入浴，排泄，食事等の介護，その他の日常生活上の支援や機能訓練を日帰りで行うサービス
・介護予防通所リハビリテーション（デイケア）……介護予防を目的に介護老人保健施設や医療機関などに通う利用者に対し，リハビリテーションを日帰りで行うサービス
3. 短期入所系サービス
・介護予防短期入所生活介護（ショートステイ）……介護予防を目的に介護老人福祉施設などに短期間入所する利用者に対し，入浴，排泄，食事等の介護，その他の日常生活上の支援や機能訓練を行うサービス
・介護予防短期入所療養介護（ショートステイ）……介護予防を目的に介護老人保健施設や介護療養型医療施設などに短期間入所する利用者に対し，看護・医学の管理の下，介護や機能訓練，医療，日常生活上の支援を行うサービス
4. 居住系サービス
・介護予防特定施設入居者生活介護……介護予防を目的に，特定施設として指定を受けた施設に入居する利用者に対し，入浴，排泄，食事等の介護，その他の日常生活上の支援や機能訓練，療養上の世話を行うサービス
6. その他
・介護予防福祉用具貸与・購入……介護予防に役立てるため，指定されている事業者から指定された福祉用具の貸与や，購入をした費用を支給するサービス．介護給付と比べ，原則的に一部の品目が対象外となっている
地域密着型サービス
2. 通所系サービス
・介護予防認知症対応型通所介護……介護予防を目的にデイサービスセンターやグループホームなどに通う認知症の利用者に対し，入浴，排泄，食事等の介護，その他の日常生活上の支援や機能訓練を日帰りで行うサービス
訪問＋通所＋短期入所系サービス
・介護予防小規模多機能型居宅介護……介護予防を目的に通所，訪問介護と短期入所を組み合わせ，入浴，排泄，食事等の介護，その他の日常生活上の支援や機能訓練を行うサービス
4. 居住系サービス
・介護予防認知症対応型共同生活介護（グループホーム）……介護予防を目的に認知症の利用者に対し小規模で家庭的な環境の下，入浴，排泄，食事等の介護，その他の日常生活上の支援や機能訓練を行うサービス．要支援2のみ対象
その他
介護予防住宅改修費の支給……介護予防に役立つ手すりの取りつけや段差の解消など指定されている住宅改修を行った場合，支給される
介護予防支援……介護予防ケアプランの作成や，事業所等との連絡調整，その他の便宜の提供を行う

※1 介護保険制度の改正に伴い「介護予防訪問介護」「介護予防通所介護」は【予防給付】から外れ，「地域支援事業」（新たな介護予防日常生活支援事業）へと移行する予定である．

図1-13 【予防給付】で利用できる介護サービス

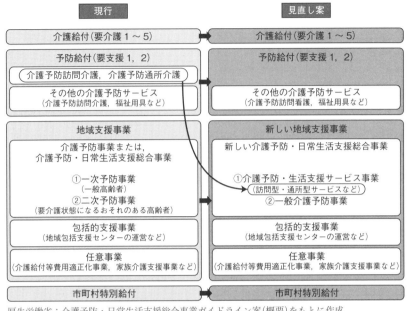

図1-14 介護保険制度改正後の全体像

して移送や配食サービスなどを提供している市町村や,「区分支給限度基準額」を上乗せしている市町村もある.

また,保険給付によるサービス以外にも,「地域支援事業」として「包括的支援事業」「任意事業」,そして「介護予防事業」,または「介護予防・日常生活支援総合事業」(図1-14)[7]を各市町村で実施している.【市町村特別給付】によるサービスや,「地域支援事業」の一部の事業については,市町村によってサービスの内容や金額などが異なるため,被保険者が住む市町村などに確認をする必要がある.

3. 介護保険制度以外の在宅介護を支援するサービス

ここまでは現行の介護保険制度における「在宅介護サービス」を中心に整理したが,認知症の人の「在宅」での生活を支える制度やサービスはほかにもある.

たとえば，若年認知症の人の場合，40〜64歳であれば介護保険の第2号被保険者として上述の介護保険制度によるサービスが利用できるほか，障害者総合支援法による就労支援や医療費の助成などのサービスも利用できる可能性がある．また，障害者手帳の申請をすれば，一部の税金の控除や交通機関の運賃の減免など各法律や制度に基づくサービスの利用も可能である．しかし，「障害者」として申請することに抵抗を感じる人も多いことから，専門職として支援する際には本人や家族の心情に配慮し，情報提供や実際のサービス提供を行う必要がある．

また，介護保険制度をはじめ，これまでみてきた在宅介護サービスを利用するためには，利用者や家族等による「申請」と「契約」が必要となる．しかし，認知症の人の場合，自身で申請や契約をすることは困難な場合が多く，また，在宅での生活には悪徳商法などの犯罪被害や虐待など，権利侵害のリスクも懸念される．

こうした背景から，福祉サービスの利用契約や金銭管理などの支援を行う制度として，「福祉サービス利用援助事業」や「成年後見制度」が創設された．今後，在宅で暮らす認知症の人が増加していくことに伴い，こうした権利擁護のニーズも増大すると考えられている．そのため，これまでのように家族や専門家による支援だけでなく，地域住民がこれらの事業の担い手として活躍することが期待されている．

さらに，「住み慣れた地域での暮らしの継続」「地域包括ケア」の実現が求められるなか，これまでみてきた公的な制度に基づくサービス以外にも，制度化されていないNPO，民間企業による多様なサービスや，ボランティア，近隣住民によるインフォーマルな資源の発掘と活用にも期待が寄せられている[41]．一般的には「家族」もインフォーマルな資源のひとつとして位置づけられるが[42]，家族介護者がおかれている現状や在宅介護にまつわるさまざまな問題を考えると，「家族」をインフォーマルな資源ととらえるよりもむしろ，家族も含めたサポートのあり方について考える必要がある．

インフォーマルなサポートの担い手としては，近隣住民や友人，ボランティア，家族会などが挙げられる．「オレンジプラン」のなかで示された「認知症カフェ」もインフォーマルサービスのひとつであり，認知症の人や家族にとっ

ての居場所，地域住民の認知症への理解の促進，情報提供などさまざまな役割を担っていくことが期待されている[43]．

　こうしたインフォーマルなサポートは公的な制度に基づくサービスに比べ，地域によって整備状況が異なり，さらに提供者によってサービスの内容や質なども異なる傾向がある．そのため，サービスの内容や特徴をよく確認しておく必要がある．

4．おわりに

　以上のように，介護保険制度における「在宅介護サービス」をはじめ，NPO や民間企業，インフォーマルなサポートなど，在宅生活を支えるためのサービスは多様である．認知症の進行や加齢に伴う心身の状態の変化など，認知症の人本人の状況はもちろん，家族の状況なども踏まえ，個別的，かつ変化する多様なニーズに対応するためには，さまざまなサービスやサポートの活用が不可欠である．

　しかし，地域によってサービスの整備状況には差がみられ，また，制度が改正されるたびに新たなサービスが増えたり，事業の名称が変更されたりするなど，利用者や家族などにとっては理解がむずかしい．そのため，専門職にはこうした制度やサービス，地域の社会資源に関する情報を収集し，それぞれのサービスの特徴，長所・短所をよく理解したうえで，必要な情報やサービスの提供につなげていく役割が求められる．

注
(1) 森岡は，家族変動論について「家は簡単には解消してしまわず，根強く生き残っている，断片化しているとも潜在化したともいえるが，ともかく思いがけないところで家が息づいていることは，少なからぬ人々の共通経験であろう．その点からいえば，単純に家から家族へでもまた家庭へでもなく，それに家と家族との共存，家と家庭との共存が重なっているのである．現代の家族状況はこうした複雑な様相を示しつつ動いている」と説明している．
(2) 【地域密着型サービス】のうち，「小規模多機能型居宅介護」を利用する場合は，サービスを提供する事業所のケアマネジャーがケアプランを作成する．また，ケアプランは利用者本人や家族などが作成することも可能であるが，その場合は自分で事業所等にサービスの利用を申し込む必要がある．

(3) 介護保険制度の改正に伴い，一定以上の所得がある人については2割負担へと引き上げる予定となっている．
(4) 介護保険制度の改正に伴い，「通所介護」のうち小規模通所介護事業所については『地域密着型サービス』へ移行することが予定されている．これにより，事業所の指定・監督を各市町村が行うこととなり，また，サービスを利用できるのは原則として事業所のある市町村に住民票のある被保険者のみとなる．
(5) 介護保険制度の改正に伴い，対象となる福祉用具の品目の追加が予定されている．
(6) 介護保険制度の改正に伴い，「看護小規模多機能型居宅介護」へ名称が変更される予定である．
(7) 介護保険制度の改正に伴い，これまで任意であった「介護予防・日常生活総合事業」は「新たな介護予防・日常生活総合事業」として，すべての市町村が実施する事業に移行する予定である．そして，上述したように，この「新たな介護予防・日常生活総合事業」のなかに，これまで【予防給付】として要支援者に提供されていた「介護予防訪問介護」「介護予防通所介護」が統合される見込みである．また，現行のシステムから新しいシステムへと移行する時期についても猶予があり，実施される時期も市町村によって異なることになる．

文　献
1) 春日キスヨ：介護問題の社会学．岩波書店，東京(2011)．
2) 松島　京：家族におけるケアと暴力．立命館産業社会論集，**37**(4):123-144(2002)．
3) 斎藤真緒：「ケア」をめぐるアポリア；「ケア」の理論的系譜．立命館人間科学研究，**5**:199-210(2003)．
4) アンソニー・ギデンズ(松尾精文，松川昭子訳)：親密性の変容；近代社会におけるセクシュアリティ，愛情，エロティシズム．初版，12-14，而立書房，東京(1995)．
5) 松島　京：親密な関係性における暴力性とジェンダー．立命館産業社会論集，**36**(4):75-91(2001)．
6) Olson DH, Portner J, Bell R：FACES II ; Family Adaptability and Cohesion Evaluation Scales. St. Paul ; Famiiy social Science, University of Minnesota(1982)．
7) 横山登志子，橋本直子，栗本かおり，ほか：オルソン円環モデルに基づく家族機能評価尺度の作成；FACESKG IV・実年版の開発．関西学院大学社会学部紀要，**77**:63-84(1997)．
8) 森岡清美：「無縁社会」に高齢期を生きる．初版，117-128，佼成出版社，東京(2012)．
9) Kitwood T, Bredin K：Towards a theory of dementia care ; personhood and well-being. *Ageing and Society*, **12**:269-287(1992)．
10) 社団法人認知症の人と家族の会(2006)「認知症の人『本人会議』」(http://www.alzheimer.or.jp/?page_id=4997,2014.7.30)．
11) 中島紀恵子：なぜ，認知症の当事者研究なのか；認知症ケアの歩みと未来．看護研究，**46**(3):242-253(2013)．
12) 矢吹知之：地域で求められる家族支援の視点と具体的方法．地域ケアリング，**16**

(5):18-25(2014).
13) 箕岡真子：認知症ケアの倫理．初版, 47-70, ワールドプランニング, 東京(2010).
14) 古田加代子, 輿水めぐみ, 流石ゆり子：女性主介護者からみた呼び寄せ介護の経験の特徴．日本在宅ケア学会誌, **17**(1):59-67(2013).
15) 中村もとゑ, 永井眞由美, 松原みゆき：認知症高齢者を在宅で介護する向老期・老年期にある男性介護者のよりよく生きる力とそれを育む要因．老年看護学, **16**(1):104-110(2011).
16) 新鞍真理子, 荒木晴美, 炭谷靖子：家族介護者の続柄別にみた介護に対する意識の特徴．老年社会科学, **30**(3):415-425(2008).
17) 上野千鶴子：家族の臨界；ケアの分配公正をめぐって．(牟田和恵編)家族を超える社会学；新たな生の基盤を求めて, 初版, 2-16, 新曜社, 東京(2009).
18) 上野千鶴子, 副田義也：「ケアの社会学をめぐって」；ケアすること, ケアされること．atプラス, **07**:2-31(2011).
19) 厚生労働省(2013)「平成25年国民生活基礎調査」(http://www.mhlw.go.jp/toukei/saikin/hw/k-tyosa/k-tyosa13/dl/05.pdf).
20) Post SG：The Moral Challenge of Alzheimer Disease-Ethical Issues from Diagnosis to Dying. Second Edition, The Johns Hopkins University Press, Baltimore and London(2000).
21) Kitwood T：Dementia Reconsidered ; the person comes first. Open University Press(2008).
22) Edvardsson D, Winblad B, Sandman PO：Person-centred care of people with severe Alzheimer's disease ; current status and ways forward. *The Lancet Neurology*, **7**(4):362-367(2008).
23) 箕岡真子：認知症ケアの倫理．ワールドプランニング, 東京(2010).
24) 箕岡真子, 稲葉一人：ケースから学ぶ高齢者ケアにおける介護倫理．医歯薬出版, 東京(2008).
25) Hope T, et.al.：Dementia-Ethical issues. Nuffield Council on Bioethics(2009).
26) 安達正嗣：高齢期家族の社会学．10-16, 世界思想社, 京都(1999).
27) 春日キスヨ：介護問題の社会学．岩波書店, 東京(2001).
28) 森岡清美, 望月 嵩：新しい家族社会学．9-18, 培風館, 東京(1986).
29) 森岡清美, 望月 嵩：新しい家族社会学．157-178, 培風館, 東京(1986).
30) 経済企画庁：昭和50年代前期経済計画；安定した社会を目指して．30-31, 大蔵省印刷局, 東京(1976).
31) 厚生省編：厚生白書(昭和53年度版)．58-59, 大蔵省印刷局, 東京(1978).
32) 経済企画庁：新経済社会7カ年計画．11, 大蔵省印刷局, 東京(1979).
33) 高齢社会福祉ビジョン懇談会：21世紀ビジョン；少子・高齢化社会に向けて．5-8, 第一法規出版, 東京(1994).
34) 地域包括ケア研究会：平成24年度老人保健健康増進等事業報告書；地域包括ケアシステム構築における今後の検討のための論点．三菱UFJリサーチ＆コンサル

ティング,東京(2013).
35) 厚生労働省老健局高齢者支援課認知症・虐待防止推進室(2012)「認知症施策推進5か年計画(オレンジプラン)」について」(http://www.mhlw.go.jp/stf/houdou/2r9852000002j8dh.html,2014.12.20).
36) 日本老年精神医学会監訳:認知症の行動と心理症状;BPSD. 第2版,アルタ出版,東京(2013).
37) 齊藤恵美子,國崎ちはる,金川克子:家族介護者の介護に対する肯定的側面と継続意向に関する検討. 日本公衆衛生雑誌, **48**(3):180-188(2001).
38) 荒井由美子:Zarit介護負担尺度日本語版および短縮版(J-ZBI_8). 日本臨牀, **62**(増4):15-20(2004).
39) 陶山啓子,河野理恵,河野保子:家族介護者の介護肯定感の形成に関する要因分析. 老年社会科学, **25**(4):461-470(2004).
40) 厚生労働省老健局総務課(2014)「公的介護保険制度の現状と今後の役割」(http://www.mhlw.go.jp/seisakunitsuite/bunya/hukushi_kaigo/kaigo_koureisha/gaiyo/dl/hoken.pdf).
41) 三井UFJリサーチ&コンサルティング(2014)「地域包括ケアシステムを構築するための制度論等に関する調査研究事業報告書(http://www.murc.jp/uploads/2014/05/koukai_140513_c8.pdf).
42) 日本認知症ケア学会編:改定4版;認知症ケアにおける社会資源. ワールドプランニング,東京(2012).
43) 公益社団法人認知症の人と家族の会(2013)「認知症カフェのあり方と運営に関する調査研究事業報告書」(http://www.alzheimer.or.jp/pdf/cafe-web.pdf).

第2章

家族介護者が陥りやすい
心理と支える方法

I. 家族介護者と共依存

1. はじめに

　介護という営みは，介護する人と介護される人の関係性に依拠した両者の協働作業であり，プロセスである．高齢者施設や医療機関であれば，複数の介護者と複数の被介護者という構図もあるが，家庭内のそれは，介護される人1人に対して，1人ないし複数の介護者というパターンが多い．複数といっても主の介護者は決まっているため，基本的には2者関係になる．したがって，介護というパフォーマンスを達成するには，介護者と被介護者の2者関係を健康的なものにする必要がある．たとえば，風通しの悪い密室のなかで，これは第三者が入ってくることが少ない環境という意味であるが，そうした環境下で限定した2者が長時間，共に存在し，かつかかわりをもてば，おのずとそこに力関係が生じてくる．とくに，2者間で互いの役割が固定化している場合は，たやすく支配関係に陥っていく．

　本来であれば，自立した人同士が互いに支え合うという関係性が望ましいのかもしれない．ここでいう自立とは，自分の食べる分は自分で稼ぐ，自分の足で歩く，というような意味ではなく，自分でできるところとできないところを見極め，できるところは自分でしっかり担い，その結果に対して責任をとり，できない部分は他者に，対等な立場で，主体的に支援を求められるという意味である．互いに自立した人同士の間であれば，支える，支えてもらうという役割を固定化することなく，ときに支え手になり，ときに支えてもらう側になる，というように，柔軟に役割交代が起きるはずである．かりに，片方がもう片方に依存するようなことがあっても，それが永遠に続くことはないであろうし，それにより両者の自立が妨げられるような事態にもならない．健康的な依存や，健康的な甘えの範疇で収まるであろう．「永遠に続くことはない」という意味は，自立した人であれば，かりに他者に依存せざるを得ない状況になっても，依存対象を固定化しない，依存対象を移行させることができ，かつ複数の人に依存できるということである．自立した人はいずれ依存状態から脱却しようとするため，病的な2者関係を構築して，それを長期にわたって維持する必要もないという意味である．

ところで，家族は社会というシステムのなかの最小単位のシステムである．言い換えれば，家族介護という営みは，家族システムのパフォーマンスであり，家族システムがいかに機能しているかの指標になり得る．また，家族という最小システムがいかに介護サービス等の資源をもつ社会システムに包含され，システム内にある資源をうまく取り込めているかの指標にもなり得る．したがって，介護とは，家族介護者と介護される人の関係を基軸に，彼らと他の家族メンバーとの関係，全家族メンバーと親戚や地域住民との関係，介護サービス等を提供する援助職者との関係，というように，輻輳する関係性のなかで営まれるパフォーマンスといえる．あらゆる対象と，いかに健やかで機能的な関係性を構築し，維持していくかが課題といえよう．

　共依存という言葉がある．診断名ではないが，両者がいっしょにいることで互いの自立を妨げている関係性をいう．その不都合を当人が気づかないときもあれば，うすうす分かっていながらも互いに希求し合うときもある．このような特有な関係性，対人関係があることを理解していれば，サービス利用に拒否的な家族の不可解な言動を理解でき，その結果，あるべき支援の方向性がみえてくる．本節ではまず，共依存とはコインの表裏の関係にある依存症と，共依存の概略を述べる．健やかな関係性とそうでない関係性を通じて「関係性の本質」を論じ，さらに，システムとしてとらえた場合の家族の特性と，そのようなシステム特性を加味した援助法であるシステムズ・アプローチを紹介する．加えて，家族介護者や援助職者が陥りやすい危機と，サービス利用に拒否的な家族介護者への支援方法について述べる．

2．依存症とは

　国際疾病分類第 10 版(International Classification of Disease；ICD-10)[1]では，依存症を過去 1 年間のある期間，①物質を摂取したいという強い欲望あるいは強迫感，②物質使用の開始，終了，あるいは使用量に関して，その物質摂取行動を統制することが困難，③物質使用を中止もしくは減量したときの生理学的離脱症状，④はじめはより少量で得られたその精神作用物質の効果を得るために，使用量を増やさなければならないような耐性の証拠，⑤精神作用物質使用のために，それにかわる楽しみや興味を次第に無視するよう

になり，その物質を摂取せざるをえない時間や，その効果からの回復に要する時間が延長する，⑥明らかに有害な結果が起きているにもかかわらず，いぜんとして物質を使用する，の6要件のうち3つ以上を満たす場合と定義している．ここでは，物質使用に限定された依存症が説明されているが，依存対象はアルコール，薬物，ニコチン等の物質のみならず，行動や人への依存もある．

　行動への依存は「嗜癖行動障害」[2]とも命名されているが，抑えがたい欲求や衝動の存在と，それに対するコントロール不全，その行動のために他の建設的な活動や趣味を無視するようになること，有害な結果が生じているにもかかわらずその行動を続けること，といった診断基準は，物質依存とまったく同様である．具体的には，ギャンブル依存やショッピング依存，窃盗や万引き癖，性犯罪，過剰な性行動，過食（摂食障害），手首切傷（リストカット）や自傷行為，さらに，幼児や配偶者，高齢者，障害者等に対する「暴力」「虐待」，インターネット依存，ゲーム依存，ワーカホリックなどが挙げられる．支障が出ていても，やめたくてもやめられない状態，繰り返される不適切な行為，それが依存症である．たとえば，高齢者虐待は人権侵害であり，ときに犯罪にもつながるが，対人依存の側面も合わせ持つことを認識していることが重要である．

　以上，物質や行動への依存に対して，人への依存とは何であろうか．実は，物質への依存も行動への依存も，基盤にあるのは人への依存，対人関係障害といわれている．そして，人への依存の代表が，共依存である．アルコールや薬物，ニコチン，またギャンブルやゲームも単なる小道具にすぎず，依存する心性のベースに横たわっているのは人への依存，すなわち共依存といわれている．さらに，共依存のさらなる深層には，罪悪感や恥，見捨てられることへの恐怖など，負の感情が存在しているという[3]．このような感情が，アイデンティティや他者との親密さに関する諸問題を招き，それが生きづらさにつながり，小道具であるさまざまな対象を使って依存することになる．物質依存は，物質を体内に摂取するというプロセスがあるために，器である身体が壊れてしまえば底を突くことになるが，ギャンブルやショッピングといった行動依存は，借金が可能な限り続いてしまうことから，限りなく進行

する病といえる．しかし，それでも行動への依存は第三者にとって「みれば分かる」，掌握しやすい依存である．一方，人への依存は分かりづらいケースが少なくない．それは，客観的にみて必ずしも弱者が強者に依存するばかりとは限らないためである．ときに，「だれかのために」「組織のために」という大義名分がついているために，より掌握しづらい．

　最後に，依存症からの回復について述べる．物質依存症であれば，対象となる物質の摂取をやめることである．つまり，断酒，断薬である．行動への依存であれば，行動の頻度を減らすことや，行動を全面的に起こさないことになる．ここで留意したいのは，アルコールも薬物も断つことは可能ということである．また，ギャンブル，自傷行為，虐待も，断つことは可能である．しかし生活のなかで，食物をとることを完全に断つ，買い物をいっさいしない，人とまったくかかわらないというわけにはいかない．このように，なにをもって回復とするのか，回復の定義はむずかしく，今後の課題といえよう．ちなみにいかなる時代，いかなる国でも，断酒・断薬が継続できる人は全体の2〜3割である．それだけ治療が困難な病であり，コントロールできないからこそ依存症ともいえる．しかし，そうした現状に対して，少しでも危険性の低い「もの」や「こと」に依存対象を移行できればよしとする，または断薬できなくとも，せめて合併症を予防できればよしとする，という考え方，ハームリダクションの理念が欧米で浸透している．ただし，これは断酒・断薬をする必要がない，節酒や薬の減量でよいという意味ではない．

3．共依存とは

　共依存という言葉は，アメリカの依存症臨床にかかわっていた専門家の，働かずに暴力をふるうアルコール依存症の夫と，なぜ妻は離婚しないのであろうか，夫から逃げないのであろうかという疑問から生じたという．その結果，妻はそのような問題を呈している夫の世話をすることで，自分の承認欲求を満たしているのではないかという仮説が生まれた．夫の世話を焼くことで夫をコントロールしようとする妻と，妻を心配させることで妻をコントロールしようとする夫，という歪んだ関係性である[4,5]．ここでいう「世話を焼く」とは，コントロールや支配することを意味する．介護する立場にある人，

援助する立場にある人は,「世話をする」「ケアをする」という行為が簡単に,「支配する」「コントロールする」関係に転じやすいことを,肝に銘じておく必要があろう.

共依存の人には,「(そのようなことをされて)普通なら逃げるであろう,別れるであろうという状況にあっても,逃げない,別れない,別れられない」という,対象へのこだわりがみられる.その心のあり様は,依存対象にのめり込む,こだわり続ける依存症者のそれと酷似している.したがって,共依存と依存症はコインの表裏であり,依存症の人が共依存に移行することもあれば,その逆もある.共依存は依存症のひとつととらえることもできる.ただし,一見,依存症者がどちらかというと自己中心的な傾向があるのに対し,共依存の人は自分が主人公となって自分の人生を生きるのではなく,他者の人生に必要以上に関与し,他者の世話をし,コントロールするなかで自身の生きがいや生きる意義を見いだす,他者の人生に干渉しながら他者の人生を生き抜くという印象がある.

「自分は共依存であった」と語るある人は,「自分のことはこれっぽっちも考えたくなかった」「自分のことを考えるのがつらかった,寂しくて悲しくて,それらの感情には永遠に,ふたをしておきたかった」と振り返っていた.また,ある人は,「自分の人生を自分のために生きることに対して,深い罪悪感をもっていた」と教えてくれた.他者との関係性におけるギブアンドテイクを想定すると,普通の人が0からスタートするのに対し,共依存の人は−20からスタートする,といった印象をもたざるを得ない.いずれにせよ,そうした共依存の人と依存症者がペアになれば,依存症者は共依存の人に支配,操作された人生を,共依存の人に寄りかかりながら生き続けることになるであろう.

最後に,共依存からの回復について述べる.依存症の回復が依存物質を断つこと,依存行動をとらないこと,コントロールすることであったのと同様に,共依存のそれも,人への依存をコントロールできることであろう.対象となる人と「いっさいかかわらない」というのは,ある意味で,その人に対する「こだわり」であるため,共依存の状態と同様である.対象と,自然な形でかかわれることが目指されるべきであろう.それには,両者が自立的である

こと，共依存の人であれば，自分の人生の主人公を自分とし，自分のボスを自分とし，自分が幸福であることに責任をとること，自分が幸せであるために他者を操作するのでなく，他者に，対等な立場でSOSを求められることが不可欠である．かりに，共依存の人を依存症者からはなしたところで，共依存の人はまた別の依存症者を見つけるであろうし，一方の依存症者も，新しい共依存の人を見いだすだけである．

4．関係性の本質

　以上のように，人と人との関係性のあり方の基本は，互いに自立していることである．育児する親と育児される子どもとの関係性であれば，育児する人は一貫して子どもの自立を促す人，子どもは親の支援を受けて自立を目指す人という関係である．親は養護的に，ときに過保護的に，指示的にかかわるかもしれないが，いかなるかかわりであっても，目指すところは対象の自立である．また，育児を通じて親自身も，育児からでなければ得られない学びを得て，人として成長していく．さらなる自立を実現していくのである．教育する人や相談を受ける人と，教育を受ける人と相談する人との関係はどうであろうか．教育であれば，ただ単に知識や技術を伝授するだけではなく，学習することの意義と方法を教授し，学生が学ぶことの本質を知り，多様な資源を活用して自ら学んでいけるようにすることであろう．相談であれば，相談事例の解決に向けた助言を提供することに加えて，相談者が今後，同じような事例に出会ったときに，今度は自分自身で解決できるようになることを意識した返し方が望ましいであろう．つまり，ここでも目指すのは対象の自立である．そして，教育者も相談者も，こうしたかかわりを通じて自らの専門性を高めていくことができる．すなわち，さらなる自立の実現が可能となる．教育も相談も，人と人との関係性のなかで営まれる，両者の自立を意図した活動といえよう．

　一方，看護や介護はどうであろうか．その目的は，ケアを必要とする人が可能な限りセルフケアを実践できるように援助することである．ただやみくもにケアをすればよいということではなく，対象のセルフケアの水準（どこまでできて，どこからできないのか）をアセスメントし，欠如している部分

を補う(代行),また,欠如している部分を,いずれは自分で応じられるようになることを目的に,教育的な支援を遂行することになる.つまり,ここでも目指すのは対象の自立である.看護する人も,介護する人も,ケアという行為を通じて自らの専門性を高めるとともに,人とのかかわりのなかから,人と実際にかかわらなければ学べないことを修得し,さらなる自立を達成していく.

　ここで留意したいのは,全面的な介護を要する高齢者や,回復の見込みがもてない人,進行する病にむしばまれている患者に対して,いかなる自立を求めるのかということである.人はみな,いずれ病気や加齢により日常生活動作能力が低下し,基本的な動作さえも他者に依存せざるを得なくなる.そうした状況にある高齢者や患者が,それでも「自立している」と評価されるにはなにが必要であろうか.「自分ができるところは自分で担う」ことに徹していること,自らも「自分ができるところは自分で担いたい」と志向し,そのために努力できることではないであろうか.究極的には,自分でできる部分は全生活行動の1%にも満たないという状況が生じるかもしれない.それでも,そのわずかな部分を担うことを維持したいと思うことができれば,そのために他者に支援を求めることができれば,その人は自立した人になるであろう.SOSを発信して,自分の幸福について責任をもてる人だからである.忘れてはならないのは,SOSを発信してもらえなければ,周囲の人がその人の幸福について責任をとらなければならなくなるということ,一般にSOSを発信することは,SOSを受けてそれに答えるよりもはるかにむずかしいということである.

5．システムの特徴とシステムズ・アプローチ

　家族がシステムであれば,最小単位であってもシステムとしての特徴をもっているはずである.システムとは,互いに関係し合う複数の構成要素の集まりのことであり,これらの要素が互いに影響し合って,以下の3つの特徴を有する.①システムの構成要素はすべて,システムの目的を最大限にするために存在し,何らかの形で秩序立っている,②システムはより大きなシステムのなかでそれぞれの目的をもっている,③システムは常に変化してい

るが，調整やフィードバックによって安定を維持している．具体的には，家族というシステムにとって，いなくてもよい家族メンバーはいないということ(すべての家族メンバーが，その家族の家族らしさに関与していること)，その家族なりの目にみえない階層や秩序が存在すること，家族は家族としての全体性をもちつつ，居住地区や社会といったより大きなシステムからも影響を受けていること，家族システムは微小な変化をしつつも大きくは変化しないこと，よい意味でも悪い意味でも安定していることである．まさに，家族は生物体である．

　このように，家族をシステムとしてとらえ，システムの特性を踏まえて介入やアプローチを講ずるのがシステムズ・アプローチである[4,5]．システムズ・アプローチでは，1人の家族メンバーが家族の危機を代表して訴えていると考える．家族が危機状態にあると，それ以上の家族の崩壊を回避するために，家族メンバーのだれかが問題を呈するという意味である．問題となる行動を呈する家族メンバーが抱えているのは，個人の問題というよりはむしろ家族の問題であり，それに対してSOSを出しているととらえる．家族は変化を嫌い，望ましくない状況にあってもそれなりに安定してしまう傾向があることから，簡単には変化しない．だからこそ，家族メンバーの1人が，他の家族メンバーが傍観できないような行動をとり，それをきっかけに家族全体が大きく変化していくことになる．

　また，システムズ・アプローチでは，家族というシステムが失調しているととらえることから，支援の対象は，家族全体となる．家族メンバーのだれだれが問題の原因である，というような犯人探しもしない．さらに，家族というシステムの全体性とは別に，システム内の階層性がほどほどにあることも大切である．とくに，夫婦間の連携がしっかりしていることであるが，それがしっかりしていない典型例は，夫婦の絆が壊れており，妻(夫)と息子(娘)との間に夫婦間以上の強い絆ができているようなケースである．夫婦の関係の善し悪しよりもむしろ，家族が同居するなかで階層性(力関係のバランス)が維持されているか否かが，システムが生産的に機能するか否かを左右する．システムの階層性や力関係は，家族内のコミュニケーションパターンを観察すればみえてくるはずである．

もう1つ押さえておきたいのは，対象となる家族がシステムとして外界とどのようにつき合っているかということである．システム内外の境界，バウンダリーが明確でしっかりしていると同時に，柔軟でもあること，硬すぎないこと，結果的に，外界からの情報や刺激，干渉がほどほどに入ってきて，しかし入りすぎて，あるいは取り入れすぎてシステムが崩壊するようなことはないことが大切である．たとえば，周囲の人の意見を何でも取り入れて，混乱して家族内の意思統一ができなくなってしまうようではバウンダリーがもろいシステムであり，一方で，援助職者がかかわろうとするのをかたくなに拒否する家族であれば，バウンダリーが硬いシステムである．このような場合は，なぜそこまでバウンダリーを固くする必要があるのかをアセスメントしなければならない．システムは必要があってそうしているのであり，維持しようとしている状態が適切か否かは別として，とにかく安定を志向する傾向にある．

　最後に，家族というシステムが抱える問題は，家族の特性を次の世代に連鎖させていくことである[4,5]．たとえば，アルコール依存症の父親をもつ息子は依存症者になりやすく，娘は依存症の人とペアになりやすいことが指摘されている．子どもは親から，依存する人と依存される人の関係性をダイレクトに学んでしまうという構図である．また，暴力というコミュニケーションに慣れ親しんだ家庭で育った子どもは，成人になって自分が世帯をもつと，同じように暴力で解決する，暴力で互いに承認し合う，といったコミュニケーションツールを再現する．幼いころから母親を殴る父親をみるなかで，強者は弱者を殴ってもよいという価値観や，問題が出たらみなで話し合うのではなく，即暴力で解決するという対処法，コミュニケーションツールを直接習得してしまうのである．したがって，病理の世代間連鎖を防ぐことは，システムズ・アプローチにおける主要課題である．

6. 家族介護者や援助職者が陥りやすい危機

　家族介護者や援助職者が陥りやすい危機として，「私ががんばらなければ事態は好転しない」「私でなければこの人を助けられない」「私でなければこのケースを支援できない」という過剰な自己意識，共依存の心性がある．孤軍

奮闘するなかで，あるいは自分自身を叱咤激励するなかで生じてくる自己防衛かもしれないが，このような過剰意識の存在に本人が気づかないでいると，結局，被介護者や他の家族メンバーを巻き込んだり，援助職者のチームパフォーマンスに支障をきたすことになる．本来であれば，家族介護者には「援助職者も含めてできるだけ多くの人に，介護にかかわってもらおう」「自らの介護負担を軽減しよう」という意識を，援助職者には「自分の代わりができる同僚や後輩を育てよう」という意識をもってもらいたいところである．

　なぜ，「引き受けすぎてしまう」のであろうか．背景に見え隠れしているのは，家族介護者や援助職者の承認欲求である．ケアや育児ほど人の承認欲求を満たしてくれるものはなく，対象の依存度が高ければ高いほど，ケアする人，育児する人の承認欲求は満たされやすい．承認欲求を満たすこと，それを欲すること自体は悪いことではないが，引き受けすぎた結果，疲弊し，消耗し，役割を果たせなくなることや，それが回り回って被介護者や他の援助職者等にも悪影響をもたらすことが問題である．結局，互いの自立が妨げられ，チームとしての機能が損なわれ，本来の目的から逸脱していく．ケアを他者に委譲したほうがよいときもあるはずである．常に「引き受ける」「引き受けない」という２つの選択肢を準備していることや，両者のいずれかを選択するアセスメント力と決断力，ケアを「引き受けない」ことを引き受ける覚悟が求められよう．

　冒頭で，風通しの悪い密室で２者が長時間，固定した役割でかかわり合えば，おのずと力関係に転じるという旨を記した．そのような意味では，ケアする・されるという関係性と，支配（コントロール）する・される関係性は表裏一体である．上述した「引き受けすぎてしまう」のも，支配関係のひとつである．家族介護者と被介護者間の関係を健やかにする手段，支配関係に陥るのをとどめる手段は唯一，両者に多様な人が複数かかわって密室にしないこと，物理的にも心理的にも孤立した２者関係にしないことであろう．

7．サービス利用に拒否的な家族介護者への支援方法

　サービス拒否の背景には，家族介護者の「私でなければ」「私の介護がいちばんだから」という共依存の心性が潜んでいる可能性を否定できない．また，

「外部から干渉されたくない」「他者にめんどうをかけるのはいや」という介護者，被介護者の気持ちもあるかもしれない．さらに，それ以上に多いのは，「介護サービス料の自己負担分を支払えない（高齢者の年金等をあてにして家族が生活している）」「同じお金が使うのであれば，自分たち（被介護者以外の家族メンバー）の娯楽のために使いたい」といった経済的な事情，自己勝手な思いもあるかもしれない．場合によっては，高齢者虐待，ネグレクトに相当するケースもあろう．したがって，まずはサービスを拒否する理由を探索することが必要である．直接本人にたずねてみてもよい．その結果，家族側に誤解があれば修正し，ネグレクトの可能性があれば，拒否されつつも戦略をもって見守り続ける必要がある．

　共依存の可能性が疑われれば，サービスを拒否することで，あるいはサービスを受けることでだれが困るのか，だれの安寧や幸福が妨げられるのか，だれの自立が妨げられるのか，家族が機能不全に陥っていないか等をアセスメントする．それにより，家族メンバー間の力関係の全貌を掌握することができる．そのうえで，被介護者の自己決定を促し，被介護者が望んでいることを家族介護者と共に確認し，それに対する家族介護者自身の自己決定を促す．ネグレクトには相当せず，かつ被介護者と家族介護者の希望を確認したうえでのサービス拒否であれば，しばらくは当事者の気持ちを尊重し，状況観察せざるを得ない．その結果，当然介護の質自体は低下していくであろうから，一定期間を経て再度訪問し，こういう選択肢もある，ああいう選択肢もあるというようにできる限り多くの選択肢を提示して，再度両者の意向を確認する．こうしたアプローチを繰り返すなかで，家族介護者や被介護者にも援助職者に対する信頼が生まれ，新しい観点をもってもらうことができるかもしれない．家族介護者と被介護者の関係性が膠着状態にあったとしたら，援助職者との間でスタートした新しい関係性自体が治療的に機能するはずである．

　基本は，家族が機能不全に陥っているがゆえのサービス拒否である可能性を想定し，その結果として，家族介護者，被介護者，他の家族メンバーのウェルネスと自立度が低下していないかをアセスメントすること，どうしたら家族機能が復活するか，すなわち個々の家族メンバーが互いに自立できるかを

意識しながら，アプローチをし続けることである．主の家族介護者に，「あなたに役割発揮してもらうためにサービスがあります，そのために私たちがいます」「サービスを利用するか否か，どのサービスを選択するかを決めて，被介護者や家族介護者の生活の安寧を保つことはあなたの権利であり，あなたの責任でもあります」というメッセージを伝え続けることが大切である．そして，もし家族介護者自身が社会的に，経済的に自立していなければ，他の部署との連携をもってアプローチすることが必須であろう．

　最後に，援助職者には，援助職者がバーンアウトしないですむように，自分たちで自分たちを支え合うことをお勧めしたい．そして，当事者が少しでもよい状態になれば，少しでも改善されればよしとする，という考え方を共有することであろう．これは，援助職者が介入しなくともよい，アウトカムを出さなくてもよいという意味ではない．しいていえば，前述したハームリダクションの理念に近い．少なくとも，援助職者が機能しなくなることは，被介護者の命を守る，家族介護者を守る最後の砦が崩壊してしまうことを意味する．ゆえに，援助職者には，援助職者で構成されたチーム，システムをできる限り健全に機能させること，システムの維持を優先していただきたい．

II．介護うつ

1．はじめに

　厚生労働省が実施している患者調査によると，わが国のうつ病の患者数は，平成8年には20.4万人，平成11年には23.9万人とほぼ横ばいであったが，平成14年には44.1万人，平成17年には62.8万人，平成20年には70万人と，近年になりいちじるしく増加している[6]．しかし，うつ病に関しては，検査などで明確に診断できる疾患ではないため，診断基準が少し変わることによって，診断される患者数にかなりの差が出る．最近の増加が本当の増加であるのか，うつ病であるという判断方法の違いの影響が大きいのかは，十分注意する必要がある[7]ともいわれ，うつ病の患者数の現状は把握しにくいことを知っておく必要がある．また，うつ病の治療では，うつ病を発症していながら受療する頻度（受診率）は約29％と低値[8]であるといわれ，うつ病に罹

患しても治療につながっていない現状も理解しておく必要がある．

これら患者数の増加と受診率の低値という矛盾とも思われる状況は，なぜ起きているのであろうか．それは，「うつ病はめずらしくありません．日本人の約15人に1人が経験する身近なものです」[9]と近年いわれることが関係しているかもしれない．医療機関が受診しやすい環境になったことで患者数が増え，しかし一方では，うつ病の症状があったとしても「このままでも何とかなる」という気持ちで受診に至らない人がいるかもしれない．このように，うつ病という言葉が身近になったがゆえに，うつ病の診断，治療，ケアを画一的に行うのには困難な状況にあることは理解しておく必要がある．

医療機関で疾患として扱われているうつ病がこのような状況であるため，うつ状態においては，さらに明確にはできないと思われる．本節では，『介護うつ』について考えるが，うつ状態・うつ病は，自分に対しても他人に対しても明確にできないもの・画一的にできにくいものであるということを踏まえておく必要がある．しかし，明確にしなくてもよいわけではなく，客観的な視点で状態を把握し，適時適切な時間や方法でかかわる必要がある．このとき，自分自身のことは分かりにくいということを念頭においたうえで，"本人がどうか"という視点で，問うようなかかわりを重視する必要がある．これは，うつ状態にある人に「がんばってください」と声をかけない理由と同じである．

2．『介護うつ』と支援のポイント

近年，介護者がうつ病に罹患していることが問題となっている．クリニカル・トライアル社運営の生活向上WEB上で，20～90歳代の男女を対象に行われた「介護とうつ」の調査結果では，介護者の約6割が両親の介護を行っている．介護者の8割以上が介護生活にストレスを感じているといわれ，介護生活が原因でうつ病になったと回答している人が，介護者全体の13.8％を占めている．また，介護が原因でうつ病の診断を受けたという回答のうち，約6割の58.2％が在宅で介護しており，同居で介護している人の約5割以上がうつ病になったと回答している．さらにこの調査では，うつ病の自覚があっても約5割が病院へ行っていないという結果がある[10]ともいわれている．

これらから，在宅で同居しながら両親の介護をしている人はうつ病に罹患している人が多いことがうかがえ，その多くが病院へ行っていないことも示している．介護者の受診率の低さは，介護者に限定した調査ではない数値より頻度が高値であり，『介護うつ』について早期に対策を考えていく必要があることを示している．

　対策のひとつには，専門家の意識的なかかわりがある．人が介護を受けている場合には，被介護者の多くは医療，福祉の対象であり専門家がかかわっていると思われる．しかし，同行している介護者は，対象者と認識されていないのでないであろうか．被介護者にかかわる専門家が介護者のうつに対する意識的なかかわりを行うことで，うつ病，うつ状態の早期発見ができ，診断・治療・ケアにつながるのである．介護者のうつの問題は，介護者がうつになるという問題だけでなく，うつになり介護の環境を変更せざるを得なくなると，被介護者の不利益にもつながる．介護者のうつには早めの発見，治療，ケアが必要であり，意識的に専門家はかかわる必要がある．しかし，これまで述べたようにうつは明確にできにくいものであり，自分自信のことは分かりにくいことも踏まえ，ここからは『介護うつ』とはなにかをはっきりさせながら，原因や対応を考えたいと思う．

　『介護うつ』とは，"介護する人がうつになったこと"とし，介護が原因でうつになった人の場合として考え，被介護者は高齢者の場合を想定する．たとえば，ある日身内が病気になり，突然「あなたが主介護者ですね」と言われ，「自分に介護できるだろうか」と悩んで，介護することが決まった時点でうつ状態になることや，介護を行っているときがつらいためうつ状態になること，また，この介護がいつまで続くのであろうかと考えたり，介護を終えたあとに自分自身のこれからを考えたりしてうつ状態になることなどが考えられる．精神的な負担の原因はその人の状態や状況によりさまざまであるが，ここからは，4つの場面に分けて『介護うつ』を考えてみたい．

1）介護することが不安でうつ状態になる場合[*1]

　身内が事故や疾患により急性期病院に入院すると，その段階で主介護者になることがある．近年は急性期病院の入院期間は短縮しているため，入院した時点で今後の行き先を検討されることは一般化されており，退院後の生活

が在宅である場合は，短期間に家族指導が行われる．退院後が在宅ではない場合には，急性期を過ぎると各種の連携パス等により後方病院や後方の施設入所へと患者の生活の場が変わっていくことになる．現在では，急性期病院の在院日数は10日前後であるため，このような過程が，日または週単位で経過していることになり，思いもよらぬ間に自分が主介護者となり，介護をするという心の準備のないままこの時期をすごしている人がいる．主介護者を決める場面では，役割を伝えながら本人に確認することが重要であり，介護者が心構えのないまま決定されてしまうと，その後の心的なストレスは大きく，うつ状態になりやすいであろう．

2）介護を行っているときがつらくてうつ状態になる場合[*2]

介護者は，被介護者から繰り返し「死にたい」と言われると，そのときは真に受けなくても，自分自身が体調不良のときには気力がなくなり，「このまま一緒に死んでしまったほうが幸せかもしれない」と考える傾向がみられる[11]といわれる．

3）「介護がいつまで続くのだろうか」とさきのことを考えうつ状態になる場合[*3]

高齢者の介護は，がんのターミナルケアのようにある程度の見通しのきくなかで行う介護とは異なり，さきのみえない長期的な問題として，家族は介護という新たな役割を生活に組み込んでいかなければならない[12]といわれ

┌─ ＊1　かかわる専門家のためのポイント ─────────────
・突然に主介護者になり，不安だが前に進もうとしている心情を受け取る．
・介護者の力量を判断し，心構えについても十分確認する．
・とくに急性期病院の場合には，患者の第1番目の連絡先が主介護者と思われる場合が多いため，連絡先を聞く場合には十分は配慮する．

┌─ ＊2　かかわる専門家のためのポイント ─────────────
・被介護者の症状によって介護者の心的負担が変わることを十分に理解する．
・介護者の気持ちを聞き，表情や毎日の生活状況からうつ状態を引き起こすような症状が被介護者にないか確認する．
・被介護者に症状があるときには，その症状を介護者はどのように受け止めているかを確認し，いっしょに対応策を考える．

る．介護すべき期間が長いほど，また，さきが読めないほど，介護者はストレスをためやすい．

4）介護を終えて自分自身のこれからを考えうつ状態になる場合[*4]

介護者が介護を行っている間は，自分の生活スタイルに介護を組み込んで生活している．つまり，介護者は自分自身の生活を行いながら被介護者の生活も支えており，二重とも思える生活をしているのである．とくに，介護の経験がない場合は，慣れないために自分の時間を被介護者に使用することが多いと思われ，介護することが中心の生活になっていることが考えられる．これまで何人かの介護を終えた介護者と話す機会があったが，ある家族は「いま思うと介護しているときのほうが楽だったように思います．介護をしなくてよい状況になったら，朝起きてなにも考えられなくて……」と以前の生活を振り返り話していた．

3．認知症介護における『介護うつ』と支援のポイント

介護者の介護を困難にする原因のなかに「認知症」があることが指摘されており[13]，ここからは認知症の人の介護の場合について考える．認知症の人の介護では，そうでない場合と異なる点がいくつかある．池添は，「認知症患者の介護は日常の介護全般に対する負担に加え，認知症特有の精神症状や行動障害への対応が必要であり，認知症をもたない患者の介護者とは明らかに

[*3] かかわる専門家のためのポイント
- 介護者が自分自身の生活のなかに介護を組み込むことに無理がないか確認する．
- 身だしなみなどの生活のようすからみて介護者が疲労困憊していないか，自分自身を振り返ることができないような状況になっていないか注意してみる．
- 本人では自覚していない場合が多いため，気になる場合にはいっしょに現状の確認をしながら，限界を超えるような生活が続かないようにする．

[*4] かかわる専門家のためのポイント
- 介護を終えたときの空虚感は逆に大きい場合があり，介護を終えて自分自身の生活を再建することがむずかしい介護者がいることを知っておく．
- 介護を終えたあともかかわりをもち，うつ状態にならないように自分自身の生活が送れるようになるまで，心理状態を確認していく．

違った質の"つらさ(負担)"を抱えている．認知症高齢者の在宅介護の特徴として，徐々に進行する認知症による高齢者の知性の衰退を目の前にしての苦悩，思うように通じない疎通困難な対応，認知症に伴う異常行動や精神症状にどのように対処してよいかわからない困惑と混乱，他人に迷惑をかけているのではないかといった気遣い，さらには抑うつ状態に陥りやすいなどの精神的健康面での問題がある」[14]と述べている．また，渕田は，「認知症の疾病過程として出現する暴言・暴力行為，ケア拒否，妄想，徘徊といったBPSD(Behavioral and Psychological Symptoms of Dementia；認知症の行動・心理症状)は，家族に身体的・精神的ストレスを与え，日常生活に影響をおよぼすことがわかる．結果，家族は認知症高齢者に対して不適切な介護を行い，家族の不適切な介護は，認知症高齢者に伝わり，BPSDをさらに誘発・増悪させるという悪循環を起こす場合がある」「一方，BPSDに対する家族の反応や対処能力は，家族によって異なる．これは，認知症の進行度と家族との人間関係が影響していることが多い」[13]と述べ，認知症の人の介護では，認知症の特有の精神症状，行動障害への対応に苦悩している場合が多く，家族であるからこそ人間関係に苦悩する場合があるとも述べている．現在，認知症の人は在宅での生活が推進されているが，認知症の人と同居して介護をしている場合には，これらの苦悩があることを十分理解し，介護する家族の『介護うつ』に注意する必要がある．これらを踏まえて，『介護うつ』の4つの場面で，認知症の人の介護の状況とかかわりを考える．

1) 介護することが不安でうつ状態になる場合[*5]

近年，認知症の中核症状に対する薬剤の開発が進み，薬の種類も多くなり，医療機関で認知症の確定診断を受ける人が増えてきている．確定診断がされなかったころには，老化による症状であるのか分からないまま共に生活し，その場その場の介護が行われていたと思われる．しかし，現在では疾患の経過が示されるようになり，認知症の代表的な疾患であるアルツハイマー型認知症をはじめとした進行性の疾患では，進行は年単位であり，診断確定されてから病気とつき合う期間が長いということが分かってきている．また，病気の経過中にBPSDが発生する可能性があるなど，病名を告知されてから本人を含む介護者のさきのことを思う不安や悩みは多いと思われる．確定診

断がされた場合には，その瞬間から本人は認知症の人となり，介護者は認知症の人の介護を主眼においた生活を始めることになる．本人・介護者は，自分自身では整理がつけられない漠然とした悩みをもちながら生活することになるかもしれないということを念頭におき，うつ状態にならないような配慮が必要である．

2）介護を行っているときがつらくてうつ状態になる場合[*6]

被介護者が認知症の場合は，妄想，暴行，徘徊などのBPSDにより介護者の気力が衰え，危死念慮が生じていないか確認する必要がある[11)]ともいわれ，認知症の症状により介護者は負担感を感じている可能性があることを把握しておく必要がある．

┌─ ＊5　かかわる専門家のためのポイント ─────────────
・本人，介護者と共にその時々の病気による障害の状況を確認する，これから予測される症状に向けて準備を考える等，疾患の進行を見据えながらかかわる．
・すべての人が病気の経過をさきにみながら進んでいけるわけではなく，進行性の疾患であればよけいに"いま"を生きるため，さきのことを聞きたくないかもしれない．この場合，その時々の気持ちに寄り添い，気持ちを確認しながら共に進む姿勢が必要である．

┌─ ＊6　かかわる専門家のためのポイント ─────────────
・介護者にBPSDへの対応に関する知識を伝え，目の前の現象にとらわれるのではなく，被介護者がどのような意味をもって行動しているのかという視点で接することが大切であることを伝え，実際に行動できるような形で指導する．
・このようなBPSDに対する対応は「その人の立場に立って考える」という視点が大切であるが，これは逆に自分の立場を犠牲にすることになりかねない危険性をはらんでいることを理解する．
・介護者にとって心的な負担が大きいことを十分に理解したうえで，対応方法を伝える場合には時期や内容を検討することが重要であり，タイミングを間違えると介護者の気力を失わせてしまう可能性もあるため注意する．
・介護者のつらさを受け取り，がんばりすぎている場合には，介護保険のデイサービスやショートステイの利用を勧める助言が必要である．被介護者への心が離れてしまわないように配慮し，介護者がよりよい状態で介護が続けられるように配慮する必要がある．

3）「介護がいつまで続くのだろうか」とさきのことを考えうつ状態になる場合[*7]

　認知症は原因疾患の理解が進み，状態像ではなく疾患としてとらえることが多くなってきた．原因疾患が確定された場合には，疾患の進行を予測することができ，介護者にとって前向きになれる場合もある．しかし，さきを思うとつらくなる場合もある．認知症の人の介護では，BPSDに対する対応や本人に代わって意思判断を行わなければならない場合があるなど，介護者の気苦労は多岐にわたり絶えることがない．このように，常にまわりに気を張った状況を強いられる環境であれば，うつ状態になることは容易に想像できる．

4）介護を終えて自分自身のこれからを考えうつ状態になる場合[*8]

　認知症の人の介護の場合には，多くがBPSDを経験し，終末期を迎え，介護を終える．この間に介護者は，被介護者の多くの意思決定を含む被介護者の人生を決定するような場面に遭い，人生を2人分経験しているも同然といえる．これまでに出会ったある介護者は，「母親の介護者としての生活が終わった日から常に，あのときの判断はあれでよかったのかと思うことが多くある．考えても仕方ないことだと思うのですが，頭から離れなくて……」

[*7] かかわる専門家のためのポイント

・適時疾患の進行を介護者と共に確認し，今後準備すべきことを話す．
・注意しなければならないのは，介護者の意見である．"いま"はさきの見通しを聞きたいと思うのか，それとも聞きたくないのか，揺れる気持ちのようすをみながら，"いま"の気持ちを大切にかかわることが重要である．
・"いま"を重視する場合には，介護者は自分のことを振り返ることができない場合があることを知っておく．
・介護者のペースを重視しすぎるとがんばりすぎる結果にもなるため，介護者ががんばりすぎてはいないかを客観的にみて，がんばりすぎているときには介護者にそのことを伝える．

[*8] かかわる専門家のためのポイント

・介護するという目的をもっていた人が，目的を失い虚脱感に見舞われるかもしれないという可能性を考える．
・自分の気持ちを話せる場所をつくり，これまでの生活を肯定するとともに，自分自身で生活を再建できるように支え，共に歩むようなかかわりをする．

と話した．この介護者の場合は，母親が亡くなるまでに経管栄養の選択，がん治療の開始や終結の判断などを行い，介護が終わったあとで自責の念からうつ状態になったと思われる．ある日始まった介護者としての生活を終え，再び，自分自身の生活を再建することは容易なことではない．

4．認知症の人の『介護うつ』に対する専門家のかかわりを考える

　近年，医療では認知症サポート医研修や認知症疾患医療センターの設置により，認知症の確定診断の機会は増えている．原因となる疾患は多く指摘されており，治療薬の選択も増えている．認知症の人のケアでは，地域包括支援センターを中心とした情報交換が行われ，認知症の人に対応できる地域ケアを強化する取り組みが行われている．しかし，認知症の人と暮らす介護者に対する理解はどうであろうか．本節のように『介護うつ』を考える場合，介護者のケアは，どこで受けられるかと問われると明快な答えはないのかもしれない．渕田は，「認知症の人の介護者が，BPSDに関する知識を獲得することは，認知症高齢者の世界観を考えさせ，家族がおかれている状況や介護の見通しを客観視する余裕につながる．加えて，認知症高齢者との関係性を変え，実際の介護の手助けとなり，家族が無気力状態や絶望感に陥るのを予防するのみならず，BPSDの軽減にもつながる」[13]と，家族の認知症に関する知識の習得の必要性を述べている．専門家は，自身の環境において認知症の人にかかわる場合には，本人はもとより介護者への配慮を行いながら，疾患による症状への対応，BPSDへの対応の実践的な知識を適時提供し，身体的，精神的な負担を軽減させる意図的なかかわりを行う必要がある．

　認知症の人と暮らす家族・周囲の人の考え方，また主介護者となった人の精神状態など，明らかにできないことが多いなかで，認知症の人と暮らす介護者はストレスをためているかもしれない．家族会などによる家族支援プログラムも情緒的援助に有効である[15]ともいわれ，認知症の人の介護を経験した人も支援してもらえる人材だと思われる．認知症の人にかかわる専門家は，この現状を知り，認知症の人の介護をしている人が『介護うつ』にならないように配慮，支持し，共にいるようなかかわりが求められる．

5. おわりに

　65歳以上の要介護者等認定者数は平成24年度末で545.7万人であり，平成13年度末から258.0万人増加している[16]といわれ，約2倍の数字が示されている．認定されていない人も含めば，さらに多くなることが想像できる．また，「日常生活を送る上で介護が必要になった場合に，どこで介護を受けたいか」についてみると，男女とも「自宅で介護してほしい」人がもっとも多く，男性は42.2%，女性は30.2%と約4割である．「治る見込みがない病気になった場合，どこで最期を迎えたいか」についてみると，「自宅」が54.6%でもっとも多く[16]，今後も在宅で介護を受けたいという要求は増える傾向にあると思われる．しかし，反面，平成24年現在65歳以上の高齢者のいる世帯は43.4%であり，そのうち単独世帯は23.3%，夫婦のみの世帯は30.3%と半数以上である[17]．これらの数値から，在宅で同居している人で介護者となり得る人がいないことや，同世代の人が介護者になることがうかがえ，要求と現実には食い違いがあり，課題であると思われる．

　本節では，被介護者が高齢者であると想定し『介護うつ』を考えた．前半は，高齢者のなかには認知症の状態や認知症の原因疾患が明確でない人もいるなかでの『介護うつ』を考え，後半は，とくに認知症の人を念頭におきながら認知症の人と暮らす人の『介護うつ』における現状を含めたかかわりを考えた．認知症の人の介護は長期間になることが多く，この間にいろいろな場面で専門家に出会うことがあり，おのおのの立場で介護者にかかわると思われる．少子高齢化が進むなかで，介護者のマンパワーは絶対的に不足することが予測されており，介護者の確保は重要な課題である．同時に，次の介護を担う人をつくるという意味では，介護者が満足できるような介護になることを支援することも目的として大切である．この点において専門家は，被介護者と介護者の生活をコーディネートする役割が期待されている．認知症に関しては，まだ少数であるが，認知症看護認定看護師などによる認知症ケア外来，認知症看護相談外来という外来が出来始めている．このような外来が多くなり，認知症の人と介護者に継続的にかかわることができれば，『介護うつ』による対応が早期にできるのではないかと期待している．

Ⅲ 介護を理由にした殺人・心中

1. はじめに

　最近，同年代で交わす話題が変わってきた．30歳代のころは子育て一色であったが，40歳代に入るにつれ，少しずつ介護の話が交じるようになってきた．なかには，「最近，両親からやたら電話がかかってきて……大丈夫かしら」「介護をすることになったら仕事はどうしよう」などと心配する人もいる．このようなとき，筆者はとても複雑な気持ちになる．家族や友人に支えられ，介護サービスをうまく利用し，側でみていても感心するような介護を続けている人は，世の中におおぜい存在する．ときには，看取りを終えた介護者の「介護を経験して私の人間性が磨かれました」という言葉を聞き，心打たれることもある．その一方で，介護のために離職を余儀なくされ，経済的に行き詰まっている人，認知症の症状に振り回され自らも体調を崩した人，うつ状態になり将来の希望を見いだせないままつらい介護を続けている人などの姿も，筆者の脳裏には何人も思い浮かぶのである．

　現在，介護者はいったいどのような状況にあるのであろうか．2014年2～4月に日本労働組合総連合会が加盟組合を通じて行った，要介護者を在宅で介護中の家族などを対象とした調査によれば，1,381件の回答のうち，「ストレスを感じている」という回答は「非常に」と「ある程度」を合わせ，80.0％に達していた．また，(要介護者に対する)「憎しみの有無」では，「感じている」という回答が35.5％を占めていた．この結果からは，介護にストレスを感じている人の多さに驚かされる[18]．また，警察庁の「平成24年の犯罪」によれば，介護疲れが原因である殺人や傷害致死の事件は43件発生していた[19]．筆者が全国30紙の新聞記事を検索して集計した調査によれば，介護が背景にあり，被害者が60歳以上の殺人や心中の事件（以下，介護殺人）は，1998～2014年の17年間に少なくとも672件生じていた．ちなみに，この672件のうち，被害者に認知症が疑われる事件は，記事から明らかになったものだけでも206件(30.7％)を占める．

　本来，介護に疲れ，自殺や心中をするなどあってはならないことである．そうなる前に，何らかの手立てが講じられなければならない．危機に陥った

介護者に対して，すみやかに適切な支援がなされなければならない．この点について，現状はいったい，どのようになっているのであろうか．

　本節では，認知症介護における介護者支援について，司法の場で明らかになった介護殺人を例に考察する．はじめに，過去に生じた介護殺人のうち，認知症やうつが確認できる事例をいくつか挙げ，介護者が追い詰められた背景に認知症やうつがどのように影響したのかを確認する．そのうえで，介護支援専門員（ケアマネジャー）や地域包括支援センター職員が危機状態にある介護者を支援するうえでどのような困難を抱えているかを明らかにし，そのような介護者をどのように支援していけばよいのかについて考えていく．

2．認知症で，介護うつが疑われる介護殺人事件

　介護殺人のうち，被害者に認知症，加害者にうつが疑われる事件は珍しくない．たとえば，次のような事件である．

【事例1】65歳の娘が85歳の母親と心中

　介護をしていた娘も，うつ病で通院．事件の2年ほど前から母の認知症がひどくなった．「お母さんを連れて行きます」と書いた娘の遺書あり．そこには，「介護に疲れました．心も体もぼろぼろです」と書かれていた．

【事例2】45歳の息子が82歳の母を殺害

　母はほぼ寝たきり，排泄や食事に介助が必要な状態であった．要介護認定の申し込みはなく，見かねた民生委員が施設入所を勧めたところ，息子は「経済的にむずかしいので自分がめんどうみる」と断った．裁判では「おむつを替えること自体は苦ではなかったが，（母親が）私のことを認識できなくなってからは抵抗されたり，大声を出されたりしてやりきれないという思いになってしまった」と証言した．

【事例3】75歳の夫が97歳の妻と心中

　事件後，夫の「こういう形で終わることをお許しください．介護のたいへんさを知りました」と書かれた遺書が発見された．妻は重度の認知症．日常会話がむずかしい状態で，昼夜を問わず室内を歩き回り，夫は「目が離せず眠れない」と悩んでいた．夫自身も糖尿病であった．事件の2日前，夫は弟夫婦に初めて「体の自由が利かず，介護がつらくてしょうがない」と電話した．

弟夫婦は訪問を約束し，「介護の専門家にも相談してみる．しっかりしなくちゃだめだ」と励まして電話を切った．

【事例4】81歳の妻が85歳の夫を殺害

妻は，「介護に疲れてやった」と供述．居間のこたつには，「もう疲れた」と書かれた紙があった．裁判にて，検察は「体調を崩した被告が，認知症の症状が出た夫を残せば家族に迷惑がかかると思って無理心中を図った」と指摘した．「子どもに相談できなかったのか」という質問に対し，妻は「買い物や大きな病院に行くときには子どもたちをいつも頼っていた．これ以上迷惑をかけられないと思った」と証言した．妻は夫から「生きているのがおもしろくないので殺して」と言われており，妻も「夫を殺して私も死にたい」と口にしていた．

事例1と2は，息子や娘が親を介護していた事例である．子にとって親はいつまでも親であり，他人であれば比較的冷静に受け止められる認知症の症状も，実の親だと思うとなかなか受け止められない．症状が進み，親が介護をしている自分のことも認識できなくなると，息子や娘は大きなショックを受ける．加えて，徘徊が始まる，排泄介助が必要になるなど，常時だれかが側にいることが必要な状態になると，ほかに介護を引き受けてくれる人がいない限り，息子や娘はそれまでと同様の生活を営むことがむずかしくなる．やむを得ず仕事を辞めて介護者となる場合，彼らの葛藤は大きい．40歳代後半，50歳代という年代は，正社員であれば仕事でも重要な役割を担い，収入も多い時期である．いくら大切な家族とはいえ，さきの読めない介護を引き受け，将来に不安を感じ，悲観的になるのも無理はない．加えて，収入がなくなることにより，経済的に困窮し，介護サービスの利用を控え，すべてを自分で引き受けようとする人もいる．しかし，そのように介護をひとりで抱え込むことで孤立状態に陥り，しだいに追い詰められていくという悪循環に陥る．

事例3と4は，夫婦間で介護をしていた事例である．夫婦間の場合，お互い高齢であることから介護者自身も無理が利かず，持病が悪化したり不眠症になったりするなど，体調を崩しやすい．そこで，介護サービスの利用につながればよいのであるが，だれにも相談することができないことなどから適

切なサービスが受けられずに行き詰まり，精神的に追い詰められ，うつ状態になると，自殺や心中の危険が高まる．高齢な親のなかには，息子や娘には心配をかけたくないと考え，ぎりぎりになるまで相談をしない場合も多い．また，それほど要介護度が進んでいなくても，このさき，大切な子どもたちに苦労をかけたくないことを理由に夫婦そろって心中に至る場合もある．

なお，介護者ではなく被介護者がうつの場合もあるが，どちらの場合も心中につながりやすい点には注意が必要である．被介護者が日常的に「死にたい」「殺してくれ」と言う場合，普段であれば「そんなこと言わないで」と言うことができる介護者も，自分自身も体調不良になったり，被介護者の予測のつかない BPSD に悩まされたりすると将来に悲観し，「いっしょに死んだほうが幸せ」と考え，被介護者を道連れに心中に及ぶおそれがある．加えて，健康なときにはだれかに相談するなど，何とか問題解決の道を見いだすことができても，いざうつ状態になると思考停止状態に陥り，心中することこそが困難な現状を打開する唯一の道と考える傾向があることにも注意が必要である．

介護者を心中や殺人から救う方策はあるのであろうか．社団法人認知症の人と家族の会(現 公益社団法人認知症の人と家族の会)が 2009 年，死んでしまおう，殺してしまおうと思うほど追い詰められた経験をもつ介護者の体験を集めた本[20]から，介護者を救う手がかりを見いだすことができる．この本には，死にたいと思うようなつらい経験をしながらも，何とか踏みとどまることができた介護者が，なぜ思い止まることができたのか，その理由を記載している．それら体験談からは，介護者がぎりぎりのところで心中や殺人を思いとどまった理由について，以下の 6 つが確認できた．「被介護者の生きる意思に気づく」「大切な人の存在が頭をよぎる」「病気になる前の被介護者を思い出す」「親族以外の人からの支え(があった)」「人に迷惑をかけてはならないという気持ちになった」「自分を大切にしようと思う気持ち(が生じた)」である．

このなかで，もっとも多くみられた理由は，「被介護者の生きる意思に気づく」であった．典型的なパターンとしては，介護者が被介護者を殺そう，あるいは心中しようと思い詰め，それ以外はなにも考えることができない心

理状態に陥る．ただし，被介護者が「生きたい」「死ぬのはいやだ」とつぶやくなど，何らかの生きる意思を示し，そこで介護者がハッとわれに返る，というものである．つまり，被介護者が介護者に生きたいという意思を示し，介護者がそれに気づき「ハッとわれに返る」ことができれば，ぎりぎりのところで事件を回避できるのである．ただし，被介護者も死を望んでいる，または死を容認している嘱託あるいは承諾殺人の事例や，介護者がうつ状態にあり，死ぬことこそがこの状況を抜け出す唯一の道と固く思い込んでいる事例の場合，「ぎりぎりのところでハッとわれに返る」ことは望めない．とくに，うつの介護者は将来を悲観し，死ぬことがもっとも幸せであると考える傾向がある．うつの介護者や被介護者を早期に発見し，適切な治療につなげることは，介護殺人の予防という点からも非常に重要である．

3．介護者のうつに関する支援者の意識

次に，介護者と直接かかわる機会があるケアマネジャーや地域包括支援センター（以下，包括）職員が，うつの介護者をどのようにとらえているのかについてみてみる．

認知症の人と家族の会愛知県支部（以下，愛知県支部）では，2010年，A市（中核市）主催の認知症の研修に参加したケアマネジャー82人を対象に，介護者のうつに関するアンケート調査を行った[21]．質問項目は，①介護者にうつがみられる事例に出会った経験の有無，②（①で「有」と回答した人に）具体的にどのような状態か，③介護者にうつがみられる事例にどのような対応（工夫）をしているか，④介護者にうつがみられる事例を支援するにあたり，なにか困難や限界を感じたことはあるか，⑤（④で「ある」と答えた人に）具体的にどのような困難や限界なのか，の5つである．

結果，うつの介護者に出会った経験を有するケアマネジャーは82人中31人（37.8％）であり，うつではないかと感じた根拠は，主に介護者の言動やようすであった．たとえば，「普通の親をもった人には分からない」「心が折れそう」「このまま線路に……」等の否定的，被害的な言動がある，会話が進まず気分がふさぎがち，暗く悲観的，食事が食べられなくなり表情が硬い，家事や外出などなにもする気が起きないなどの状況からである．うつの介護者

への対応(工夫)について，圧倒的に多かったのは傾聴，とにかく話を聞くという回答であった．そのほか，受診を勧める，今後の介護についてアドバイスする，他の家族に協力を求める，保健所や包括など他機関と連携する，介護者が休むことができるサービスを導入するなど，ケアマネジャーは状況を改善するためにさまざまな努力をしていた．それから，介護者にうつがみられる事例を支援するにあたり，困難や限界を感じたことがあると答えた人は31人中21人(67.7%)であり，感じた困難としては，信頼関係を築けない，支援内容を決められない，支援方法がよく分からない，他家族からの支援が得られない，さきがみえない，使えるサービスがないなどであった．そのほか，「自分がどこまでかかわればよいのか」と悩んでいる人や，「限界はいまのところない．自分で何とかしようとは思わないから」と考える人もいた．

　この調査結果からは，ケアマネジャーはうつが疑われる介護者に出会ったとき，話に耳を傾け，ケアプランを工夫し，他機関と連携するなど，介護者に対してもできる範囲で支援しようと努めていることが確認できた．しかし，具体的な支援方法が分からない，うつの介護者に使えるサービスが乏しい，ケアマネジャーの立場で介護者の支援にどこまでかかわればよいのかが分からないなどの状況が，うつの介護者の支援を困難にしていた．

　次に，包括職員による介護者のうつへの対応について検討する．包括は高齢者を中心とした地域住民の心身の健康の保持および生活の安定のために必要な援助を行う機関であり，地域の高齢者が生活を継続できるように支援を行っている．そのような位置づけである包括は，うつ状態にある地域住民に対しては，どのような支援を行っているのであろうか．

　鈴木ら[22]は，包括職員22人(看護師7人，社会福祉士7人，主任ケアマネジャー8人)を対象に，高齢者のうつへの取り組みの実態についてインタビュー調査を行った．その結果，包括職員もケアマネジャー同様，うつ傾向のある人を福祉や治療などのサービスにつなげようと試行錯誤していた．しかし，本人に病識がない，あるいは受診を拒否するなどの場合，支援を続けることがむずかしく，受診が必要な状態でありながら受診に至っていない状況が確認できた．働きかけに対し強い拒絶を受けた包括職員のなかには，「打つ手がない」と考える人，うつの人に紹介できるサービスがないと考えてい

る人もいた．なかには，往診医の活用がなされている地域もあるが，すべての地域で利用可能なわけではない．

　保健師との連携については，定期的な会合などを通じ，自治体保健師と日ごろから交流している包括の場合，うつ症状が深刻な事例について保健師に相談していたが，交流が少ない包括の場合，保健師への相談はなされていなかった．そのほか，包括は要支援者のケアプラン作成など，うつ予防以外の業務の忙しさにより，うつに対応することがむずかしいと感じていた（支援方法については前節を参照）．

　これらの結果からは，ケアマネジャーが介護者のうつに気づき，包括職員に相談したとしても，包括のかかわりを介護者自身が受け入れない，あるいは包括が介護者のうつが深刻な状況にあると気づいても，保健師との連携が不十分である場合などには支援が行き詰まり，結果としてうつの介護者を救えないという状況が想定された．かつ，介護者が高齢ではなく，介護保険法における「介護予防」の枠組みで支援を行うことができない場合，虐待でも生じていなければ，介護予防等で忙しい包括職員が高齢でないうつの介護者にどの程度かかわれるかは疑問である．したがって，この状況を改善し，うつの介護者に適切な支援を行えるようにするためには，ケアマネジャーや包括職員の個々の努力に任せるのでは限界があり，地域の保健師やかかりつけ医，精神科医も含め，介護者自身を支援するシステムを地域に構築していくことが必要と考える．

4．介護者支援システムの構築

　地域に介護者支援システムを構築していくためには，その根拠となる法律が必要であろう．高齢者介護に関して定められた法律として，第1に思い浮かぶのは介護保険法である．介護保険については，制度の円滑な実施の観点から，被保険者が地域において自立した日常生活を営むことができるよう支援するために「地域支援事業実施要綱」が定められ，2006年4月から適用されている．そのなかに，地域支援事業（家族介護支援事業）が定められており，自治体は家族（介護者）を支援する事業を行うことが可能である．ただし，この事業の内容は，自治体が開催する介護者教室や介護者のヘルスチェックな

どであり，うつの介護者への事業の効果は限定的であろう．うつの介護者が積極的に介護者教室や健康相談に出かけていくとは思えないし，ひとりで介護している人の場合，被介護者を残して家から離れることは容易ではない．さらに，事業の担い手である包括がうつの介護者にかかわるには，さまざまな困難が予測されることは先述したとおりであり，自治体における「うつ予防・支援」についての取り組みは進んでいるとはいいがたい状況にある．なお，介護保険制度の改正に向け，地域包括ケアシステムの構築をめぐる議論においては，「家族介護者も含めた要介護者以外への支援」への言及がなされたが，具体的に，だれによるどのような支援がなされるのかは明らかにされなかった[23]．

次に，介護者に支援を行う根拠となる法律としては，高齢者の虐待の防止，高齢者の養護者に対する支援等に関する法律が挙げられる．この法の「虐待を防ぐためには養護者への支援の視点が欠かせない」という認識は正しいと思うが，虐待が生じていようがいまいが，養護者への積極的な支援が必要な場合はあるであろう．養護者の支援を積極的に行うことが，虐待の発生を未然に防ぐとも考えられる．

要するに，介護者に対してはだれがどのようにかかわるのか議論が尽くされておらず，虐待かどうか，あるいは年齢などに関係なく，支援が必要な介護者にかかわるための法的根拠が明確でないことが介護者支援を困難にしているのである．明確な法的根拠もなく，介護者を支援するシステムが地域に構築されていないなか，介護者への支援の必要性を強調しても，それは現場の混乱を招くばかりで根本的な問題解決にはならない．介護者を支援する法律を定め，それをもとに予算と人材を確保し，介護者支援システムを確立していくことが早急の課題であろう．

わが国では2010年，高齢，障害，慢性疾患など種別を問わず，すべての介護者への支援を目指すケアラー連盟が設立され，すでに介護者法の草案が提起されている[24]．この草案は，イギリスの介護者法などを参考に，支援の目標を社会的包摂（social inclusion）におき，介護者がより豊かな生活を送ることができるよう，人生の選択肢とよりよい機会を与えることを目的としている．介護者への支援内容は介護者の教育，就労，余暇，経済状況など多岐

にわたっている．もしこの法が制定され，介護者に対しても総合的な支援を行うことができるようになれば，介護の負担は減り，介護に対する世論の大きな不安も軽減するであろう．今後はうつを含め，介護者が陥る困難への支援方法を検討するとともに，介護者支援のシステム構築を目指し，全国で介護者法制定の議論を展開していくことが必要と考える．

5．おわりに

　社団法人認知症の人と家族の会（現 公益社団法人認知症の人と家族の会）編『死なないで！ 殺さないで！ 生きよう！ メッセージ；いま，介護でいちばんつらいあなたへ』には，夜のせん妄がひどく，独り言を言い，弄便を繰り返し，寝たまま背中でずり動いて部屋の外まで出てくる94歳の実母の介護のため，疲労困憊した娘が「もう，いっしょに死ぬしかない」と思い詰め，入水自殺を決意し，川に下見に行った話がつづられている[25]．まさに，今日か明日かというときにケアマネジャーから，「病院の予約の日がきましたので行きましょう」と連絡があり，いっしょに病院に行き，診察してくれた先生に2時間ほど話を聞いてもらった．なにかつきものが落ちたようにすっきりした，という内容である．

　医師は通常，患者1人の診療に2時間もかけることはしない．ケアマネジャーからあらかじめ話を聞いていたのか，現れた娘のようすにただならぬものを感じたのか，詳細はよく分からないが，この2時間のおかげで彼女は心中を思いとどまることができた．支援者からのちょっとした働きかけがあれば，介護者は心中や殺人を思いとどまることができる．だからこそ，危機状態にある介護者に対しては，できる限り早期に，適切な支援がなされなければならない．地域における介護者支援システムの構築は喫緊の課題である．介護を担うことが将来への悲観につながらないよう，孤立し心身を病むことがないよう，社会参加の機会が奪われないよう，さまざまな領域において介護者支援サービスを充実させていかなければならない．

Ⅳ. 認知症介護者のメンタルヘルス

1. はじめに

　今日の認知症介護は,「家族依存」から社会全体で支える「家族支援」へとシフトしつつあるが[26],介護を苦にした痛ましい心中や殺人,自殺もあとを絶たない[27].「介護うつ」という言葉は現在の認知症介護も象徴しており,これ以上介護による犠牲者を増やさないためにも,その対策が急がれている.厚生労働省は「認知症施策推進5か年計画(オレンジプラン)」を策定し,平成25年度からさまざまな施策を進めている[28].その計画には,認知症患者とその家族,地域住民,専門職などだれでも集える「認知症カフェ」の普及など,認知症患者や家族を支援する施策が盛り込まれている.

　筆者らも,2007年9月から認知症介護者のサポートとして,認知症介護者のグループ療法に取り組んでいる.本節ではその取り組みを紹介しつつ,認知症介護者の心理を理解し,これからのサポートのあり方について考えてみたい.

2. 認知症介護者のグループ療法

　認知症介護者にかかわるスタッフのだれしもが,心理的援助も含めたサポートの必要性は感じていることであろう.しかし,マンパワー不足,時間的余裕がないことから,家族会などの自助グループに依存しているところが大きいのではないであろうか.順天堂大学医学部附属順天堂東京江東高齢者医療センター(以下,当院)でも,認知症介護者のサポートについて議論を重ねているが,その1つのあり方として,認知症介護者のグループ療法に取り組んでいる.

1) グループ療法が始まるまでの経緯

　介護家族教室などに参加することにより認知症の知識や理解を深めることは,介護不安の低減,介護の変化が期待できる.また,介護サービスや介護施設など社会資源を導入するための情報提供は,介護環境や介護負担感に変化をもたらす.そのため,認知症介護者への心理教育,情報提供はたいへん重要である.

実際の臨床現場においても，認知症介護者の要望として認知症や介護の知識，情報提供を求めるものは多いが，それと同様に，介護にまつわる感情を語れる場を求める声も多く聞かれる．当院ではかつて家族教室を実施していたが，内容の性質上，認知症介護者に教育的，ときには指示的にかかわることが多かった．そのため，参加者からは，「もっと私たちの気持ちを聴いてほしかった」「介護の話をだれかと分かち合いたかった」という感想が多く聞かれた．

そこで，これからの認知症介護者のサポートは心理教育，情報提供とともに，スタッフと認知症介護者との双方向の交流，心理的援助も加えた複合的な援助が必要であると考え，多職種協働でグループ療法を実施することにした．

2）グループ療法の目的

認知症介護者へのグループ療法の目的は，「日々の介護体験を振り返り，整理することによって，精神・心理状態の安定を図ること」とした．

3）グループ療法の対象と方法

当院外来通院中の認知症患者の介護者を対象に外来のポスターとチラシで募集を行い，定員6人まで先着順で受けつける．その後，介護状況の聞き取りと心理検査，参加に対する説明と同意を得る初回面接を経て，グループ療法は奇数週の金曜日に1回60分の5回セット，有料，参加者の入れ替えがないクローズドグループのフリーディスカッション形式で実施している．開始後10分間はスタッフがその専門性に基づいた認知症に関するミニレクチャーを行い，質疑応答，資料の配布も行う．なお，2007年9月の開始時から適切なグループサイズや開催回数を検討し，何度かリニューアルを行い，現在は上記のような構造で実施している．

参加者は，延べ98人（男性8人，女性90人），平均年齢は59.1歳（SD＝11.4），平均介護期間は26.9か月（SD＝22.2）であったが，1年未満の介護者がほとんどであった．多くは要介護者と同居しており，複数人の介護をしている人もいた．

グループ療法の効果評定のため，参加者に心理検査および感想の記入を依頼した．心理検査は，グループ療法開始前と終了時に気分・感情を測定する

出典）杉山秀樹，山縣真由美，杉山典子，ほか：認知症介護者に対する集団精神療法の試み．精神科治療学，24(2):247-252(2009)．

図2-1　認知症介護者のグループ療法におけるスタッフの基本姿勢

日本版 Profile of Mood States(POMS)[29,30]，自己評価式抑うつ尺度の日本語版 Self-rating Depression Scale(SDS)[31]，介護負担測定尺度の Zarit 介護負担尺度日本語版(J-ZBI)[32]を用いた．感想は，各回終了時に記入を依頼した．

スタッフは精神科医，看護師(認知症看護認定看護師)，臨床心理士がチームを組み，それぞれの専門性を生かしてサポートに取り組むことにした．そのほか，研修医，病棟看護師，心理の大学院生などが研修として参加することもある．スタッフの基本姿勢は，参加者の語りを共感的，中立性をもって傾聴し，必要に応じて各職種の専門性を生かした介入を行うこととしている(図2-1)[33]．一方，参加者にはルールとして，守秘義務，誹謗中傷の禁止，発言は最後まで聴くこと，終了時間を告げるスタッフの指示に従うことなどを毎回確認した．終了後はスタッフ間で振り返りを行い，反省点や今後の方針などの意見を交換し，参加者の理解を深めた．その内容は，グループ全体の記録，参加者ごとの記録として残された．

なお，倫理的配慮として，精神科医および臨床心理士の面接時に，精神科医からグループ療法の内容，プライバシーの配慮などについて十分な説明を行い，文書で同意が得られた人のみを対象とした．

4）グループ療法の結果

延べ98人の参加者の出席率は90％を超えた．

表2-1 心理検査の結果

心理検査			時期	n	平均値	標準偏差	p値
POMS (気分・感情)		T—A (緊張—不安)	開始前	39	9.31	4.09	0.107
			終了時	39	8.44	4.18	
		D (抑うつ—落込み)	開始前	39	6.05	4.50	0.136
			終了時	39	6.79	4.16	
		A—H (怒り—敵意)	開始前	39	6.23	4.70	0.834
			終了時	39	6.36	4.64	
		V (活気)	開始前	39	7.10	3.68	0.174
			終了時	39	8.05	4.67	
		F (疲労)	開始前	39	8.13	4.49	0.190
			終了時	39	8.90	5.21	
		C (混乱)	開始前	39	7.28	4.01	0.961
			終了時	39	7.31	3.86	
SDS(抑うつ)			開始前	54	43.74	7.61	0.677
			終了時	54	43.31	9.59	
J-ZBI(介護負担感)			開始前	76	41.49	15.66	0.006
			終了時	76	37.66	17.20	

次に,心理検査の結果を以下に示す.すべての心理検査の統計解析は,対応のあるt検定を用いた(表2-1).

POMSは,気分・感情を測定する質問紙で65の質問からなり,「緊張—不安(Tension — Anxiety)」「抑うつ—落込み(Depression — Dejection)」「怒り—敵意(Anger — Hostility)」「活気(Vigor)」「疲労(Fatigue)」,および「混乱(Confusion)」の6つの下位尺度で構成されている.延べ参加者98人のうち,39人にPOMSを実施した.グループ療法開始前と終了時での得点を比較したところ,すべての下位尺度で有意差はみられなかった.

SDSは,抑うつ傾向を評価する質問紙である.20の質問からなり,得点が高いほど抑うつ性が高いことを示す(得点範囲は20〜80点).延べ参加者98人のうち,54人に実施した.グループ療法開始前と終了時での得点を比較したところ,有意差はみられなかった.

J-ZBI は，介護負担感を測定するための質問紙である．22 の質問からなり，得点が高いほど介護負担感が高いことを示す(得点範囲は 0〜88 点)．延べ参加者 98 人のうち，76 人に実施した．グループ療法開始前と終了時での得点を比較したところ，終了時得点が有意に低下していた($p<0.01$)．

次に，参加者の感想を報告する[33,34]．なお，感想は自由記述のため，臨床心理士 2 人により「参加動機」「グループ療法での体験について」「多職種の参加」「介護の変化」に分類し，表 2-2 にまとめた．

5) グループ療法の効果

心理検査の結果で評価すると，気分や感情，抑うつには変化はみられなかった．この要因として，グループ療法に参加することで一時的に気分が回復しても，自宅に帰れば介護にもどらなくてはならないという環境因が大きいと考えられる．家族会のアンケートからも，1 日の大半を介護に費やしており，気が休まらないと感じている認知症介護者が多いことが報告されている[35]．また，表 2-2 の感想にあるように，他の参加者の介護体験を聴くことによる不安の増大に伴う抑うつへの影響も考えられる．

介護負担感の軽減については，グループ療法の独自性が影響していると考えられる．「他者との交流のなかで自分だけが悪いのではない」「自分一人が悩んでいるのではないとわかること」「情報の交換を通して具体的な説明や示唆を得ることができること」「グループに所属し，受容されたという新しい体験が大きな意味をもつこと」などが治療要因として挙げられているが[36]，グループ療法の場で共感的，中立性をもって話を語り，聴かれる経験を重ねることで少しずつ認知症介護者にも変化がみられ，グループ内にも自助効果としての仲間意識が芽生え始めた(図 2-1)．同じ認知症介護という環境に身をおく者同士であるからこそ自分の体験も理解してもらえ，他の参加者の語りも実体験と照らし合わせながら共感的に聴くことができる．その体験が増えるほど，日々の介護を振り返り，自分自身を見つめ直すことができるようになる(表 2-2)．これは，グループ療法によってエンパワメント(自己対処能力)が高まることによる自己治癒的な効果であるとも考えられ，これが介護負担感の軽減につながったとも考えられる．

しかし，グループ療法終了後の介護負担感は持続して軽減したままではな

表2-2 グループ療法参加者の感想

参加動機
 語れる場,聴いてもらえる場を求めるもの
  ・今後の介護や認知症の進行が不安で話を聴いてほしかった
  ・他の介護者の話を聴きたかった
  ・すべてを話せる場がほしかった
 介護知識
  ・患者の対応方法などこれからの介護のアドバイス
  ・他の参加者の介護を参考にしたい
 自分自身が変化することへの期待
  ・なにかが変化する期待

グループ療法での体験について
 介護の知識が得られた
  ・いろいろな介護体験が聴けて勉強になった
  ・スタッフの話がわかりやすく,理解できた
 今までの介護を振り返る
  ・介護から離れる時間の大切さを感じた
  ・親類には言えない気持ちを言えて楽になった
  ・言葉にすることで気持ちが整理でき,自分自身を見つめ直せた
  ・介護がたいへんなのは自分だけではないとわかった
  ・そんなに頑張らなくてもいいと気づかされた
  ・一人では介護はできないこと,だれかに頼ることの大切さを知った
 不安の増大
  ・壮絶な介護体験を聴いて,かえって将来が不安になった
  ・自分にはできないかもしれない

多職種の参加
  ・スタッフからの温かい言葉がうれしくて,励まされた
  ・それぞれの専門家がいることは心強く,安心できる

介護の変化
  ・自分なりの介護について考えるようになった
  ・ストレス解消法を得た
  ・気持ちにゆとりができて,(要介護者に)やさしくなれた
  ・介護でつらいのは自分だけではないと思えるようになれた

い.グループ療法に2回参加した2人のJ-ZBIの得点はグループ療法終了時に低下したが,参加していなかった約6か月で再び上昇し,2回目のグループ療法終了時に再び低下した.これは,認知症介護者にはスタッフの継続的なかかわりが重要であることを示すデータである.当院では,グループ療法

終了後も看護相談室での相談体制，6か月に一度「同窓会」と称した交流の場も設けており，情緒的な交流ばかりでなく，活発な情報交換も行われ好評を得ている．認知症介護者が援助を必要とするときに，いつでもこたえられる体制づくりが必要となるであろう．

次に，スタッフへの教育的効果についても報告したい．認知症介護者からの生の声は，スタッフにとっても多くの気づきが得られる．日常の業務では教育的立場をとることが多く，時間をかけて話を聴けないスタッフが，グループ療法に参加することで認知症介護者の理解が進み，臨床業務の改善につながることも多い．スタッフもいっしょに学んでいるという意識でグループ療法に参加しており，その経験が認知症患者のケアにもつながっている．

6）グループ療法の課題

当院のグループ療法は認知症の重症度，介護者の立場，介護期間による振り分けを行っていないため，重度あるいは終末期の話を聴くことでさらに不安が増大し混乱する人や，話のまとまりに欠け話しすぎる人，自己開示への抵抗からグループというスタイルになじめない人，うまく言語化できず無言のまますごす人もいる．このような参加者には，個別の対応が必要になる場合もある．また，参加者のニーズや理解度は毎回変わるため，グループによってその対応も必要になる．グループならではのダイナミクスを生かしつつ，臨機応変に対応するためにはスタッフの技量が求められる．そのため，スタッフはそれぞれの専門分野に対する自己研鑽を怠ってはならない．

3．認知症介護者をサポートするための視点

ここまで，当院における認知症介護者のグループ療法の取り組みについて報告してきたが，認知症介護者の理解をさらに深め，今後のサポートにつなげるために必要な視点を最後にまとめたい．

1）認知症介護をめぐる感情

認知症介護者は，孤立感，不安感，負担感，被害感，無力感，怒り，罪悪感，悲しみといった否定的感情を体験しやすく[37]，ストレスを抱えやすい．自分の人生に思いがけず現れた介護という重圧に不安や恐怖，さらには絶望やあきらめを感じる介護者もいる．そのようなとらえ方をするのは，介護者

のパーソナリティ，不安耐性やストレス耐性にもよるが，多くの認知症介護者が複雑な感情を伴って日々の介護に向き合っていることは事実である．

たとえば，認知症患者の困った言動に対して，「言ってはいけない」と自制するとストレスにつながり，もし怒りの言葉を向けたとしても，激しい自責の念に駆られる．認知症介護者は，そのジレンマに自己不一致の状態になり，介護から抜け出したくて，「いっそ死んでくれたら」と思う自分に自己嫌悪を抱く．その苦しい気持ちをだれかに話したいが，介護を経験していない親族や友人にはなかなか理解してもらえず，諭されてしまう．このやりきれない閉塞感が，認知症介護者の感情に影響する．

もう1点，認知症介護者を理解するために，言葉に現れるものだけではなく，その裏側にあるものを理解する必要がある．否定的感情が重なり合い，行き場のなくなった激しい怒りや悲しみが医療従事者に向けられることや，介護のつらい現実から心を守ろうとする防衛機制によって，治療拒否や抵抗がみられることもある．

防衛機制とは，不快，葛藤，欲求不満などから，無意識に自分を守ろうとする心の働きのことである．「年相応のもの忘れで認知症ではない」「しっかりしているから治療は必要ない」など認知症という問題が存在しないかのような言動をとる否認や，「認知症が急に悪化したのは治療やデイサービスがよくないから」といった理由づけや正当化をする合理化はよくみられる．このような言葉の奥にある感情やつらい現実を理解する視点が，認知症介護者をより深く理解するために必要である．

2）認知症介護者の介護負担感の評価

このように，認知症介護者を取り巻く感情は複雑であり，介護者自身のストレス耐性やパーソナリティなど，複合的な要因が介護負担感に影響している．そのため，介護状況という外的要因だけで介護ストレスや介護負担感を判断することは極めて困難である．認知症介護者のサポートのためには，介護状況とともに，介護者自身のストレスや介護負担感を正しく把握する必要がある．

そこで，介護負担感の簡単なスクリーニングとして，短縮版の介護負担尺度(J-ZBI_8／表2-3)[38]を紹介したい．この尺度は8つの質問に答えるだけ

表2-3　J-ZBI_8（日本語版 Zarit 介護負担尺度短縮版）

各質問について，あなたの気持ちに最も当てはまると思う番号を○で囲んでください．

			思わない	たまに思う	時々思う	よく思う	いつも思う
◎	1	介護を受けている方の行動に対し，困ってしまうと思うことがありますか	0	1	2	3	4
◎	2	介護を受けている方のそばにいると腹が立つことがありますか	0	1	2	3	4
△	3	介護があるので，家族や友人と付き合いづらくなっていると思いますか	0	1	2	3	4
◎	4	介護を受けている方のそばにいると，気が休まらないと思いますか	0	1	2	3	4
△	5	介護があるので，自分の社会参加の機会が減ったと思うことがありますか	0	1	2	3	4
△	6	介護を受けている方が家にいるので，友達を自宅によびたくてもよべないと思ったことがありますか	0	1	2	3	4
◎	7	介護をだれかに任せてしまいたいと思うことがありますか	0	1	2	3	4
◎	8	介護を受けている方に対して，どうしていいかわからないと思うことがありますか	0	1	2	3	4

◎；J-ZBI_8 Personal Strain，△；J-ZBI_8 Roll Strain
出典）熊本圭吾，荒井由美子，上田照子，ほか：日本語版 Zarit 介護負担尺度短縮版（J-ZBI_8）の交差妥当性の検討．日本老年医学会雑誌，41(2):204-210(2004)．

なので，外来の待ち時間に実施することも可能で，介護者を知る1つの有効な手段になりうる．結果によって，介護家族教室や家族会の案内，介護サービスの導入，必要に応じて受診やカウンセリングにつなげるなどの対応が検討されるべきである．

3）多職種協働のサポート

今後の認知症介護者のサポートは，精神科医，看護師，臨床心理士，精神保健福祉士，薬剤師，作業療法士などそれぞれの専門性を発揮し，多職種協働で行うことが重要である．

グループ療法においても，図2-1が示すようにスタッフの基本姿勢は変

わらないが，精神科医は医学的アプローチから認知症の治療全般について，看護師は日常の介護および介護サービスについて，臨床心理士は心理教育とカウンセリング的なかかわりをもつ．お互いが補いきれない部分をそれぞれの専門家が連携してサポートすることは非常に有効である．しかし，今回紹介したグループ療法は，多職種協働によるサポートの1つのあり方にすぎない．今後，多職種協働によるサポートがスタンダードになるばかりでなく，それぞれの地域に根ざした独自の取り組みが広がっていくことを期待したい．

文 献

1) 融 道男，中根允文，小見山実，ほか監訳：ICD-10 精神および行動の障害；臨床記述と診断ガイドライン（新訂版）．医学書院，東京（2005）．
2) 洲 脇寛：嗜癖行動障害の臨床概念をめぐって．精神神経学雑誌，**106**(10)：1307-1313（2004）．
3) ジョン・C・フリエル，リンダ・D・フリエル著（杉村省吾，杉村栄子訳）：アダルトチルドレンの心理；うまくいかない家庭の秘密．ミネルヴァ書房，東京（1999）．
4) 松下年子，吉岡幸子，小倉邦子編：事例から学ぶアディクション・ナーシング；依存症・虐待・摂食障害などがある人への看護ケア．中央法規，東京（2009）．
5) 松下年子，日下修一編著：アディクション看護学．メヂカルフレンド社，東京（2013）．
6) 厚生労働省大臣官房統計情報部（2011）「平成 23 年患者調査；傷病分類編」(http://www.mhlw.go.jp/toukei/saikin/hw/kanja/10syoubyo/dl/h23syobyo.pdf,2015.1.28)．
7) 厚生労働省（2011）「知ることからはじめよう；みんなのメンタルヘルス」(http://www.mhlw.go.jp/kokoro/speciality/detail_depressive.html,2015.1.28)．
8) 一般診療科におけるうつ病の予防と治療のための委員会（2008）「うつ病診察の要点-10」(http://www.jcptd.jp/medical/point_10.pdf,2015.1.28)．
9) 厚生労働科学研究費補助金こころの健康科学研究事業「精神療法の実施方法と有効性に関する研究」（2011）「うつ病の認知療法・認知行動療法」(http://www.mhlw.go.jp/bunya/shougaihoken/kokoro/dl/04.pdf,2015.1.28)．
10) クリニカル・トライアル（2010）：「同居介護者の 50％以上が介護うつ」(http://www.value-press.com/pressrelease/53355,2015.1.28)．
11) 湯原悦子（2011）「介護殺人の現状から見出される介護者支援の課題」(http://research.n-fukushi.ac.jp/ps/research/usr/db/pdfs/00122-00003.pdf,2015.1.28)．
12) 岡本充子：「高齢者の家族」に関する事例検討．家族看護，**8**(1)：83（2010）．

13) 渕田英津子：認知症高齢者の行動・心理症状(BPSD)に対する家族支援のあり方．家族看護，**7**(1):51-52(2009)．
14) 池添志乃：認知症患者とともに生活する家族の「介護継続」を支えるケア．家族看護，**7**(1):33(2009)．
15) 尾之内直美：家族会から生まれた「家族支援講座」「楽々家族支援プログラム」の実際．家族看護，**7**(1):94-99(2009)．
16) 内閣府(2014)「高齢者の健康・福祉(http://www8.cao.go.jp/kourei/whitepaper/w-2014/zenbun/s1_2_3.html,2015.1.28)．
17) 内閣府(2014)「高齢者の家族と世帯」(http://www8.cao.go.jp/kourei/whitepaper/w-2014/zenbun/s1_2_1.html,2015.1.28)．
18) 日本労働組合総連合会(2014)「要介護者を介護する人の意識と実態に関する調査」(http://www.jtuc-rengo.or.jp/kurashi/kaigohoshu/report2014/data/report201402-04.pdf,2015.4.14)．
19) 警察庁(2013)「平成24年の犯罪」(https://www.npa.go.jp/archive/toukei/keiki/h24/h24hanzaitoukei.htm,2014.12.23)．
20) 社団法人認知症の人と家族の会編：死なないで！　殺さないで！　生きよう！；いま，介護でいちばんつらいあなたへ．かもがわ出版，京都(2009)．
21) 湯原悦子，旭多貴子，尾之内直美，ほか：A市における介護支援専門員の介護家族に対する支援の実態と課題①；うつ状態の介護者への関わり．日本認知症ケア学会誌，**11**(1):233(2012)．
22) 鈴木良美，北畠義典，鈴木友理子，ほか：地域包括支援センター職員による高齢者のうつに対する二次予防への取り組みと課題．民族衛生，**77**(5):175-186(2011)．
23) 厚生労働省老健局(2012)「介護保険制度改正の概要及び地域包括ケアの理念」(http://www.mhlw.go.jp/stf/shingi/2r9852000001oxhm-att/2r9852000001oxlr.pdf,2015.4.14)．
24) 一般社団法人ケアラー連盟(2012)「『介護者支援の推進に関する法律案(仮称)』政策大綱」((http://carersjapan.com/images/carerslow20120627.pdf,2015.4.14)．
25) 社団法人認知症の人と家族の会編：死なないで！　殺さないで！　生きよう！；いま，介護でいちばんつらいあなたへ．47，かもがわ出版，京都(2009)．
26) 矢吹知之：認知症介護における家族支援の必要性と課題．認知症ケア事例ジャーナル，**4**(3):247-256(2011)．
27) 内閣府自殺対策推進室，警察庁生活安全局生活安全課(2013)「平成24年中における自殺の状況」(http://www8.cao.go.jp/jisatsutaisaku/toukei/h24.html)．
28) 厚生労働省：「認知症施策推進5か年計画(オレンジプラン)；(平成25年度から29年度までの計画(http://www.mhlw.go.jp/stf/houdou/2r9852000002j8dh-att/2r9852000002j8ey.pdf)．
29) 横山和仁，荒記俊一，川上憲人，ほか：POMS(感情プロフィール検査)日本語版の作成と信頼性および妥当性の検討．日本公衆衛生雑誌，**37**(11):913-918(1990)．
30) 横山和仁，荒記俊一：日本語版POMS手引．金子書房，東京(1994)．

31) 福田一彦,小林重雄:自己評価式抑うつ性尺度の研究.精神神経学雑誌,**75**(10):673-679(1973).
32) Arai Y, Kudo K, Hosokawa T, et al.:Reliability and validity of the Japanese version of the Zarit Caregiver Burden Interview. Psychiatry and Clinical Neurosciences, **51**(5):281-287(1997).
33) 杉山秀樹,山縣真由美,杉山典子,ほか:認知症介護者に対する集団精神療法の試み.精神科治療学,**24**(2):247-252(2009).
34) 杉山秀樹:認知症介護者のグループ療法;介護をめぐる葛藤を語り,受容される意味.現代のエスプリ,**516**:96-109,東京(2010).
35) 公益社団法人認知症の人と家族の会(2011)「『暮らしと介護保険に関するアンケート調査』の報告」(http://www.alzheimer.or.jp/largefile_for_wp/po-le368.pdf).
36) 鈴木純一:集団精神療法の臨床的意義.(近藤喬一,鈴木純一編)集団精神療法ハンドブック,67-77,金剛出版,東京(1999).
37) 渡辺俊之:介護者と家族の心のケア;介護家族カウンセリングの理論と実践.金剛出版,東京(2005).
38) 熊本圭吾,荒井由美子,上田照子,ほか:日本語版 Zarit 介護負担尺度短縮版(J-ZBI_8)の交差妥当性の検討.日本老年医学会雑誌,**41**(2):204-210(2004).

第 3 章

家族介護者を連携して支える方法

I. 家族介護者教室の実際と課題

1. はじめに

 2012年6月に厚生労働省が発表した「今後の認知症施策の方向性について」[1]では，今後は早期診断・介入により認知症の人の在宅生活を維持していく方向性が示された．また，その家族に対しても，同年9月に公表された「認知症施策推進5か年計画(オレンジプラン)」[2]で家族支援の強化が明言されている．認知症の人の在宅生活のためには家族の協力は不可欠であり，その支援は重要となってくる．地域の実情に応じて行われている地域支援事業のなかの「家族介護支援事業」で，家族介護教室は，認知症に関する知識の習得や情報共有を図る場として位置づけられており，企画，運営は実施主体に一任され，主に地域包括支援センターが開催している．また，認知症外来を開設している病院・クリニックは，独自で介護教室を開催している．ほかにも，"家族介護教室"という名称ではないが，家族が集まる交流会のなかで，認知症の知識の習得や情報交換を行っているところもある．どの実施主体も介護家族の支援の必要性を強く感じ，家族介護教室の開催をしている．本節では，今後家族介護教室を開催するにあたって参考となるように，それぞれの立場で実際どのような内容や対象者・方法について行われているか，その実際について紹介している．また，筆者の実践を通した，家族介護教室を開催するにあたっての注意点や今後の課題について検討をした．

2. 家族介護教室の実際

 家族介護教室にはさまざまな形態があり，実施主体によっても違いがある．その内容は，地域の広報誌や病院・クリニックの院内掲示，インターネットなどで紹介されている．ここでは，代表的な家族介護教室の開催について紹介する．

1) 病院・クリニックの家族介護教室

 もの忘れ外来を開設している病院・クリニックを中心に，外来通院患者，地域住民に向けて開催している．内容としては，認知症に関する講義(認知症の病気，薬，症状，対応，社会資源，介護ストレスなど)を行い，講義終

表 3-1　医療機関での家族介護教室における講義内容の例

・認知症に関する知識
・病気について
・症状について(中核症状，行動・心理症状)
・検査について
・薬について
・介護者のストレスについて

了後に介護家族との交流会を開き，介護の悩みを話し合う機会を設けているところが多い．

(1) 対象者と方法

主に外来通院中の患者の介護家族や近隣地域住民の介護者に向けて広報を行い，参加を募っている．医療機関のなかには，認知症の進行を考慮して，診断を受けた介護家族(主に認知症早期の患者の家族)，また，介護がたいへんになると考えられる認知症中期・後期の患者の家族など，病期に応じて開催しているところもある．認知症と診断されたあとの家族は，その診断にショックを受けていたり，「やはり認知症であったか」と診断を受け入れて次のステップへ進もうと覚悟をしたりするなど，さまざまな思いをもっている．「認知症の人と家族の会」では，認知症の診断と合わせて生活に則したサービスなどの情報提供の必要性を提言している[3]．また，海外においても，診断の早期から家族に教育的なかかわりを提唱し，実践しているところがある[4]．そのことからも，診断を受けた家族への教育的なかかわりは，家族支援として今後も重要であるといえる．また，認知症の中期から後期にかけては認知症の心理・行動症状(Behavioral and Psychological Symptoms of Dementia；BPSD)が出現し，介護がたいへんになることが多い．そのため，その時期に合わせて介護教室を実施することは，介護破たんの予防にもつながると考えられる．

医療機関での家族介護教室は，医師や看護師の講義を中心に行われる(表 3-1)．開催回数は，1～数回である．講義終了後に交流会を行い，普段の診療場面では聞けないことや，他の家族の話を聞くことで，新たな知識を得る機会としている．参加費は，無料またはお茶代として数百円程度としている．

表3-2 地域での家族介護教室の年間スケジュール例

1. 認知症の理解(主に病気について)
2. 介護サービスについて
3. 認知症の人とのかかわり
4. 介護体験を聞く
5. 成年後見人制度について

2)地域の家族介護教室

主に地域包括支援センターが認知症の人を支える介護支援事業として,病院や近隣のクリニックの医師,運動指導員などの専門職と協働するなどして実施していることが多い.主に,年間スケジュール(表3-2)を立てて,行政情報誌に掲載し,参加を呼びかけている.また,介護支援専門員(ケアマネジャー)や施設の職員が利用者の介護家族に参加を勧めている.

(1) 対象者と方法

主に地域住民であり,参加者の幅は広く,これから介護をするかもしれないという家族や地域の民生委員なども参加している.また,自分が認知症になったときのことを心配して参加してくる家族や,遠方にいて,実際に介護はしていないが常に家族のことを気にかけ,せめて認知症の知識だけでも得たいと参加する家族もいる.内容は,講義と交流会,レクリエーション(体操,歌など)を取り入れ,高齢者に特有な口腔機能,栄養,転倒予防,ほかにも脱水予防やインフルエンザについてなど,認知症以外の講座もスケジュールに組み入れながら開催している.開催回数は,1〜2か月に1回程度,定期的に行っている.参加費はほとんどのところが無料である.

3) その他(認知症カフェ,家族会など)の家族介護教室

認知症カフェや家族会で,介護家族同士が集まり認知症に関する知識やケアの方法について情報交換を行っている.以前は,親の介護をするのは嫁の仕事であるという慣習があったが,少子高齢化と婚姻率の減少などから,子どもや配偶者が介護者の約半数を占めており[5],介護家族の立場もさまざまである.男性介護者も増加しており[5],家族介護教室の参加者のなかにも男性の姿が多くみられるようになってきた.そのため,介護教室の対象者を子

ども(息子・娘),配偶者など続柄別,性別で分けて行い,より共感的な交流ができるように工夫しているところもある.

3. 家族介護教室の実践例

筆者は,順天堂大学医学部附属順天堂東京江東高齢者医療センター(以下,当院)で家族介護教室を開催し,地域では,地域包括支援センターで開催される家族介護教室の講座の一部に講師として参加している.最近では,地域包括支援センターと協働し,家族介護教室のあり方を検討しながら,介護経験者を中心とした家族介護教室の企画,開催を進めている.それらの事例を紹介しながら,今後の家族介護教室のあり方,方法について検討する.

1)当院における家族介護教室

(1) 介護家族の精神療法と家族介護教室

認知症介護家族のための精神療法(以下,グループ療法)は,介護サポートを家族の心理教育,認知症に関する知識と看護サービスに関する情報提供とともに,専門職と家族が双方向で交流,心理的援助を行うために実施しており,参加者は100人を超えている[6].

グループ療法は,介護家族の精神療法である.開催を重ね,家族とかかわるなかで開催者自身が学ぶことも多く,他の家族介護教室を開催するときの参考になる.家族介護教室は,家族に知識や介護技術を習得させるだけでなく,安心感やときには不安感などを与えるといった心理的影響があると考える.当院のグループ療法は,家族の心理を理解するうえでも重要な場であり,家族に対する姿勢を学ぶ場ともなっている.ここでは,その効果と専門職への教育の場として,家族介護教室を開催するための参考になると考え,その実践を紹介する.

①対象者と方法

当院のメンタルクリニック外来通院中の患者家族を対象とし,院内にポスターを掲示し,参加者を募集する.開催数は,5回を1クールとし,決まった曜日に開催する.参加専門職は,医師,臨床心理士,認知症看護認定看護師などである.実施時間は1時間であり,5〜6人の参加メンバーを固定するクローズドグループ(閉鎖集団)とする.専門職によるミニレクチャーのあ

と，家族同士の語り合いを行う．

②結果と今後の課題

グループ療法参加者の介護負担度は軽減していたが，その持続効果は2回参加した家族のデータから介護負担度は6か月後には再び上昇していた．また，参加を通して他の家族の介護経験を聞くことで，「いまのままでいいんだ」と自分自身の介護を認める自己を承認できる家族もいる反面，なかにはこれから進行していく病気に対して不安をもつ家族もいた．そのため，半年に1回フォローアップとして"同窓会"という名で家族会を行っている．そこでは，情報交換や経過報告などを話し合い，「ひとりではない」といったつながりを感じられるようにしている．同窓会の参加者のなかには，半年の間に生じた問題や疑問，話したいことを準備して参加する家族や，介護が終了したあとも参加することで自分の経験を生かせる場とし，グリーフケアの一助となっている家族もいる．介護は終わっても，介護者の心理は完全には解放されないことを筆者は実感する．グループ療法は，認知症の知識，介護技術の習得だけでなく，介護者の身体的・心理的な居場所となり，介護家族がケアされる人としての位置づけとなっているのではないであろうか．しかし，当院のグループ療法では，介護者の続柄や認知症重症度などによるグループ分けをしておらず，また，途中で参加をやめてしまう家族などグループに適応しない家族に対しては，適切な専門職が個別に対応している．そのため，専門職の認知症介護家族への対応力の向上についても今後の課題は多い．

③専門職(実施者)の教育的な場として

グループ療法は，認知症介護家族の支援ニーズや家族の心理的困難を知るうえで重要な場である．また，介護家族のためだけにとどまらず，開催する専門職の学びの場としての機能も持ち合わせている．介護家族は，自分の生活と被介護者の生活と折り合いをつけながら，毎日懸命に介護をしている．そこには，さまざまな知恵と経験が詰め込まれている．たとえば，デイサービスなどの通所施設に認知症の人が通所することは，介護者の介護負担の軽減となる．安心できる場所(通所施設)にいてくれると思うだけで精神的に安定し，家族自身もなにかに取り組もうとする意欲につながる．しかし，通所を受け入れられない認知症の人も少なくない．通所をあきらめていた家族に

とって，どのようにして通所につながったかという介護者の体験談は，家族に希望をもたらし，違うアプローチを試みようという意欲につながる．とかくアドバイスをする立場をとりがちな専門職が家族から学ぶことの大きさ，体験者の経験・言葉の重さを改めて考えさせられる．また，その学びは，他の介護者に生かすことができる．家族介護教室は，家族のためだけでなく，医療・ケアを提供する側にとっても多くの影響をもたらすといえる．

(2) 認定看護師・専門看護師協働の家族介護教室；高齢者の心身の特性に合わせて

介護家族は，認知機能の低下を最小限にしたいという思いだけでなく，歩けること，トイレに行けること，食事が食べられることに生きる希望をもち，喜びを感じる．そのことが介護の意欲にも影響し，介護負担感の軽減にもつながると考えられる．認知症は，加齢によって罹患率が高くなる．高齢者は多疾患を有している場合が多く，認知症による認知機能の低下だけでなく，身体機能も低下することがあり，家族は認知機能の低下だけでなく，その他の身体症状についても対応しなければならない．そこで，当院および関連病院の専門看護師(Certified Nurse Specialist；CNS)・認定看護師(Certified Nurse；CN)が協働して介護教室を新たに開催している．

①対象者と方法

外来通院中，入院中で在宅へ退院する予定の患者の介護家族とした．"飲み込みが悪い，食事が進まない，どのような食事がよいの？"(摂食・嚥下障害看護CN)，"移動が困難，寝返りはどうすればよいの？"(脳卒中リハビリテーション看護CN)，"認知症の対応が分からない，今後どうなっていくのか不安"(認知症看護CN)など，日々の介護に困っている人のために講義と相談会を開催した(表3-3)．ベッドや器具・食材を使用し，ロールプレイや実技を交えて，家族でも行える方法を実際に体験できるように企画した．

②結果と今後の課題

実際の在宅を想定した体験型にしたため，参加者は介護を受ける側の体験をし，その気持ちの理解にもつながっていた．また，「家(うち)ではこうしているけど……」など実際に行っている介護方法を話しながら，新たな方法の発見にもつながっていた．

表3-3 各分野の講義・演習内容

分　野	講義・演習内容
摂食・嚥下障害看護CN	摂食・嚥下のメカニズム，口腔ケアの方法，正しい食事の姿勢，嚥下食のつくり方など
脳卒中リハビリテーション看護CN	麻痺のある患者の移動方法，拘縮予防など
認知症看護CN	病気について，症状について，対応方法など

CN；認定看護師

　認知症になったからといって"できないこと"ばかりでなく，環境調整により"できること"もある．残存機能を維持していくことは，介護をする家族だけでなく，被介護者本人の精神的な安定にもつながる．したがって，認知症の症状だけに限らず，その他の身体症状にも対応できることが必要であり，それには多分野の協働が重要となる．また，参加者から「リハビリパンツに替えるタイミングがむずかしい」「トイレに自分で行けるうちはしてほしい」「もう歳だから，無理はさせたくない」などの声も聞かれており，今後は，皮膚・排泄ケアCNや緩和ケアCNとも協働しながら，認知症の病期に出現してくる身体症状を予測した家族介護教室の検討を行い，開催していく必要があると考える．

2）地域で実施した家族介護教室
(1) 地域包括支援センター開催の家族介護教室
　当院近隣地域で開催される介護教室は，主に地域包括支援センターが実施主体となっている．地域包括支援センターごとにスケジュールを立て，講義のあとに交流会やグループディスカッションを行っている．
①対象者と方法
　地域住民に区の情報誌で家族介護教室の開催を広報し，参加を募っている．また，地域包括支援センターの職員やケアマネジャーの勧めで参加してくる家族もいる．参加者は地域包括支援センターの職員と顔見知りの地域住民も多く，雰囲気は穏やかである．また，何度かこのような会に参加している人もおり，介護に悩む家族の居場所となっているようである．この教室は，参加が自由なオープングループ(開放集団)で，専門職が講師となり，講義形式

で認知症に関する知識の話をする．専門職の講義は専門用語などが分かりにくいことも多いため，できる限り分かりやすいように日常の場面を事例として呈示しながら話を進めている．参加者のなかには，認知症とアルツハイマー病は違うと思っている人もおり，認知症の知識の啓発の方法や病院の診療場面でのフォローアップの必要性を感じる．ディスカッションでは小グループをつくり，地域包括支援センターの職員がファシリテーターとなり，1人の介護家族が話しすぎないように，また，その場にいるだけで満足している家族に無理に話をしなくてもよいように配慮しながら進行していく．グループディスカッションでは，介護者の実践している介護・情報を共有し合い，講義を受けて薬や病気についての質問を考えるなど，話し合いは活気あるものになる．グループディスカッション後には，それぞれのグループ発表を行う．家族からの質問には，講義者である医療専門職だけでなく，地域の相談員も回答者となり，講義者と連携をとりながら，より家族のニーズに則した対応ができるようにしている．家族介護教室終了後に，個別に相談を希望する家族がいる．そのことを想定し，時間に余裕をもって対応している．また，できる限り終了後には開催者側での振り返りを行う．ときには，本人は気づいていないが，参加者である家族自身が認知症の疑いがあると思われることがあり，その検討をすることもある．そして，気になる家族の支援を検討し，実際にその支援を開始することや，認知症の疑いのある家族を受診につなげることもある．

②結果と今後の課題

地域包括支援センターと協働することで，医療に関することは医療職，介護・福祉の質問は地域包括支援センターの職員が担当し，専門性を生かし，地域に則した対応ができるようになる．そのような対応をよりスムーズに行うためには，開催者の質の向上が求められる．家族介護教室は，医療・介護・福祉で協働することで専門職間の知識を共有することにもなり，お互いの質の向上にもつながる．さらに，アウトリーチの要素も踏まえた場にもなり，多職種連携，地域連携が今後さらに重要となってくると考える．

(2) ピアサポートを重視した家族介護教室

地域包括支援センターの職員と家族介護教室等を開催していくなかで，ピ

アサポート(peer support, 直訳は「仲間同士の支え合い」)の重要性を感じることが多くなってきた．家族同士の交流は，そのなかでお互いの介護を振り返り，認め合い，新たな介護方法を習得し，このさきの介護に対する意欲につながる．そこで，このような交流が継続し，カフェのような交流の場になり，「そこに行けば話を聞いてもらえる」「知りたいことや悩みに答えてもらえる」というような場になることを目指していくことはできないかと検討し，現在試みている．

①対象者と方法

地域住民を対象に区の情報誌で参加を募集した．同じメンバーが集うことで，お互いの交流が深まり，より話しやすい環境となるように，当初はオープングループで開催し，継続した参加を勧めながらクローズドグループに移行した．地域包括支援センター職員，実施場所の職員(介護の専門職)，認知症疾患医療センターの看護師(筆者)，臨床心理士が参加し，講義はなく，家族同士の語りのなかから，専門的な質問に対して専門職が答えていく形式とした．また，介護経験者にあらかじめ出席を依頼して，介護の体験から，それぞれが抱えている悩みを解決する方法やすでに実践している方法を通して，アドバイスをしてもらう形としている．

②結果と今後の課題

「自分だけがたいへんな思いをしているのではない」「こんなこと，介護していない人には分かってもらえない」など，日常ではだれにも言えないことを語りながら，徘徊への対応や薬について，医師とのかかわり方，いま困っていることやこのさきの不安についてなど，話の内容は多岐にわたる．介護経験者は，自分の介護体験から経験の浅い他の家族に助言をし，自身の介護を振り返り，またさきに進んでいく意欲につなげているようである．ある医療機関では，介護経験者を講義者としてトレーニングするプログラムを作成し，実施しているところもある．また，介護家族にとって，専門職からの助言は，ときに"机上の空論"と思われ，否定的な感情をもってしまうときがある．その点，介護経験者の実際の体験は共感を生みやすい．近年，核家族化が進み，祖父母の介護などの身内の介護経験がなく，介護の場に身をおく機会の少ない人々にとっては，介護経験者の体験は，現実の介護に則したもの

になると考える．今後は，介護経験者がリーダーとなり，家族による家族会が増えいくことを希望し，家族介護教室がそのきっかけとなることを期待している．

4．家族介護教室開催に関してのポイントと課題
1）時間・構成

　介護者にとって，自分の時間をつくることはむずかしく，時々，「もっと（家族介護教室に）参加したいけど」「（被介護者が）寝たあとならもっと外に出られるけど，昼間はとてもとても（離れられない）」「平日は仕事もある」という声を聞くことがある．確かに，就労中の家族や日中は被介護者から離れられない家族は，参加したくても参加できないという現状がある．そのため，日曜・祝日，夜間帯の開催やその時間の被介護者への対応も検討していかなければならない．また，認知症に関する知識は，認知症が目にはみえない脳に起因するものであり，症状も個別性が高く，また環境や各人の素因によって症状が異なるため，介護者が理解するのは困難である．そのため，事例を用いて話したり，日常生活のなかで人はどのように認知機能を活用しているかを説明したりするなど，分かりやすい内容にする工夫が必要である．とくに，医療に大きな期待を寄せる家族も多いため，期待に沿えないこともあるという説明等をする必要もある．また，家族介護教室で，病気や介護のことを知ることで安心することもあれば，不安になることもある．認知症は，失われることへの不安感を感じることが多いが，できている能力である残存機能に注目をするように，講義のなかに組み込んでいく必要がある．さらに，介護者自身も自分が認知症になるのではないかという不安を抱いていることもあり，認知症の予防とともに早期診断・治療についての知識も組み込む必要がある．しかし，時間が限られているために，一度にたくさんのことを伝えるには限界がある．そこで，対象者を限定する，定期的な教室としてスケジュール化するなど，有効な介護教室の構成が課題となるのではないかと考える．

2）家族交流とその後の家族支援

　多くの家族介護教室が交流会をもつような形式をとることで，家族同士や専門職との交流から，より具体的な介護に関する悩みや介護の方法を知るこ

とになる．しかし，話し慣れていない家族や介護体験を聞くために参加した家族にとっては，話すということが負担となることがある．したがって，そのような人もいることを念頭におきながら，交流会を取り入れていく必要がある．ときには，話しすぎる家族もおり，交流会のはじめにルールづくりをしながら会を進めていくことも1つの方法である．

　地域のケアマネジャーから，「介護教室で知識や介護技術を習得することはよいことであるが，そのあとに不安をもつ家族もいる．その家族の不安や対応は，どこでフォローしていけばよいのか……」と聞かれたことがある．確かに，認知症の症状やケアの方法は個別性が非常に高く，対応によって，被介護者の症状はよくも悪くもなる．介護者がよかれと思ってしたことが，よい結果を生むとは限らない．家族介護教室は，知識やケア技術を身につけるために必要ではあるが，介護というもののたいへんさを実感する場ともなる．介護をひとりで抱え込まないことや，サービスの利用を推奨する，地域包括支援センターへの相談方法を提示するなど，介護家族自身のメンタルヘルスに注意し，介護教室を行ったあとの家族支援をどのようにしていくのかを明確にしていかなければならない．

3）多職種連携・地域連携

　介護家族のニーズにこたえるためには，病院，地域，多職種が連携する必要がある．さまざまな事情を抱えた家族に，少しでも各人に適した情報やケア技術を提供するには，多職種の協働が必要である．また，家族介護教室は，介護者のためだけではなく，専門職間の協働のなかから発信される新たな知識や情報の共有の場となる．なによりも，家族の体験のなかには認知症ケアの宝がたくさん詰まっている．そのことを今後に生かしていくことも，認知症にかかわる専門職の役割ではないであろうか．

5．おわりに

　介護家族自身が求めている支援として，『ケアラーへの直接支援策』では，「気軽に休息や休養がとれる機会」がもっとも多く，次いで「定期的な情報提供サービス」「リフレッシュの旅行ができる時間」「ケアや悩みに気づいてもらえる機会」「ケアの技術が学べる研修」と報告されている[7]．以上のことから

考えてみると，現状の介護教室は，介護家族の支援ニーズに対応できるものになっているであろうか．家族介護教室を開催している専門職からは，家族介護教室の開催が精いっぱいで，内容の検討までは至らず試行錯誤しているという話を聞いたこともある．本節では，さまざまな家族介護教室の実際について，筆者の実践をもとに課題を提示した．今後は，さらに介護家族の求めている支援ニーズの把握と現状の家族介護教室の見直しを行い，多職種がより専門性を生かして協働しながらお互いが向上し，「家族介護教室があってよかった」と言われるような教室を作り上げていかなければならないと考える．

Ⅱ 専門職の連携協働による家族支援

1．はじめに

認知症ケアにおける家族支援は，ストレスを抱える家族介護者の思いに寄り添う支援や，介護負担の軽減を図るためのサービス活用が知られている[8,9]．私たちが家族支援を計画する際には，家族介護者へのケアを優先的に考えがちである．もちろん，家族介護者が訴えている支援ニーズには迅速にこたえていかなければならないが，本人と家族は密接なつながりがあり，潜在的な家族支援ニーズが隠れている場合がある．

認知症ケアにおける家族支援には，次の3つの視点でサービス提供を計画することが必要である．①認知症の人本人へのケア，②主介護者を筆頭に家族それぞれへのケア，そして，③長期に及ぶ認知症の人と共に生きる家族集団を1つのシステムととらえ，家族同士の関係性やケアの相互性に着目した家族支援である．

このように包括的に家族支援を行うには，ケアマネジャーや訪問看護師の孤軍奮闘や，デイサービスの職員だけで対応していても解決しない．多職種・多機関を巻き込んだサービス提供の計画を立てて，"専門職連携"で実践することが必要である．

本節では，第1項で認知症の人と家族を丸ごと支援するという基本的な家族支援の考え方を説明し，第2項で専門職連携の新しい考え方であるInterprofessional Work について説明する．そして，第3項で具体的な家族支援事例を紹介し，専門職連携による家族支援の展開方法を解説する．

2．認知症の人と家族に対する家族支援
1）家族介護者の支援から当事者中心のケアへ

　認知症が痴呆といわれていたころ，1980年に，介護困難に悩む家族同士が手を取り合って励まし合うことを目指し，「呆け老人を抱える家族の会」が発足した．痴呆についての治療もケアも分からない手探りの時代であったが，介護の体験がある家族同士が自らの介護体験をもとに互いに支援を行っていた．専門職の支援は，在宅で認知症の人を介護している家族介護者の身体的・心理的介護負担を軽減することに向けられていた．

　2004年に，国際アルツハイマー病協会第20回国際会議が京都で開催された．そのときに，当事者である「認知症の人」が壇上に立ち，「認知症でもまわりの支えがあれば普通に暮らせる」と，その実情を話した．「私たちを抜きにはなにも始まらない」と当事者たちが主張した．その年，痴呆から「認知症」に名称が変更された．

　認知症の人の治療やケアに対する取り組みは，実践的にも研究的にも政策的にも飛躍的に発展した．いまでこそ，認知症ケアではパーソン・センタード・ケアは当然のこととして広まっているが，当事者の声を聴き，当事者に寄り添うケアへの取り組みは，2004年の国際会議が大きな転換点となったと思われる．

　認知症ケアは世界的な課題となった．2013年にはG8認知症サミットが開催され，2014年にはその後継イベントがわが国で開催された．そこでは，今後の認知症施策に，認知症の人の声を反映させることが強調された．

2）家族システムを取り入れた認知症の人と家族への支援

　当事者である認知症の人を中心に，さまざまな取り組みが行われるようになった．認知症の人へのケア方法が次々に紹介されるようになり，ケアを提供する介護職や家族のケアの質が上がってきた．

　一方で，認知症の人を介護する家族への支援方法も，さまざまなサービス提供が行われている．ショートステイなど介護負担を軽減するためのレスパ

イトケア，介護者の心のケアとしてのカウンセリング，介護者同士の集いの場，介護相談などが広がっている．しかし，家族介護者が一時的にいやされたとしても，認知症の人のBPSDが悪化するなど，認知症の人が穏やかでなければ家族介護者は幸せではない．認知症の人に対する家族からの虐待にしても，両者の関係性が悪化しているためである．つまり，認知症の人の家族は，認知症の人と一体であり，両者に対する支援が必要なのである．

呆け老人を抱える家族の会は，「主人公は2人である」という考え方から，「認知症の人と家族の会」と名称を変更した．認知症の人には支援ニーズがあり，その人がよりよく生きるためのケアが必要である．そして，認知症の人と共に生きてきた家族1人ひとりにもその人の人生があり，認知症の人を介護する家族となったことによる独自の支援ニーズが生じている．認知症の人のニーズと家族のニーズは，ときには対立や葛藤が生じることもあるため，それぞれに対する支援が必要である．

認知症の人と家族は，ケアしケアされる関係であり，互いに身体的・心理的にゆとりが出てくると，互いにケアできるようになるという相互性がある[10]．したがって，私たち専門職には，認知症の人も家族介護者やその他の家族も共に幸せになるよう支援することが求められている．

家族には家族の歴史があり，その家族にしか分からないことがある．外部者では理解できないことも多く，そのアセスメントはむずかしい．家族を1つのシステムとしてとらえ，家族同士の関係性をアセスメントし，調整する支援は高度な家族支援の手法である[11]．

認知症の人と家族を含めた「認知症家族支援」には，認知症の人への支援，家族介護者への支援，そして，家族を一体としてとらえ，認知症の介護を通して家族として成長するような家族支援が求められる．

3）認知症家族支援に必要な専門職の連携

このような多様で複雑な家族支援は，ケアマネジャーや訪問看護師など一専門職のみで実現することはできない．認知症の治療の専門家，身体合併症の治療の専門家，認知症ケアの専門家，家族心理の専門家，制度やサービス活用の専門家，家族が地域で長く暮らす支援や地域づくりの専門家，法律の専門家など，それぞれの分野の専門的な知識や支援のスキルをもった専門家

が連携し，力を結集していくことが必要となる．認知症家族支援には，多職種・多機関の専門職が連携して取り組むことが求められる．

3．専門職連携の新しい考え方とその実際

認知症ケアについて，専門職が連携することの必要性はすでに周知のことである．しかし，その実際は，機関間連携のシステムづくりはできたが絵に描いた餅である，専門職同士のコミュニケーションが悪く連携がうまくいかない，という例をよく耳にする．

認知症家族支援を実現するためには，多様な専門職の連携が不可欠である．そして，実際にかかわる専門職1人ひとりの連携に関する力量によってケアの質が左右される．専門職が連携して認知症家族支援を行うためには，連携ができる人材育成が必要であり，そのための教育として「専門職連携教育（Interprofessional Education；IPE）」が開発されている．IPE は専門職連携（Interprofessional Work；IPW）を行うための教育である．

1）連携ができる専門職を育てる

IPE とは，専門職同士が信頼し合い，学習し合う関係で連携・協働するという考え方に基づく教育である[12]．Inter とは，互いに，間にという意味であり，professional は専門家である．Interprofessional は専門職間の相互関係を意味しており，互いに尊重し合い，信頼し合い，学習し合う関係によって連携・協働することを目指している．IPE は，保健医療福祉の専門家同士が患者・利用者を中心にして，患者・利用者の目標を共有し，目標を達成するための実践に必要な能力を高める教育である．

IPE は，英国において病院の医療事故と地域の児童虐待事件を契機に出発している．英国の小児病院内で手術の事故が多発した．その原因は安全対策のシステム不全にあり，院内の専門職種間の連携不足が指摘された．児童虐待の事件では，地域のいくつもの病院や行政機関，福祉団体，教育機関がかかわっていたにもかかわらず，不幸な結果になってしまった．その原因として，機関間に障壁があり，かかわった専門職種同士が連携できていないことが指摘された．これらを改善するには，異なる専門職間および多機関間の連携・協働が必要であり，そのために多職種が連携・協働できるようになるた

めの教育，すなわち IPE が義務づけられた．

英国には，専門職連携教育推進センター(The Centre for the Advancement of Interprofessional Education；CAIPE)があり，IPE および IPW を推進する拠点となっている．CAIPE では，「専門職連携教育とは複数の領域の専門職者が連携およびケアの質を改善するために，同じ場所で共に学び，お互いから学び合いながら，お互いのことを学ぶこと」と定義づけた[13]．

わが国でも英国と同様の事件や事故が起きており，超高齢社会に向かう保健医療福祉の安全で効果・効率的な援助活動を実現していくために，そして，患者・利用者の多様で複雑なニーズにこたえていくために，チーム医療やチームアプローチ，地域連携が重要視されるようになった．わが国でも，IPE という教育が行われるようになった．

文部科学省では，「介護関係人材を育成していくにあたっては，福祉，医療，保健関係職種の人材について，生涯学習体制の整備や専門的研究の推進を含めてそれぞれの専門教育を充実するとともに，各職種間の連携を強化していくことが重要である」という報告書をまとめ[14]，専門教育の充実と連携の強化を進めている．

保健医療福祉の専門職養成教育は，従来，各専門職が自分の職種の人材教育を単独で行っていた．それに対し，IPE は異なる専門職となる学生がいっしょに学習する教育である．異なる学部や学科の学生同士が相互作用を起こし，互いに学び合うような教科目であり，全国の保健医療福祉の専門職を養成する大学教育での実施が増えている[15]．

臨床の場でも，現任教育としての IPE が OJT(On-the-Job Training；職場内訓練)や OFF-JT(Off-the-Job Training；職場を離れての訓練)として行われている．それによって，IPW，すなわち「複数の領域の専門職がそれぞれの知識と技術を提供し合い，相互作用しつつ，共通の目標の達成を患者・利用者と共に目指す協働した活動」が促進している．

2）専門職連携教育による人材育成でケアの質が向上

ある特別養護老人ホームで，スタッフが IPE を受けることでスタッフ間の連携がよくなり，ケアの質が向上した事例を紹介する[16]．

この施設は，保健医療福祉系の専門職を養成する大学の学生実習を受け入

れていた．看護学生や理学療法・社会福祉の学生，医学生などの学生チームが，1人の認知症高齢者のケアについて，対等な立場で真剣に話し合い，それぞれの持ち味を生かした，斬新で個別的なケアプランをつくるというIPEの実習である．スタッフは年に1度4日間ではあるが，実習にくる多学科学生チームの姿から連携のよさを実感した．スタッフは，自分たちもIPEを受けたいと，現任研修として開催しているIPEを順番に受けるようになった．

　IPEの研修を受けたスタッフは，看護職も介護職もリハ職も，異なる職種同士の交流が活発になり，日常的なコミュニケーションが増えた．スタッフの学習意欲が高まり，「さまざまな外部研修に出たい」と研修の希望者が増えた．

　そんなとき，肺炎を起こして入院した認知症高齢者が，褥瘡をつくって退院してきた．本来であれば，病院で治してもらいたい褥瘡であるが，スタッフは「褥瘡チームをつくって自分たちで治そう」と立ち上がった．介護士，看護師，相談員，嘱託医，リハスタッフ，管理栄養士チームができ，その活動によってこの入所者の褥瘡は完治した．

　この体験に自信をもったスタッフは，口腔ケアチーム，看取りのケアチームなど新たなチームを多職種でつくり，活動するようになった．そして，その取り組みをまとめて外部の研究会や協議会で発表するようになった．以前はリーダー業務を敬遠していたスタッフが，日常業務でも「リーダーになりたい」と希望するようにもなった．このようなスタッフの変化はケアに生かされ，以前にも増して，入所している認知症高齢者が穏やかにすごすようになっている．

　スタッフ同士の連携力が高まり，連携・協働してケアが実践できるようになることは，ケア対象となる高齢者や認知症の人，家族へのケアの質が向上することになり，さらには施設のシステムや職場の雰囲気を変えていくことになる．システムや雰囲気が変わることで，スタッフ同士の連携・協働はますますしやすくなるという好循環が生まれてくる．

3）専門職連携のための態度とスキル

(1) 他の職種を尊重する態度

　連携・協働しての実践でもっとも重要なことは，異なる専門職同士が互い

表3-4 他の職種を尊重する態度を身につける

・患者中心,当事者中心という理念を他の職種とも共有する
・他の職種のことを理解し,自分の職種のことも知ってもらう
・自分の専門的な知識とスキルを高める
・自分の専門職としてのアイデンティティを高める

に尊重し合い,理解し合い,患者・利用者のためにいっしょに活動していこうとする態度である.専門職は,その養成教育の年限や費用,教育内容や制度,社会的な評価や給料などが異なるが,患者・利用者のためにという利他性,ヒューマニズムにおいては,どの職種も同様である.認知症ケアでは,認知症の人を中心にケアを行うという理念は共通する.また,認知症家族支援では認知症の人と家族を一体として,当事者のためのケアを行うという理念は共通するのである.そのことをお互いに確認し,共有することが大切である.同じ理念・目標をもつ専門職であれば,対等な立場で専門的な活動をするというパートナーシップの態度を発揮することができる.

他職種と対等な立場を築いていくには,第1に,互いの職種についての理解を深めることである.私たちは自分と異なる他の職種のことをあまり理解していないものである.また,自分の職種についても他の職種の人に理解してもらう努力をあまりしていないようである.互いのことを知らないと,ささいなことでも誤解となり,それが蓄積して思わぬ対立を招くこともある.

自分の専門職を理解するには,他者である多職種の目を通してみることも必要であり,気づかなかった自己理解につながることがある.他の職種との日常的な交流や話し合いの機会によって,互いに理解し合う努力をし,信頼関係を築くことが大切である.そして,自らの専門的な知識やスキルを高めようとする自己研鑽と,自分の専門職に対するアイデンティティを高めることも必要である(表3-4).

(2) 多職種と協働するスキル

①信頼関係を築く多職種とのコミュニケーション

他の職種と連携・協働した援助活動を行うためのスキルとして,パートナーシップに基づくコミュニケーションスキルがある[17].専門職は,患者・

利用者とのコミュニケーションスキルは身につけている．しかし，他の職種とのコミュニケーションスキルとは異なるため，改めて多職種とのコミュニケーションスキルを身につけているかを確認し，不足しているようであれば身につける必要がある．

　まず，患者・利用者の「情報の共有」のために，聞く・聴く・訊く・伝える・相談するという基本的なコミュニケーションスキルである．次に，カンファレンスや意見交換の際に目標を決める，援助内容を決めるなど，ときに必要となる，多職種と対話し，議論し，合意していくコミュニケーションスキルがある．

　それぞれの専門職は，専門職ごとに用いる専門用語は異なることが多い．看護職が使う「目標」と，リハ職が用いる「ゴール」の意味合いは異なる．看護職は患者の生活目標を「目標」とするが，リハ職は患者の機能回復の目標を「ゴール」と表現する．同じだと思って対応していると，患者へのケアの食い違いが生じてしまうこともある．これらのコミュニケーションスキルをしっかり活用することによって，互いにずれをつくらないようにして，安全で確実なケア提供を行っていきたい．

　②相互支援・チーム力を促進するスキル

　専門職同士も人間対人間のかかわり合いである．他者をねぎらい，感謝するなどの情緒的なサポート，すなわち「相互支援」のスキルがあると，仕事のやりがいもアップする．とくに，多職種間に対立や葛藤が生じるのは当たり前のことであるが，それを調和的に解決する，あるいは創造的に解決するスキルを身につけていると職場が和やかになり，専門職同士の連帯感が高まるものである．さらに，多職種がチームをつくり活動するときに，チームメンバー同士の間を調整したり，異なる知識を学び合う環境づくりをしたりする人がいると，チーム活動が促進する．

　このようなスキルは，どの職種であってももっていてほしい「多職種と協働する力」である（表3-5）．

　③連携する職場を組織する

　異なる専門職同士が連携協働するためには，職場環境も大切である．連携しやすい職場の慣習や風土を変えていくことも必要であり，管理職の方々に

表3-5　多職種と協働するスキルを身につける

(1)信頼関係を築く多職種とのコミュニケーション
　・聞く，聴く，訊く，伝える，相談する
　・対話，議論，合意形成
(2)相互支援・チーム力を促進するスキルを身につける
　・情緒的サポート(ねぎらい，感謝など)
　・対立を調和・創造的に解決する
　・調整する
　・学び合う環境づくり

は心がけてほしいことである．職種間の階層性の高い職場では，言いたいことがあっても，言っても仕方がないとあきらめてしまうこともある．どの職種も大切にされる職場環境をつくることが望まれる．

4．多機関・多職種で行う認知症家族支援

　認知症ケアは，早期発見・早期対応からターミナルケアまで長期に及ぶ．認知症家族支援もまた，認知症の人と家族へのケア，そして認知症の人と家族を一体にとらえた家族の支援という複雑な支援を含む．長期に及ぶ多機関・多職種がかかわる取り組みである．認知症の病気の時期によって，症状によって，介護する家族介護者の続柄によって，さまざまなニーズがある．また，療養の場が変わることに伴って，支援課題は変わってくる．利用する施設が変わっても，かかわる専門職が変わっても，継続した質の高いケアを提供したいものである．そのためには，多職種による連携が不可欠となる．

　ここでは，5年に及ぶ認知症高齢者の家族支援を紹介する．なお，この事例は，多機関・多職種で満足いくサービスが提供できた事例として，ケアマネジャーから紹介を受け，筆者が認知症高齢者と主介護者，ケアマネジャー，訪問看護師，訪問介護のヘルパー，デイサービスの担当者にインタビューしたデータをもとにしている．加えて，支援を受けた当事者からIPWに対する評価を得るために，認知症高齢者が亡くなって約1年後に，主介護者であった嫁にインタビューを行った内容である．

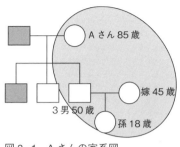

図3-1　Aさんの家系図

1）事例の基礎情報

　Aさんは，B県でひとり暮らしをしていた．認知症を発症し，85歳のときにひとり暮らしが困難になった．子どもは3人であるが，長男は病死しており，次男は母親を引き取ることがむずかしく，一戸建てでAさんの部屋が確保できる3男が引き取ることになった．3男家族は，3男（夫）と嫁，孫（娘）の3人家族であった（図3-1）．

2）認知症高齢者の経過

　図3-2の実線で示した曲線が，Aさんの認知症の経過である．

(1) ひとり暮らしから引き取られ同居へ

　ひとり暮らしをしていたAさんは，被害妄想がひどくなり，近隣とトラブルを起こすようになった．近隣から火の不始末に関する苦情を言われるようになり，C県の3男の家に引き取られた．

(2) BPSDがひどい時期

　Aさんが3男宅に引き取られたころは，AさんのBPSDがひどい時期であった．Aさんはもの忘れがひどく，ガスをつけっぱなしでお鍋が真っ黒になったり，トイレの場所が分からなくて失禁してしまったり，トイレに連れて行っても使い方が分からずにトイレ中がびしょびしょになっていたりしていた．失禁したことは分かるので，自分でパンツを洗うが，ぬれた洗濯物を家中どこにでも干してしまうために，水滴で家中がぬれていることもあった．

　嫁はAさんの尿が赤いことに気づき，受診させたところ，膀胱がんと診断された．入院し，手術をしたが，腎臓に転移していた．「高齢でありこれ

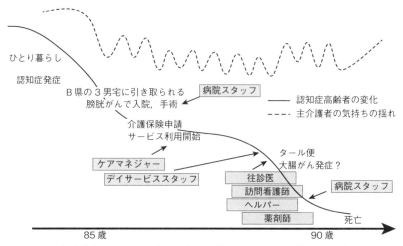

図3-2 認知症高齢者の経過と主介護者の気持ちの揺れおよび支援した専門職

以上の治療はむずかしい」と医師に言われ，自宅に退院した．介護保険申請をして要介護4と認定されたので，週2〜3回のデイサービスを使うようになった．Aさんはデイサービスに行くのがいやだということはなく，デイサービススタッフの話では，「Aさんは楽しんでいた」ということであった．

ショートステイも利用したが，自宅にもどってくると足がむくんでおり，嫁が施設の介護に不安を感じ，利用をやめた．

(3) 穏やかにすごし感謝して旅立つ

その後も血尿は続いており，診療所からの往診と訪問看護ステーションから訪問看護を受けるようになった．この時期，Aさんは家ではほとんど寝たきりであったが，デイサービスでは車いすですごしていた．このころ，BPSDはほとんどなくなった．

突然，Aさんに黒い便(タール便)が出たので受診した．「大腸にもがんが転移していると思われるが，高齢で腸の検査もできず，治療もできない」と言われた．その後も，継続してデイサービスには喜んで行っていた．デイサービスに行かない日には，ヘルパーを頼むようになった．

Aさんは，痛みや苦しみを訴えることはなかった．家に人がくることを喜

び，人がくると手を合わせて，「私のためにありがとうございます」と言い，ニコニコして「申し訳ないね」と言っていた．この時期は，認知症の症状で混乱していたころとまったく異なり，落ち着いてすごしていた．

血尿とタール便が続き，食が細くなって食べ物を食べられなくなってきた．薬局の薬剤師が薬剤を届けてくれることになり，点滴と高カロリーの飲み物を少しずつ飲んだ．時々発熱し，デイサービスを休むこともあり，徐々に衰弱していた．言葉はほとんど発しなくなっていた．

ある時，Ａさんはデイサービスで倒れて救急車で病院に運ばれた．家族とケアマネジャー，訪問看護師で相談し，入院せずに自宅にもどった．Ａさんは最後まで意識があり，手を合わせて感謝していた．約2週間後，Ａさんは自宅で3男と嫁に看取られ亡くなった．90歳であった．

3）主介護者（嫁）の介護経過

(1) なにも知らずに主介護者となった嫁

嫁は専業主婦であり，趣味活動を生きがいとしていた．夫の兄弟の話し合いによりＡさんを引き取ることになったので，主介護者となった嫁にとっては望んだ介護ではなかった．「認知症に対する知識がほとんどなかったので，なにも知らずに引き取ったが，たいへんな介護になってしまった」．嫁は，「おばあちゃんにやさしくできない自分のいやな面をみなければならず，つらかった」と述べている．嫁は帰宅恐怖症になり，Ａさんといっしょにいられず精神的に参っていた．夫に，「おばあちゃんのこと私，みないからね」と言っていた．

(2) おびやかされる家族の生活

膀胱がんの入院治療は，家族の生活をおびやかした．入院中はＡさんの混乱状態がひどく，家族のだれかがつき添わなければならなかった．食事の介助では，その時間に病院に行かなければならず，家族3人では手が回らなかった．

退院に際し，医師から自宅療養を勧められた．医師は，「認知症があるし，高齢だからこれ以上がんの治療はむずかしい，家で昔ながらのようにみてください」と言った．嫁は，「そう言われれば，それが嫁の務めかな」と思い，入院中の通院による介護がたいへんであったので，「家のほうが自分の時間

が自由に使える」と思い，Aさんの自宅退院を受け入れた．

(3) 介護サービスの利用で自分の時間がもてるようになった嫁

病院のソーシャルワーカーが介護保険のことや入所施設があることを教えてくれたので，施設入所の申し込みをした．しかし，空いている施設はなく，80人待ちと言われたので，デイサービスを頼むことにした．嫁の趣味活動を行う外出日に合わせて，週2〜3回のデイサービスが予定された．

退院しても血尿が続いたので，往診と訪問看護師を頼むようになった．「何で私がおばあちゃんをみなければならないの」「自分のしたいことができない」と思っていた嫁は，身体介護が加わり，介護がとてもつらかった．「介護殺人をする人の気持ちがよく分かると思った」「ケアマネジャーと訪問看護師が認知症のことやサービスのことを教えてくれ，相談に乗ってくれたので，訪問にきてくれることを待っていた」．とくに，訪問看護師をもっとも信頼していたので，訪問看護師がくると，「もうみられない，いやだ」と言って泣いた．

ケアマネジャーがヘルパーを勧めてくれたが，「自分がついているのにヘルパーを頼むなんて」と思い，夫に言えなかった．嫁としての見栄もあった．

黒い便が出るようになってびっくりした．ケアマネジャーがヘルパーを強く勧めてくれたので，背中を押してもらった．ヘルパーがくるようになって，介護が楽になった．しかし，ヘルパーがAさんにやさしい言葉をかけているのをみると，「何で，あんなにやさしい言葉が出るのだろう，私にはできない」と葛藤した．それでも，だれか訪問者がいることで，嫁はAさんとの2人きりの空間から逃れられ，気持ちが楽になった．

Aさんがデイサービスに行かない日には，訪問看護師やヘルパーが訪問するようケアマネジャーが臨機応変に対応してくれた．訪問者には薬局の薬剤師も加わった．嫁は，「みなさんがきてくださったことで，おばあちゃんも私も救われました」と話した．

(4) 長期に及ぶ主介護者の心の揺れ

図3-2の点線は，嫁の介護による気持ちの揺れを示した．認知症を理解できず，義母の介護を受け入れられずに苦しむ嫁の気持ちの揺れが継続している．Aさんが寝たきりになってからは，身体的にも精神的にもさらにつら

第3章 家族介護者を連携して支える方法

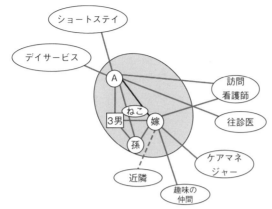

図3-3 Aさん家族のエコマップ(ヘルパー利用前)

くなった．訪問する多職種のケアで嫁のストレスはやや軽減するが，気持ちの揺れはAさんが亡くなるまで継続していた．

4）認知症の人の介護による家族の成長

図3-3は，Aさんが膀胱がんの手術後に在宅療養していた時期のエコマップである．嫁はAさんとの関係にストレスを感じており，3男は介護を嫁に任せて手伝うことはほとんどなく，娘は短大を卒業して就職した時期で自分のことに精いっぱいであった．娘が拾ってきた猫が家族のいやしであった．

ヘルパーによる訪問介護が始まり，嫁の介護負担が軽減され，気持ちにゆとりが生まれると，家族関係に変化が出てきた（図3-4）．3男は，妻に「（ヘルパーにきてもらうようになって介護が楽になり）よかったな」と言い，介護を手伝うようになった．3男と嫁は，Aさんの介護や看取りのときについて話し合うようになった．

「なにが起こっても，おかしくない状態」と往診医から言われていた．しかし，嫁は自分の趣味活動を中断したくないことを主張し，3男もそれを支持した．Aさんがデイサービスをいやがらず，痛みや苦しみを訴えずに穏やかにすごしているので，「可能な限り最後まで普通の生活を続けよう」と話し合った．週5日はサービスを活用し，土曜日と日曜日は3男と孫の仕事が休みであったので，家族3人でAさんの介護をした．

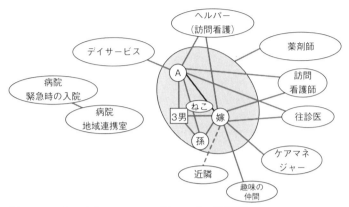

図3-4 Aさん家族のエコマップ(ヘルパー利用後)

　Aさんが病院で倒れたときは，デイサービスからの連絡を受けて3男と嫁が病院に駆けつけた．病院に集まったケアマネジャーと訪問看護師，3男および嫁で相談し，「自宅で看取る」ことを決め，入院せずに自宅にもどった．
　その後は，デイサービスに行くことはなかった．11日目にAさんのようすが変化し，訪問看護師の連絡を受けて往診医が診察すると，「時間の問題です」と言った．3男が帰宅し，親戚をよんだ．みなが帰って，最後は3男と嫁でAさんを看取った．家族の絆が強まった．

5）多機関・多職種の連携した家族支援の促進要因

(1) 専門職連携がみられない支援の時期

　嫁はAさんの認知症の症状にショックを受け，自分の趣味仲間に支援を求めていたが，専門職に支援を求めることはなかった．
　Aさんが膀胱がんで入院し，手術をして退院するときは，医師が病状を説明し，自宅介護の方針を提案し，家族は自宅退院を選択した．病棟看護師から連絡を受けた医療ソーシャルワーカーが，介護保険制度の説明やサービス利用を勧め，自宅介護を支えるサービス導入が行われた．このときの多職種による支援では，家族を含めた話し合いはなく，医師や医療ソーシャルワーカーはそれぞれ自分の役割を果たすのみであり，連携した支援ではなかった．

(2) 連携による安定的な生活の支援の促進要因

Aさんの介護サービスの導入はまず，デイサービスであった．次いで，訪問看護ステーションから訪問看護師の支援が始まった．訪問看護師はAさんの病状を観察し，嫁に介護指導を行いながら，嫁の思いを受け止めて介護が継続できるよう支援した．そして，Aさんの病状についてデイサービスと日常的に情報交換を行い，Aさんの病状の安定とデイサービスの継続を図った．嫁はAさんの体調が悪いと思うと，その日の朝にケアマネジャーに電話し，デイサービスを休みにした．そして，訪問看護師に電話した．訪問看護ステーションでは，だれかが訪問し，嫁とAさんに対応していた．

このような支援は，Aさんの病状の安定とデイサービスでの楽しみをもたらし，BPSDが生じないという状況をもたらした．これは，Aさんのニーズにこたえるケアができていたことを意味している．嫁に対する支援も，介護にストレスを感じて気持ちが揺れていても，Aさんの安定をもたらす介護を可能にしていたと考えられ，嫁のニーズにこたえていたと考えられる．IPWの促進要因としては，専門職と主介護者の信頼関係が築けたこと，訪問看護師とデイサービススタッフおよびケアマネジャーとの間で，「安定的な在宅介護が継続する」という①『目標が共有された』，②『日常的な情報の共有が行われていた』ことである．

(3) 連携による危機管理と看取りの促進要因

図3-4と同じ時期にかかわっていた専門職と，そのつながりを図3-5に示した．

このまま自宅介護が継続できるのか，危機感を感じたケアマネジャーの発案で，今後の方向性を相談するケア会議をAさんの自宅で開催した．ケアマネジャー，往診医，訪問看護師，デイサービスの担当者，3男と嫁が集まった．妻と3男にAさんの病状の説明を十分行い，話し合ううちに，「もうそんなに長くないなら，家でこのまま看取る」と嫁と3男の意思表示があった．そこで，「家族3人の生活を守りながら，Aさんが苦痛なく，いつもどおりに暮らす」を目標とすることが合意された．デイサービスを続けるには急変を覚悟しなければならず，その場合には救急車で病院に運んでもらえるよう，受け入れをしてもらう後方病院を確保した．

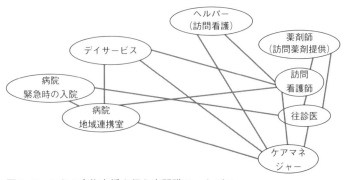

図3-5 Aさん家族支援を行う専門職のつながり

　また，ヘルパーの訪問介護を導入し，デイサービスに行かない日には，午前と午後にヘルパーか訪問看護師が訪問するようサービススケジュールを組んだ．

　Aさんの病状については，訪問看護師が必要に応じて往診医と情報交換しながら，デイサービスやケアマネジャーと日常的に情報交換を行った．

　Aさんが食べられなくなってきたときも，自宅で関係者が集まってケア会議を行った．最低限の水分補給をすることと高カロリーの飲み物を往診医が処方し，薬局の薬剤師に訪問で届けてもらうことになった．薬剤師とも訪問看護師が情報の共有を行うようにした．

　Aさんがデイサービスで倒れて救急車で後方病院に運ばれ，連絡を受けて妻と3男が病院に駆けつけたとき，すでにケアマネジャーと訪問看護師が連絡を取り合ってAさんのベッドサイドにいた．その場でケア会議を行い，Aさんを連れて帰ることを決めた．

　その夜，往診医，訪問看護師，ヘルパー，ケアマネジャーがAさん宅に集まり，今後の方針を話し合った．

　急変時の対応として準備していたことがそのとおりに実施でき，早期対応ができた．関係者に迅速に連絡が回り，病院や自宅に自発的に集まってケア会議が開催され，今後の方針を話し合った．「最後のときを家族ですごし，Aさんの旅立ちを見守る」という目標を共有することができた．デイサービ

スには行かず，嫁の要望に臨機応変に対応しながら，関係者が頻回に訪問した．

このように，がんを発症した認知症高齢者の終末期の支援として専門職連携が機能していた要因は，Aさんの病状の変化については訪問看護師が中心となって①『関係者と常に情報の共有が行われていた』こと，臨機応変なサービス提供についてはケアマネジャーが中心となって②『関係者と常に情報を共有し対応した』ことである．③『急変時の対応の備えを行い関係者に周知していた』こと，④『必要時に当事者を含めた関係者の face to face なケア会議が開かれ，目標が共有できた』ことであった．

このときの訪問看護師とケアマネジャーの連携は，病状把握とその周知は訪問看護師，サービスの調整はケアマネジャーというように，⑤『当事者の課題に応じて得意とする職種がリーダーシップをとる』ことも，専門職連携の促進要因と思われる．

6）専門職連携は信頼関係がいちばん大事

当事者からの評価を得るために，Aさんが亡くなって約1年後，嫁から話を聞いた．「やっと冷静に振り返ることができるようになった」と，多機関・多職種からの支援を受けたことについて，インタビューに応じてくれた．

「私たちは本当にみなさんによくしてもらった，みなさんのおかげで私はおばあちゃんにやさしくできるようになったし，私たち家族はおばあちゃんの介護を全うできた」と話した．「私は決してよい嫁ではなかったけど，仏様のようになって最後までみなさんに感謝しながら逝ったおばあちゃんは幸せだったと思う」と，専門職連携を評価した．

このような評価の理由として，嫁は「みなさんが私(主介護者)の気持ちを分かってくれて，親身になってくれたので，サービスを受け入れられるようになった」と述べた．このことを専門職連携の視点からみると，⑥『どの職種もヒューマンケアのマインドをもって専門職連携に携わっていた』と解釈できる．「人が家に出入りすることで，2人だけの世界でなく，精神的に楽になった．自分ひとりでがんばらなくてよいのだと思えるようになった」「専門職の方のおばあちゃんへのかかわり方をみて，自分のかかわり方を振り返ることができた」からは，⑦『主介護者も専門職連携の学び合うメンバーであった』

と解釈できる．「おばあちゃんの状態に合わせてサービスを調整してくれて，おばあちゃん本位に考えてくれてありがたかった」からは，⑧『当事者中心が貫かれた』，「ケア会議を自宅でしてくれたり，デイサービスと病院が連絡を取り合って急変時の準備をしてくれたりして，デイサービスで倒れたときも，家にもどったときも，みなさんが状況を知っていて，みなさんが連絡を取り合っていることが分かり，みなさんが私たちを支えてくださっていることが分かり，安心していられた」からは，⑨『当事者との話し合いによる目標の共有とその具体化があった』，⑩『情報の共有が日常的に行われ，統一したケア提供ができた』，⑪『メンバー間の信頼関係が当事者に安心感を与えた』ことが分かる．

最後に嫁が強調したことは，「信頼関係がいちばんだと思います．私たち家族が専門職のみなさんに心を開けるようになるのは，その人が信頼できると思えるようになるからです．それは，親身になって私たちのことを考えてくださっていると感じることができるからです」と語ってくれた．これは，⑫『専門職連携に携わる専門職と当事者間の信頼関係が築けた』ことを意味している．

これら①～⑫は，認知症高齢者の家族支援が実現できたこの事例から抽出した，専門職連携の促進要因である．表3-6に整理した．

5．おわりに

この事例では，認知症の人ががんにかかって入院し，退院するときから介護保険による支援が始まった．退院時こそ，連携の様相はみられなかったが，その後の在宅療養では，多機関・多職種の連携によって継続的な支援ができ，安らかな看取りと家族の成長を得ることができた．家族支援としては，認知症の人と主介護者それぞれにサービス提供を行い，主介護者以外の家族にも働きかけて家族一体の生活を支援した．携わった専門職には，パートナーシップに基づくコミュニケーションという基本的なスキルがあったと思われ，相互理解や相互支援が行われて，尊重し合うかかわり方が信頼関係を築いていたと思われる．この事例に携わった専門職は，「みんなでよいケアができた」という達成感と満足感が高かった．その後の支援活動にもこの事例から学ん

第3章 家族介護者を連携して支える方法

表3-6　Aさんの事例から抽出した専門職連携の促進要因

情報の共有
　①関係者と常に情報の共有が行われていた
　②関係者と常に情報を共有し対応した
　⑩情報の共有が日常的に行われ，統一したケア提供ができた
目標の共有
　④必要時に当事者を含めた関係者の face to face なケア会議が開かれ，目標が共有できた
　⑨当事者との話し合いによる目標の共有とその具体化があった
予測的予防的対応
　③急変時の対応の備えを行い関係者に周知していた当事者中心
　⑥どの職種もヒューマンケアのマインドをもって専門職連携に携わっていた
　⑧当事者中心が貫かれた
　⑪メンバー間の信頼関係が当事者に安心感を与えた
チーム形成
　⑤当事者の課題に応じて得意とする職種がリーダーシップをとる
　⑦主介護者も専門職連携の学び合うメンバーであった
　⑫専門職連携に携わる専門職と当事者間の信頼関係が築けた

だ連携のスキルを活用している．

　認知症の人と家族の家族支援では，家族を一体としてとらえ，長期に及ぶ継続した支援を多機関・多職種の専門職連携で行うことで，よりよい家族支援が提供できる．

Ⅲ 在宅介護を取り巻くリスクとその回避

1．はじめに

　近年，認知症の人が地域で増加し，その対策として特別養護老人ホーム，介護老人保健施設，認知症グループホームなどと並んで，サービス付き高齢者住宅が激増してきた．制度の変革も手伝っていると思われるが，基本的な背景としては，高齢者人口の増加，そして介護者の減少というわが国の少子高齢化が背景にあるため，今後もしばらくこのような介護状況が続くであろう．特別養護老人ホームの待機者は多く，必要性が出てもすぐに入所できるような体制にはない．また，たとえ施設が整備され，オンデマンドに活用できる世の中になったとしても，「私たちは在宅でケアする」と宣言する介護家

族は増加し続けるであろう．認知症の場合には身体介護とは異なり，ケアを受ける認知症の人の現実検討能力が低下していくため，身体介護や他の医療・ケアとは異なる注意が必要であり，リスクも存在する．

本節では，在宅介護を続けようとする介護家族が直面しがちな諸問題を挙げ，その理解と対応を考えた．認知症の人がみせる姿が単に「困ったこと」ではなく，その背景を知り，理解を深め，在宅ケアを続ける安定した生活ができて初めて，「認知症になってもよい社会」を実感できるからである．

2．在宅ケアを成し遂げるために克服すべきリスクとは

家族支援の視点から在宅ケアを成し遂げるためのリスクとは，どのようなことを指すのであろうか．家族が認知症の人と共に地域で暮らす際の安心をおびやかすリスクであろうか，それとも，認知症の人が在宅ケアを受けるときに安全をおびやかされるリスクであろうか．筆者の臨床現場ではいま，この両面が同時におびやかされており，本人と家族の安心感の確保こそ，このさきの地域連携に基づく認知症施策推進5か年計画，総合戦略（オレンジプラン，新オレンジプラン）実現への必須事項である．

3．用語の倫理的配慮

認知症の人は決して家族や地域にとって「やっかいで迷惑な存在」ではない．そのことは，読者のだれもが分かっている共通認識であろう．ときとしてBPSDは，「困ったこと」「地域の迷惑」などととらえられてしまいがちであるが，本稿では決してそのようには考えない．認知症の人と家族への人権配慮のために侮蔑的な響きのある用語は避けるよう心がけたが，徘徊，性的逸脱などの用語は現在も専門用語として使われているため，あえて使用している．たとえば，徘徊，万引き，障害（本来は障がいと表現すべきところであるが，専門用語として漢字で表現）など，本節ではその用語を使ったうえで，できる限り人権面に配慮した表現を心がけた．

4．精神運動性興奮や他者への攻撃性

在宅での認知症ケアにおいてもっとも頻繁にみられるのが，BPSDとして

の精神運動性興奮や他者に対する行為である．在宅ですべてのそのような行為をコントロールすることはむずかしく，それゆえ，介護家族は地域のさまざまな資源を利用して在宅ケアを補うのである．

しかし，そのようなとき，利用していた施設で認知症の人がだれかに対して興奮した場合，どのような展開になるであろうか．ケア専門職が受傷した場合には，施設は認知症の人の責任を求めない．職員自身も生身の体であるから，けがをすることもある．それでも当事者を守ろうとする職員の意識の高さが出ているのであろう．しかし，これが利用者同士となると，突然に話の展開が変わる．たとえ認知症があったとしても，その人の興奮が他の利用者に及ぶ場合には，利用が極端に制限されてしまう．場合によっては利用が禁じられることもある．そのような場合，認知症の人と家族を守るために，われわれにはなにができるのであろう．

筆者は，このような場合にこそケアと医療が密接に協力して，BPSDとしての興奮や攻撃性を抑えることが必要であると考えている．もちろん，介護職や家族のなかには薬による鎮静を極端に嫌い，「薬を使うようになったら負け」と主張する人もいる．それももっともな意見である．筆者は，いくら慎重に処方しても薬容量をうまく合わせることができず，結果として認知症の人の過剰鎮静を起こしてしまった経験が山のようにある（図3-6）．

加えて，広く知られているように，安易な非定形抗精神病薬の処方は認知症の人の突然死の可能性を大きくする．それゆえ，慎重のうえにも慎重に処方し，少しずつBPSDを鎮静しながら，また他者への行きすぎた行為を穏やかにしつつ，その人の日常生活動作が保てるように努めている．この行為は，薬による抑制ではない．適切な薬物による攻撃性の鎮静は，認知症の人自身の破たん（心臓，脳共に）を防ぎ，その人らしさを維持することに役立つ1つの方法でもあるからである．もちろん，パーソン・センタード・ケアや介護家族の対応によってBPSDが改善できるように努めるのがなによりも大切なかかわりであり，ケアによって他者への危害を抑え，その人と家族も落ち着いてすごせるようにする努力が最優先であることを忘れてはならない．

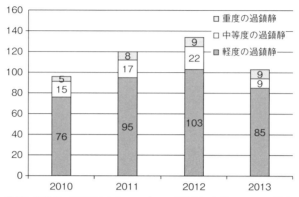

抗認知症薬が3種認可された2011年には副作用が急増している．筆者が新しい抗認知症薬の処方が理解できていなかったためと思われる．

図3-6　筆者の処方が過剰鎮静を起こした件数

5．無頓着行為や社会性を欠く行為

　脳の機能の局在を考えると，障害を受けた部分の働きが低下するために出てくる多くの症状が理解できる．たとえば，前頭側頭型認知症におけるある種の「無頓着さ」は，状況を吟味して判断する部分の機能の欠落を意味している．

　しかし，一部で誤解されて反社会的行動と表現されるが，このような行為は社会に対する「うらみ」や「反感」があるわけではなく，むしろ目の前に起きていることに対して頓着しないために，ある方向からみると社会規範から逸脱したように映る行為につながってしまう非社会的行為である．これらのことを正しく理解して，なぜこのような行為になるのかを理解することが，認知症の人と介護家族の人権を守ることにつながる．

1）異　　食

　本来であれば食べることができないものを口にする異食は，側頭葉の変化がもたらす行為のひとつである．石鹸や消しゴムのような一見すると食べ物とまちがえてしまうものの異食や，きれいな容器に入っていても飲んではならない液体（たとえば洗剤）の誤飲，トイレットペーパーを口に入れて噛み続けることなど，多くの異食行為がある．筆者の経験でも，ボトル入りの液体

洗剤を飲んでしまった人がいたが，認知症による絶望感から自死に至ったわけではなく，あとで確認すると，「洗剤であることが理解できなかったその人が，目の前にあるきれいな色の液体をつい飲んでしまった」という判断力のなさが原因であった．

　このような場合，われわれに求められるのは，異食しそうなものを認知症の人の側に置かないことである．完全に異食行為が治まる人もいれば，長く続く人もいる．また，トイレットペーパーを食べてしまう場合には，気がつけば口のなかに含んで咀嚼し続けているようなこともあれば，それを嚥下しようとしてのどに詰まり，大騒ぎになった例もある．いずれの場合にも，完全に防止することができなくても，周囲の人が異食という行為があることを知り，目の前の認知症の人にその可能性がないかどうか，常に気をつけておくことが大切である．そのためには，常日ごろから介護家族への（家族教室などを通しての）情報提供が不可欠である．

2）気になったものを持って帰ること（ときに万引きと誤解される）

　これも，ある種の「無頓着さ」からきている．目の前にある品物をみたとたんにそれを手にとり，何の判断もなくポケットに入れてしまうような場合にも，その人に「盗む」といった感情があるわけではなく，気がつくとポケットにいくつもその品物を入れていた，といったようなことが多い．

　かつて，ピック型の若年認知症の人の妻が，病と向き合う夫に，「自分が一家の経済的な支えになって努力している姿をみせたい」と思い，自らが勤務するスーパーマーケットに夫をよんだことがあった．当初はなにげなく店内を回っていた夫であったが，突然，なにを思ったのか練り歯磨きのチューブを何本かポケットに詰め込んで外に出ようとして，店長に呼び止められてしまった．夫を元気づけるために自らの仕事場をみてもらいたいと願った介護家族の妻の思いが，一瞬にして吹き飛んだ．店長に「おまえらはこちらの恩をあだで返すのか」と言われたことにより，心に大きな傷が残った．

　この話はもう 20 年も前の出来事であるため，認知症への理解が広がった現在ではそのようなことにはならないであろうと筆者は思っていたが，その楽観的な予想に反して，3 か月前にも前頭側頭型認知症の人が「万引き犯」と誤解された．疾患への理解は広がったようにみえて，実はまだまだ誤解や知

られていないことが多い．われわれがなすべきことは，このような行為に悪意などなく，しかし，認知症の行動障害として発現することがあるという事実を，地域に向かって発信し続けることである．

3）性的逸脱行為

その場で判断が伴わないために自らの性器を露出するような行為や，介護を受けている最中に物事の善し悪しを判断することなく，まるで「目の前にあったからさわっただけ」というような無頓着さで胸をさわる行為など，認知症の人が行った行為が介護家族に向けられるだけで，介護者はショックと喪失感を受ける．さらに，介護職員や他の利用者にそのような行為が及んだとき，家族は深く傷つく．

この対応策としてはまず，常に見守り，そのような行為が出そうになると未然に防ぐことであるが，これには常に一対一での見守りが必要になる．現実的にむずかしい場合，筆者は精神運動性興奮のときの１／３〜１／４の薬容量の処方をして逸脱行為を防ぐこともある．もとより性的関心をもって行う行為ではなく，無頓着に行ってしまう行為が性的な部位への接触など，誤解を受ける行為であることを再確認することも大切である．

6．自動車運転と事故

ある人にとっては生活必需品であり，車がなければ生活できないところに住む人には生活そのものでもある自動車は，一方で，人の命を奪う凶器にもなる．認知症の人や介護家族を地域で守り，支えることを考えるのであれば，自動車の恩恵を受けられない際には，必ずそれを代替する方法の提供が不可欠である．筆者が近年，講演会の講師としてよばれる寒村のなかには，自動車での移動なくしては生活できないところもある．認知症の人や家族を守るためには，認知症の人が被害者になる構図もさることながら，まず，認知症の人が運転者として加害者になることを防がなければならない．

それを個々人の意識と免許自主返納にゆだねていることには，大きな問題があると考えられる．後期高齢者の運転免許更新時の講習でも，基本的には免許更新を前提としている．高齢であることを配慮しても，運転免許を返納したがらない人も多いからなのであろうか．

それならば，地域内の認知症増加を見越して，認知症の人が運転しなくても生活できるインフラが不可欠である．それを可能にするのは個人の努力ではなく，この社会を維持していくうえでの国や自治体の制度，交通網の確立である．認知症であるだけで，いわゆる「買い物弱者」になってしまうことがないように，ここでも地域での連帯が求められる．行政や地域住民と共に，志がある企業の社会的責任としてアウトリーチのような形で出張コンビニを展開する例があるように，その地域に合わせた柔軟な協力体制が求められる．

7. 歩き回る行為・自宅や病院からいなくなること

徘徊，周徊とよばれるように，状況判断ができなくなった結果，しかるべきところからいなくなってしまう行為である．大きく分けると，せん妄など軽度意識混濁を伴う認知障害を伴うために，認知症の人自身も分からないうちに出て行ってしまうような行為と，見当識障害のために認知症の人自身が不安や恐怖に襲われて，帰り道を探し続けた結果，徘徊となってしまう場合に大別できる．

筆者の診療所における 2013 年度に徘徊行為があった事例をカルテからみると，全体で 27 例，そのうち軽度意識混濁などのために認知症の人が不覚になり徘徊に至った例が 18 例，見当識障害のため不安になって家族や友人を探そうとして徘徊に至った例が 9 例あった．限られた事例から一般的な注意事項を計ることはできないが，それでも想像していたよりもせん妄などの影響による徘徊例が多かったため，徘徊時のことは本人の記憶に残ってないことも多く，介護家族のより大きな負担となっている．

この結果から，われわれにも徘徊に対する対応ができる．臨床現場では，せん妄には on and off があり，そのスイッチが入る時間帯に気をつければ，徘徊によるリスクのいくらかを軽減できる．たとえば，筆者の診療所のデータから考えると，せん妄のスイッチが入りやすい時間帯は夕刻や午後 10 時，それ以降の夜間に多く発症している傾向がある（図 3-7）．

そのことを介護家族がしっかりと認識し，家族のなかの認知症の人の場合には何時ごろがもっとも危険の高い時間帯であるかを知っていれば，その時間により注意をはらうことで在宅ケアのリスク軽減につながる．

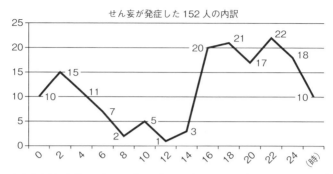

夜中や夕刻,午後10時ごろに「せん妄」の発症しやすい傾向があり,意識混濁型の徘徊の場合には「危険時間」を知っておくことも家族の不安を軽減できる.
図3-7 当院受診者152人(2012〜2013年の月平均通院者800人ほど)を対象とした「せん妄」発症時間

残念ながら見当識障害の結果,徘徊が起こる場合には「いつ,何時に」危険性が高まるかを予測することがむずかしいが,それでもわれわれには家族支援のための方法がある.徘徊行為が,見当識障害のために家から外に出たとたんにどこにいるのか分からなくなって,不安にさいなまれて道を探す行為につながっているのであるとすれば,われわれはそのような状況に認知症の人が陥らないようにするために,家族をはじめ地域の人や他職種が連携することで,だれかの目が注がれているような状況をつくるように心がけるべきである.

たとえ,いま,すぐに結論が出ない課題に対しても,だれかが常に目を注ぎ続ける体制をつくりたい.それが,みなの力で認知症の人やその介護家族を守っていることにほかならないからである.

1) 鉄道踏切事故

このようにして,徘徊の危険性が「ある時間帯」に集中してないかを確認し,見当識障害をもつ認知症の人が不安と恐れから徘徊行為につながらないように体制をつくることは,なにも特別な行為ではなく,オレンジプラン・新オレンジプランに示された姿である.しかし,この概念が単なる理想論に終わることなく,本当にわが国の認知症ケアで実践されるためにもっとも必要とされるのは,われわれの意識変革である.その必要性をもっとも端的に表し

ているのが，踏切事故による認知症の人の死亡事故で，介護家族が賠償責任を言い渡されたことではないであろうか．地域全体が認知症への理解を深め，BPSD の理解を深めていれば，悲しい事故のあとの展開も違ったものになったかもしれない．

　たとえば，1900 年の世界に視力障害をもった高齢者がいたとしよう．鉄道を利用しようとして駅のホームから転落し，運悪くそこへ電車が入ってきて亡くなったとすると，鉄道会社はその人に対して，「列車の運行の妨げになった損害賠償を求めた」かもしれない．その人は罪に問われたかもしれない．

　しかし，現代のわが国は違う．駅のホームには視覚障害がある人のために黄色い凹凸のある転落防止シートが張られ，ホームの転落防止のガードや手すりがつけられるようになっている．電車の連結部位にも，すき間に転落する人がいないように両方の車両からウイングが出ている．視覚障害への正しい社会の理解と企業努力が事故の防止に役立ち，われわれはそのような努力が当たり前のことであると認識している．1900 年とは異なる社会ができている．

　認知症であっても同じである．認知症のある高齢者が踏切事故を起こして亡くなり，その結果，電車の往来に支障をきたしたとしても，社会全体が病気を理解して受け入れていれば，課題は遺族の賠償責任ではないことが自明のこととなる．むしろそのことを教訓として次の悲惨な事故につながらないように，踏切への立ち入りを防ぐために電鉄会社が企業努力を進める．社会も鉄道会社のみに責任を向けるのではなく，負担を分け合うような社会のまなざしや仕組みづくりが必要となる．

8．地域に対して

　認知症の人自身への支援としても，介護家族支援の視点からしても，このさき，在宅介護を取り巻くリスク軽減には，大きく分けて 2 つの流れがある．1 つは，適切な疾病理解，生活の不都合を社会や地域が理解するための情報提供であり，それを積極的に学ぼうとする社会の態度である．

　さらに求められるのは，認知症を受け入れるわれわれの覚悟である．いか

に疾病としての認知症を理解したとしても，実際の生活上の困難をみなで「分け取る」ことを地域が積極的に行わなければ，認知症の人が当たり前に居続けられる社会はできない．

　一方，介護保険，医療保険は財政的危機にあり，このさきの社会保障費の増加をかんがみれば，これまでのように予算を投じることはできなくなる．1つの方向は，自己責任のうえでの管理であろう．先述した鉄道事故の件でも，「たとえ病気があっても，自らが犯したことの責任は自ら，もしくは家族が負う」という考え方がある．一方，認知症の人が増え，世の中に珍しくなくなったとしても，その病気がもつ「不都合さ」ゆえに事故や過失が起きた場合には個人の責任を問わず，地域，自治体や国がその責任を負うという考え方もある．

　筆者は，認知障害として国民の800万人が視野に入ってきた現在，わが国の方向性は岐路に立っていると考える．みなの幸せのためには各自が責任をもつのか，それともハンディキャップがある人を同等の存在として支えるために，その人の不都合をわれわれが寛容をもって受け入れるか，2つの意見は真っ向から対立しているかのようにみえるかもしれない．しかし，現場ではその時々の状況によって両方の考え方を認め合いながら方向性をつけていく寛容さが不可欠である．

　社会の目が自己責任を求め，専門職や施設にも責任を問う傾向にあるとしても，障害と共に生きる人を社会の一員として受け入れようとする社会のまなざしがなければ，オレンジプラン・新オレンジプランの崇高な概念は単なる理想論にすぎなくなる．

　筆者は，精神科医としての臨床を始めたときから，精神療法家のサリヴァンが残した「関与しながらの観察」という言葉をいつも心にとめてきた．この言葉は，さまざまな課題がある子どもを育てていくうえで，周囲の大人が「自らも巻き込まれそうになりつつ」，それでもみなで情報を共有しながら，しっかりと観察を続けていけば，「いま，すぐに」その子の課題を左右することができなかったとしても，何らかの動きがあったときには，「間，髪を入れず」に対応ができるという考え方である．いまは動かせない課題でも，みなが協力しながらその子を見守って(観察)いれば，なにかの際にしっかりとかかわ

ること(関与)にほかならないという考え方である．

　この考えは子育てにとどまらず，これからの地域包括ケアにおける認知症の人や家族介護の支援の要である．セルフネグレクトや遠距離介護，老老介護，認知症の人が介護者にならざるを得ない場合など，このさきの在宅介護にはリスクが山積みである．しっかりと役割分担しながら，なにかあったときにはすばやく動ける体制が必要であり，普段，周囲の努力にもかかわらずその在宅介護体制が動かないようにみえるときこそ，われわれには関与しながら観察することが求められ，それを許容する寛容さが地域には必要である．

9．おわりに

　ここまで，認知症の在宅介護を取り巻くリスクをみてきた．しかし，在宅で認知症の人と向き合い，悩みながらケアを遂行することには肯定的な側面があることを，筆者はこれまでたくさんみてきた．在宅介護には多くのリスクが潜んでいるが，それでも介護する家族の姿をみた「次の世代」が多くを学んでいく．世代を超えた連携が社会の意識改革につながっていくのである．

　小学校3年生のときに，母の母親(祖母)の在宅介護で激しいBPSDを出す祖母を，ときに叱責し，泣きながら介護する母親をみてきた娘は，大学受験の際に迷わず福祉系学部を志望した．母親は，実母への介護態度が娘の心を傷つけたのではないかといつも悩んでいた．ところが，娘は介護する自分の姿をみて，大学を受験したという．「お母さんがおばあちゃんに声を荒らげる姿は，私にはおばあちゃんに『生きて』と願うお母さんの祈りに聞こえた」と娘は言った．

　筆者の元には，これまでに福祉系教員を務めた大学で福祉や対人援助の仕事を目指す人たち342人にアンケートをとった結果が残っている．彼らへの質問のなかで，「身内の介護を通して自分が対人援助の専門職を目指す決意をした」と答えた人は289人であった．84.5％もの人が自分の家族に起きた体験から社会に役立つ仕事を希望するようになった事実が，人の強さと希望を証明している[18]．

　在宅介護におけるリスクは数えきれないほど多いが，それでも介護する家族の姿をみて，次の世代が他者を支えようとする．その努力がそっと静かに，

世代を超えて受け継がれる．認知症という「不都合」と向き合う家族は，自らボロボロになりながらも光を放つ．その光こそ，在宅介護が暗く長い闇であろうとも，夜を照らす希望を運んでくれるであろう．

文　献
1) 厚生労働省認知症施策検討プロジェクトチーム(2012)「今後の認知症施策の方向性について」(http://www.mhlw.go.jp./topics/kaigo/dementia/dl/houkousei-02.pdf).
2) 厚生労働省老健局高齢者支援課認知症・虐待防止対策推進室(2012)「認知症施策推進5か年計画(オレンジプラン)；平成25年度から29年度までの計画」(http://www.mhlw.go.jp/stf/houdou/2r9852000002j8dh-att/2r9852000002j8ey.pdf).
3) 公益社団法人認知症の人と家族の会(2011)「認知症の人も家族も安心して暮らせるための要望書」(http://www.alzheimer.or.jp/wp-content/uploads/2011/04/youbou201104131.pdf).
4) Ducharme FC, Lévesque LL, Lachance LM, et al.："Learning to become a family caregiver" efficacy of an intervention program for caregivers following diagnosis of dementia in a relative. The Gerontologist, **51**(4):484-494(2011).
5) 厚生労働省(2014)「平成25年国民生活基礎調査の概況」(http://www.mhlw.go.jp/toukei/saikin/hw/k-tyosa/k-tyosa13/).
6) 杉山秀樹，一宮洋介，新井平伊：認知症介護者のメンタルヘルス；認知症介護者のグループ療法の実践．老年精神医学雑誌, **24**(11):1103-1109(2013).
7) NPO法人介護者サポートネットワークセンター・アラジン：家族(世帯)を中心とした多様な介護者の実態と必要な支援に関する調査研究事業報告書．NPO法人介護者サポートネットワークセンター・アラジン，東京(2011).
8) 松本一生：認知症家族のこころに寄り添うケア；今，この時の家族支援．中央法規，東京(2013).
9) 加藤伸司，矢吹知之編著：改訂施設スタッフと家族のための認知症の理解と家族支援方法．ワールドプランニング，東京(2012).
10) 大塚眞理子：高齢夫婦のケアしあう関係を促進する看護援助に関する研究．千葉看護学会誌, **7**(1):20-26(2001).
11) 鈴木和子, 渡辺裕子：家族看護学；実践と理論．日本看護協会出版会, 東京(1995).
12) 埼玉県立大学編：IPWを学ぶ；利用者中心の保健医療福祉連携．12, 中央法規，東京(2009).
13) 埼玉県立大学編：IPWを学ぶ；利用者中心の保健医療福祉連携．13, 中央法規，東京(2009).
14) 文部科学省(1997)「21世紀に向けた介護関係人材育成の在り方について(21世紀医学・医療懇談会第2次報告)」(http://www.mext.go.jp/b_menu/shingi/chousa/koutou/009/toushin/970201.htm,2014.5.25).

15) 文部科学省(2014)「医療提供体制見直しに対応する医療系教育実施のためのマネジメントの在り方に関する調査研究報告書」(http://www.mext.go.jp/a_menu/koutou/itaku/1347634.htm).
16) 酒本隆敬,大塚眞理子:専門職連携教育(IPE)の受け入れにより生じた職員の行動変容と介護現場における専門職育成の取り組み.認知症ケア事例ジャーナル,6(1):72-80(2013).
17) 大塚眞理子:IPWを実現するために求められる専門職のコンピテンシー.主任&中堅＋こころサポート,**21**(1):39-42(2011).
18) 松本一生:家族と学ぶ認知症;介護者と支援者のためのガイドブック.160-165,金剛出版,東京(2006).

第4章

高齢者虐待の未然防止と対応の方法

I. 高齢者虐待防止法の概要と特徴

1．はじめに

「高齢者虐待の防止，高齢者の養護者に対する支援に関する法律」(以下，高齢者虐待防止法)は，平成18年(2006年)4月に施行された法律である．本節では，本法の概要について，「養護者」による虐待を中心に，関連制度にもふれながら，概要と注意すべき事項を説明したい．

2．高齢者虐待防止法の概要と関連制度等

1) 目　的

本法は，高齢者に対する虐待が深刻な状況にあり，高齢者の尊厳の保持のためにはこの防止が極めて重要であるという課題認識を出発点としている．これに対して，単に虐待の禁止や虐待者の処罰を行うことではなく，高齢者の保護や高齢者の養護者への支援を行うことで，高齢者の権利利益の擁護に資していくことを目的としている(第1条)．

2) 法の対象となる「高齢者虐待」と注意すべき事項

本法では，「だれが」「だれに」「なにを」することが高齢者虐待であるのかを示すことで，法の対象を説明している(第2条)．

このうち，「だれが」については，「養護者」と「養介護施設従事者等」という言葉が使われている．「養護者」とは，高齢者の世話を行う人であり，家族や親族，同居人等が該当する(ただし「養介護施設従事者等」を除く)．一方，「養介護施設従事者等」とは，老人福祉法および介護保険法に規定する「養介護施設」または「養介護事業」の業務に従事する人を指す(直接介護・看護に携わる職員に限定していないことに注意されたい)．

次に，「だれに」という点については，当然「高齢者に」ということになるが，本法においては65歳以上の人を指している．ただし，「障害者虐待の防止，障害者の養護者に対する支援等に関する法律」の施行に伴い，65歳未満の養介護施設・事業の利用者は高齢者とみなして，養介護施設従事者等による高齢者虐待に関する規定を適用することとなっている．また，養護者による高齢者虐待については，老人福祉法上で想定されている虐待被害への対応，介

表4-1　高齢者虐待防止法における虐待の類型(養護者による虐待・第2条による)

類型*	内容
身体的虐待	高齢者の身体に外傷が生じる，もしくは生じるおそれのある暴行を加えること
介護・世話の放棄・放任(ネグレクト)	高齢者を衰弱させるようないちじるしい減食や長時間の放置を行う，他の同居人による虐待を放置するなど，養護をいちじるしく怠ること
心理的虐待	高齢者に対するいちじるしい暴言やいちじるしく拒絶的な対応を行うなど，高齢者にいちじるしい心理的ダメージを与える言動を行うこと
性的虐待	高齢者に対してわいせつな行為をすることや，高齢者にわいせつな行為をさせること
経済的虐待	高齢者の財産を不当に処分することや，高齢者の財産から不当な利益を得ること．ただし，養護者以外の高齢者の親族による場合を含む

＊類型の名称は通称もしくは学術上よく用いられる名称であり，法条文上には示されていない

護保険法における地域支援事業による権利擁護事業では，対象を65歳以上の人に限定しているわけではないため注意が必要である．

　最後に，「なにを」という点についてであるが，法条文上は，5つの類型を示し，これらの類型に該当する行為が「高齢者虐待」であるとしている(表4-1に，養護者によるものについて示した)．ただし，法施行に合わせて厚生労働省が示した資料[1]によれば，法が示す類型は，「広い意味での高齢者虐待を『高齢者が他者からの不適切な扱いにより権利利益を侵害される状態や生命，健康，生活が損なわれるような状態に置かれること』と捉えた上で」の法の対象規定である，という説明がなされている．前述した法の目的は，虐待者の処罰ではなく高齢者の保護であり，法が示す行為類型について知るとともに，このようなとらえ方を前提的な定義として理解しておく必要がある．また，同資料では，この前提のうえで，かつ，前述の地域支援事業による権利擁護事業の実施義務(市町村)についても示したうえで，本法が規定する高齢者虐待かどうか判別しがたい場合でも，「高齢者の権利が侵害されていたり，生命や健康，生活が損なわれるような事態が予測されるなど支援が必要な場合」には，本法は取り扱いに「準じて」，「必要な援助を行っていく必要」

があるとしている．なお，「養介護施設従事者等による高齢者虐待」については，「緊急やむを得ない場合」を除いて，身体拘束は原則高齢者虐待に該当することにも注意が必要である[2]．

3）早期発見の責務，「養護者による高齢者虐待」に関する通報義務と注意すべき事項

本法では，保健・医療・福祉関係者の責務として，高齢者虐待を発見しやすい立場にあることを自覚し，その早期発見に努めるべきであることが示されている(第5条)．

そのうえで，養護者に虐待を受けたと思われる高齢者を発見した人は，市町村に通報する義務があるとしている(第7条)．なお，その生命や身体に重大な危険が生じている場合はすみやかな通報の義務，それ以外の場合は通報するよう努力する義務である．このとき，専門職従事者にとって当該の高齢者に関する情報が守秘義務の対象となっている場合があり得るが，守秘義務は通報を妨げるものではない(なお，「養介護施設従事者等」による高齢者虐待に関する通報についてはやや状況が異なるが，ここでは割愛する．また第8条により，通報等を受け対応を行う側には守秘義務が生じる／詳しくは次節を参照されたい)．また，被害者である高齢者本人が届け出ることも，もちろんできる．対応窓口となる部局や後述する地域包括支援センター等の機関については，その周知がなされる(第18条)．

ここで注意したいのは，通報が求められているのは「虐待を受けたと"思われる"高齢者を発見した」ことについてであり，加害者の同定や認識，証拠などが必ずしも求められているわけではないということである．加害者である養護者のなかには虐待という認識がない人もおり，また第三者が個人として確実な証拠を得られない場合も多い．ここでも，法の目的にのっとり，高齢者の保護を第一に考えたい．

なお，市町村は，高齢者虐待防止法に基づく対応事務の一部を地域包括支援センター等に委託することができる(第17条)．したがって，通報等の受付は，実際には地域包括支援センターが担っている場合も多い．また，市町村(委託した場合は地域包括支援センター，以下同様)は，高齢者および養護者に対する相談，指導および助言を行うとされており(第6, 14条)，相談対

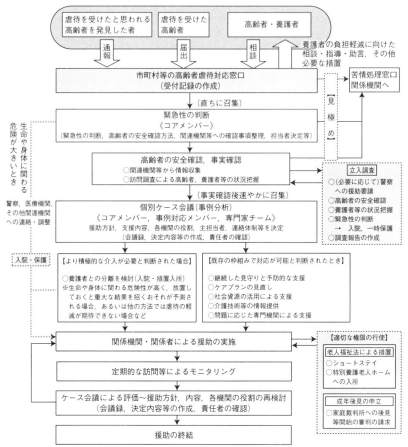

出典）厚生労働省老健局(2006)「市町村・都道府県における高齢者虐待への対応と養護者支援について；養護者による虐待への対応(市町村における業務)」(http://www.mhlw.go.jp/topics/kaigo/boushi/060424/dl/03.pdf).

図 4-1　養護者による高齢者虐待への対応手順

応のなかで虐待が疑われる事例が見いだされる場合もある．

4）「養護者による高齢者虐待」の防止・対応(図 4-1)

養護者による高齢者虐待が疑われる事例について受けつけた場合，市町村は事実確認を行い，対応を協議していく．この際，適切な対応を行っていくために，関係機関や民間団体との連携協力体制を構築することが求められて

いる(第16条).具体的には,地域包括支援センターをコーディネート役とした,図4-2に示すような「高齢者虐待防止ネットワーク」である.このネットワークには,「早期発見・見守り」「保健医療福祉サービス介入」「関係専門機関介入支援」の3層の機能が想定されている[3].

　事実確認にあたっては,緊急性の判断を行ったあと,高齢者の安全確認・事実確認を行っていく.このとき,高齢者の生命や身体に重大な危険が生じているおそれがある場合は,住居等へ立入調査を行うことができる(第11条).さらに,その際必要に応じて警察への援助要請を行うことができる(第12条).

　これらの事実確認調査によって虐待の事実が認められた事例においては,市町村は必要な支援等の対応を検討し,実施していく.重大な危険が生じているような場合には,老人福祉法に規定するやむを得ない事由等による措置により,高齢者の保護(いわゆる「分離保護」)を図る,成年後見制度の市町村長申立を行うなど,適切な権限行使を行うことが求められている(第9条).また,措置による分離保護のために必要な居室の確保も求められている(第10条).措置後,虐待を行った養護者と高齢者との面会の制限も行うことができる(第13条).このような積極的な介入が必要と判断された場合ではなく,既存の枠組みで対応が可能な場合や,積極的介入が行われたあとには,前述したネットワークを活用しながら支援的な対応を行っていく.たとえば,高齢者の介護保険サービスの利用やケアプランの見直し,地域の社会資源を活用した生活上の支援,継続した見守りなどである.成年後見制度の活用に加えて,日常生活自立支援事業等を含めた権利擁護支援が必要となる場合もある.また,必要に応じて,かつ並行して,養護者の負担軽減のための相談,指導・助言等,養護者への支援(第14条)を行っていく.

　以上のように,養護者による高齢者虐待の防止・対応にあたっては,市町村が対応の第一義的な主体となる.これに対して,都道府県は,市町村相互間の連絡調整や情報提供,助言等の支援を行う役割がある(第19条).また,虐待の防止・対応,高齢者の権利擁護に資する環境整備(人材育成や相談支援等)については,都道府県が実施主体となる「高齢者権利擁護等推進事業」がある.

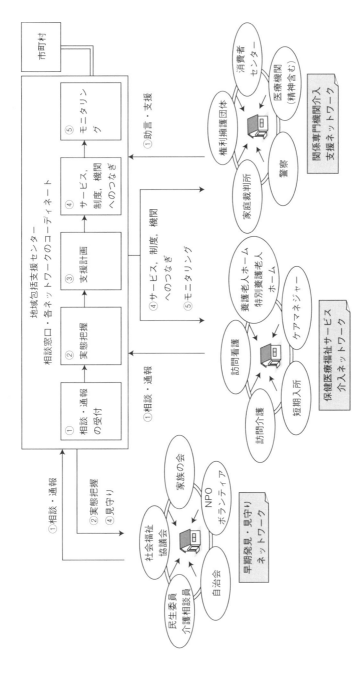

図4-2 高齢者虐待防止ネットワーク構築の例

出典）厚生労働省老健局（2006）「市町村・都道府県における高齢者虐待への対応と養護者支援について：養護者による高齢者虐待への対応（市町村における業務）」(http://www.mhlw.go.jp/topics/kaigo/boushi/060424/dl/03.pdf).

3. おわりに

　厚生労働省では，高齢者虐待防止法の施行翌年から，法に基づく対応や体制整備の状況を確認するための調査として，「高齢者虐待の防止，高齢者の養護者に対する支援等に関する法律に基づく対応状況等に関する調査」を毎年度実施している[4]．

　この調査によれば，毎年度相当数の相談・通報および虐待判断事例が計上されている．加えて，養護者による虐待と判断された事例において，被害者である高齢者のうち，およそ7割が要支援・要介護認定を受けており，かつその7割(全体の半数程度)は認知症高齢者の日常生活自立度Ⅱ以上の認知症の人である．また，虐待の発生要因として，虐待者の介護疲れ・介護ストレスの問題が大きいことも指摘されている．本調査については「氷山の一角」という批評もあり，潜在事例を含めて同様の傾向であるかは不明だが，少なくとも顕在化している事例については，認知症の人の権利擁護や，認知症の人の介護家族への支援は，大きな課題であるといえよう．

Ⅱ 高齢者虐待と通報義務；守秘義務の解除

1. はじめに

　認知症の人がいつまでも住み慣れた家ですごすためには，家族介護者はたいへん重要な役割を担うが，ときに，家族による虐待の例も見受けられる．最近では，男性介護者も増加し，息子や夫による高齢者虐待も増えてきている．高齢者虐待を疑った場合，その事実を通報すべきなのか，あるいは介護専門職としての守秘義務を守るべきなのかという，通報義務と守秘義務との板挟みになるケースもある．

　歴史的には，守秘義務は，医療職にとって例外を認めない絶対的義務と考えられてきたが，最近では，正当な理由があれば守秘義務は解除されると考えられるようになった．また，逆に，本人を保護する必要性が高い場合には，通報義務が課せられる．このように，医療従事者の職業倫理として長い歴史をもつ守秘義務も，第三者に危害が及ぶ場合や，虐待など人の権利侵害にかかわる場合には通報の義務が生じる．

本節では、職業倫理としての守秘義務と、高齢者虐待における守秘義務の解除(＝通報義務)の関係について、「高齢者虐待防止法」を参照しながら解説をする.

2. 守秘義務

「秘密」とは、少数にしか知られていない事実で、他人に知られることが本人の不利益になるものを指すが、守秘義務は、専門職が業務上知り得たこれらの秘密を守ることを意味する.

守秘義務は、歴史的に医師の職業倫理として発展してきた. 2000年以上も前のヒポクラテスの誓いにも、『治療の機会に見聞きしたことや、治療と関係がなくとも他人の私生活について漏らすべきでないことは、他言してはならないとの信念をもって、沈黙を守ります』と記されている. その後、医師だけでなく、他の医療専門職の間にも守秘義務の遵守が義務づけられた. また、法的にも、個人のプライバシー権(自分の情報を自分でコントロールする権利)として確立してきた.

刑法第134条は、秘密漏示罪を罰しており、また、介護保険法や老人福祉法に基づく居宅サービス規準第33条においても、「指定訪問介護事業所の従業員は、正当な理由がなく、その業務上知りえた利用者又はその家族の秘密をもらしてはいけない」としている.

3. 相対的義務としての守秘義務

守秘義務は、歴史的には長い間、医療専門家集団の職業倫理として、例外を認めない絶対的義務と考えられてきた. しかし、以下のアメリカのタラソフ事件の判決以後、医療現場において、守秘義務を絶対的義務ではなく、相対的義務としてみなす傾向になった. 守秘義務が解除される場合として、他に有効な方法がなく、第三者の潜在的危険が大きく、その可能性が高い場合などが挙げられる.

では、「守秘義務」と「通報義務」との板挟みとなったアメリカのタラソフ事件の概要をみてみよう.

『1969年、精神科の患者である大学生ポダーは、心理療法士Aに対して、

タラソフという女性を殺すつもりだと打ち明けた．Aは警察にポダーの拘留を依頼したが，短期間の拘留のあと，釈放された．しかし，ポダーは結局タラソフ嬢を殺害した．彼女の両親は，「危険な患者を拘留せず，本人や家族に危険を警告しなかった」として訴えた』．

このケースでは，心理療法士Aは，患者ポダーの秘密を守るべきであったのか？　あるいは，タラソフや両親に危険を警告すべきであったのか？タラソフ事件の判決は，『公衆が危険にさらされるのであれば，患者に対する守秘義務は解除され，狙われている第三者であるタラソフ嬢に対して警告義務があった』とした．

このような判例を契機に，医療現場における守秘義務は，絶対的義務ではなく，相対的義務とみなされ，第三者への潜在的危険が大きいなどの正当な理由があれば，守秘義務は解除されることになった．

4．通報の義務

高齢者虐待において，倫理的に守秘義務が解除されるのは，それが本人の最善の利益にかなう場合である．また，法的には，「高齢者虐待防止」（高齢者虐待防止法）に規定されている．高齢者が尊厳を保って生活できるように，虐待の防止と保護のための措置，および高齢者を支える養護者の負担の軽減を図ることを，その目的としている．

前節でも解説されているが，虐待の通報義務については，1）養護者による虐待，2）養介護施設従事者による虐待を区別して規定している（p.171）．

1）養護者（家族等）による高齢者虐待（第7条）

(1) 通報：養護者による高齢者虐待を受けたと思われる高齢者を発見した場合

　①高齢者の生命または身体に重大な危険が生じている場合：すみやかに，市町村に通報しなければならない（義務）

　②それ以外の場合：すみやかに市町村に通報するよう努める（努力義務）

(2) 通報後の市町村による措置

　①事実の確認：当該高齢者の安全の確認や通報にかかわる事実の確認

　②立ち入り調査：高齢者の生命または身体に重大な危険が生じているお

それがある場合

③警察署長に対する援助要請：立ち入り調査などに際して，必要があると認めた場合

④高齢者の保護：高齢者の生命または身体に重大な危険が生じているおそれがある場合

⑤協議：養護者への支援も含め，今後の虐待防止の対応について，地域包括支援センターなどと協議し，連携協力体制を整備する

2）介護施設従事者による高齢者虐待(第21条)

(1) 通報

①施設職員が，介護従事者による虐待を受けたと思われる高齢者を発見した場合：すみやかに市町村に通報しなければならない(義務)

②介護従事者による虐待を受けたと思われる高齢者を発見し，かつ，生命または身体に重大な危険が生じている場合：すみやかに，市町村に通報(義務)

③介護従事者による虐待を受けたと思われる高齢者を発見し，上記②以外の場合：市町村に通報(努力義務)

④介護従事者による虐待を受けた高齢者本人は，市町村に届け出ることができる

(2) 通報後の市町村による措置

①都道府県への報告

②介護施設の適正な運営の確保：虐待防止および当該高齢者の保護を図るため，老人福祉法・介護保険法による監督権限を適切に行使する

③公表：都道府県知事は，介護施設における虐待の状況，そのとった措置などを公表する

高齢者虐待防止法においては，緊急性・重大性に応じて，(法的)義務と(倫理的)努力義務を使い分けている．

「義務」は，法的一般義務といわれるもので，通報義務に反して通報しなくても，犯罪として罰せられないが，道徳的あるいは職業倫理的には強く非難される．場合によっては，行政指導・社会的制裁を受けることになる．

他方，「努力義務」は，「義務」とは質的に異なり，厳密には，法的な義務と

はいえない．換言すれば，「努めなさい」ということを意味し，強制力は弱く，非難も，かなり弱まる．履行しなかった場合の制裁はもちろんない．

　虐待通報の趣旨は，「虐待の予防」「高齢者の保護」「再発防止」であり，家族を責めるだけではなく，今後も介護者として重要な役割を担うことができるよう支援することである．したがって，通報の「義務」「努力義務」には明瞭なボーダーラインがあるわけではなく，「義務」「努力義務」を一体のものと解し，法の趣旨に則した適切な通報（対応）を促すことにある．

5．虐待の悪循環を断ち切る

　高齢者虐待が問題化したとき，介護者（養護者）も，介護により心身共に疲弊し，追い詰められていることが多い．そして，自分が虐待をしていることに気づいていても，自制することができなくなってしまっている状況がしばしば見受けられる．反対に，虐待している人に「虐待の自覚がない」こともある．

　さらに，高齢者に対する虐待は，認知症等などのために本人に確認することがむずかしいケースが多い．また，家族や介護施設も虐待の事実を表に出したがらない場合が多いのも事実である．

　高齢者の虐待を防止するためには，①介護の負担を軽減すること，②第三者が介入することなど，虐待の悪循環を断ち切ることが重要となってくる．

6．高齢者と家族の関係を改善し，本人の最善の利益を考える

　家族等の養護者による虐待は「予防」と「高齢者の保護」，高齢者を支える養護者の負担の軽減によって「再発防止」を図ることが重要である．そして，可能であれば，元のよい家族関係を取り戻すことができるような支援が望まれる．

　しかし，通報後の型どおりの対応が，本人と家族との関係を断ち切っただけであったり，家族が感情的になり態度を硬化させてしまったりしたケースもあり，あとから，本当にこれでよかったのか，本人のためになったのかと悶々とした気持ちになることもある．通報後の家族関係改善について考えるために，ケースを提示してみる．

●ケース１：認知症の母と同居する長男による暴力

　認知症の母と息子の借家暮らし．母の年金が生活資金．母の持家は，母の承諾なしに売却し，売却代金は長男と長女が折半した．長女は自身の借金の返済に使い，長男は遊戯費用に使った．家の売却により引っ越しを余儀なくされた母は，新しい環境になじめず，以後，しばしば迷子になるようになった．母の年金が生活資金であると自覚していた長男は，自分はちゃんと母の世話・介護をするのだと言っており，母の持病についても定期的に受診につき添って世話をしていた．母も長男をもっとも頼りにし，現在は，自分の夫だと思っている．しかし，息子は母が排泄などに失敗すると，つい暴力をふるってしまうが，その後，医療機関に母を連れていき，自分が暴力を振るったことや後悔していることを話し，適切な治療を受けさせていた．母もそれに対して，「仕方ないね」と現状を受け止めていた．

　これを知った福祉担当者と長女が，母と長男を別居させることを決め，長女が年金も管理し，母の世話をすることに決定した．母は認知症のため，詳細は理解していないが，長男(夫と勘違いしている)と別れなければならないことを悲しんでいた．しかし，それまでも，まったく母の介護に無関心であった長女は，結局は忙しいことを理由に母を施設入所させた．その後間もなく，施設入所した母は死亡した．暴力をふるう長男と，型どおりに母を引き離したことが，結果として，本当に母のためになったのかどうか，いまも疑問である．長男を非難し，2人を引き離すだけでなく，もっと長男とコミュニケーションを深めるべきであったのではないかと考えている．

●ケース２：同居する息子による暴力

　母と無職の息子とふたり暮らし．いままで，息子は職をもったことも，結婚したこともない．母には認知症はない．すべて日常の家事を自立して行っている．息子は親子喧嘩の際に，ささいな理由から母に暴力をふるうことが多くなった．これを知った福祉担当者が，母を息子による虐待から保護するために，2か月間保護施設に入所させた．以後，家にもどった母に対して，息子は暴力行為をしていない．外からみると，一見，うまくいったケースに思われるが，実情は違った．家にもどった母と息子は，まったく会話・交流がなくなってしまい，同じ屋根の下に住みながらも，家族としての感情的交

流や機能を失ってしまった．息子にとっては，母に暴力をふるう加害者として監視されているという状況になっていることが，心を開けない原因であるようだ．

これらのケースにおいては，虐待する家族とのコミュニケーションが十分でなかったように思われる．実際，行政上の対応はマニュアルどおりなされたが，関係者の「こころ」への対応は十分ではなかったと思われた．もちろん，高齢者に重大な危害が生じる可能性がある虐待が起こった場合には，高齢者の保護を第一に考えなければならないが，虐待の兆候が疑われ，時間的余裕がある場合には，介護従事者や福祉関係者は，家族とのコミュニケーションをさらに密にし，その背景・原因についてアセスメントする必要がある．そして，重大な危険が生じる前に，家族を責めるだけではなく，支援をしていく姿勢が大切である．それは，高齢者にとって，家族は数少ない肉親の1人であり，今後も介護者・保護者として重要な役割を担うことになるからである．家族と高齢者の関係を断ち切るのではなく，家族と本人の感情的関係を改善することによって，高齢者の保護者としてより適切に機能していくという意識を，できる限り高めるような支援をしていく必要がある．

7．おわりに

守秘義務は医療従事者の職業倫理として長い歴史をもっているが，虐待など患者の権利侵害にかかわる場合には，それが本人の Best Interests 最善の利益にかなうのであれば，守秘義務は解除され，通報の義務が生じる．

高齢者に対する虐待は，家族は虐待の事実を表に出さない場合が多く，また，認知症の被害者本人に確認することもむずかしいケースがしばしばあるため，家族介護者に対して「なにが虐待なのか」について伝えておくことも必要である．

合わせて，介護施設においては，施設職員に対する教育も大切であり，「なにが虐待なのか」「他のスタッフによる虐待を見つけた場合の対処法」「虐待を受けた高齢者の保護と，感情的支援について」施設の基本方針を明確にしておく必要がある．

「再発防止」と「本人と家族の関係改善」のために，虐待した本人を責めるだ

けではなく，十分なコミュニケーションをとって，その気持ちや原因を理解しようとする姿勢も重要である．実際，虐待をしてしまった家族自身もストレスがたまり，傷ついていることがしばしばあるからである．そして，高齢者にとって，家族は今後も介護者・養護者として重要な役割を担うことになるため，家族と高齢者の関係を断ち切るのではなく，高齢者の保護者として機能していくというモチベーションを，できる限り高めるような支援をしていく必要がある．血のつながった家族が，本来の関係を取り戻せるように支援すること，それが，ひいては，高齢者本人の最善の利益になるはずである．

Ⅲ 介護者と認知症の人の権利擁護；成年後見を含む

1．はじめに

　介護者と認知症の人の権利擁護という視点においては，前節の「高齢者の虐待防止」に加えて，「個人情報保護」，最小限の拘束のための「行動コントロールの倫理」，判断能力が正常であったときの本人の自己決定権を保障するための「医療ケアに関する事前指示」，さらには介護保険契約・診療契約や財産管理などの法律行為を代わって行う「成年後見制度」などがある．事前指示については次章の「看取りの倫理」に譲り，本節では，1)個人情報保護，2)行動コントロールの倫理，3)成年後見制度について概説する．

2．個人情報保護
1）なぜ，個人情報保護が必要か

　人々は，「自分に関する情報を自分でコントロールする権利」をもっている．これを，プライバシー権とよぶ．この権利は，倫理原則である自律尊重原則や多くの判例の積み重ねから導かれる．そして，このプライバシー権に守秘義務や個人情報保護もかかわっている．

　人々は，プライバシー権が尊重されることによって，気軽に病気や心の悩みについて，医師に相談でき，安心して治療が受けられる．すなわち，社会あるいは患者は，医師をはじめとする医療介護専門家が，患者・利用者の秘密を守ってくれることを期待している．しかし，前節にあるように，守秘義

務は絶対的義務ではなく，ある状況下(たとえば，感染症など公共の利益に基づく届出義務や，第三者への潜在的危険が大きいなどの正当な理由がある場合)では守秘義務が解除されることもあり得る．

また，現代の医療介護現場では，IT化や分業化・チーム化によって，非常に多くの人々が患者や利用者の情報・診療録にアクセスできるため，個人情報を厳格に守ることは，ますますむずかしくなってきている．

さらに，在宅医療の現場においては，医療・介護従事者が通常では入ることのない他人の家庭に入り込むため，患者本人および家族の多くの個人情報にふれることになる．それは，医療・ケアに必要な情報(医療関連情報)から，家族や個人にかかわる直接医療・ケアに関係のない情報にまで及ぶ．これらの情報が不必要に外部に流出することは，患者(利用者)および家族に対する権利侵害となる．しかし，実際，患者本人の身体状況だけでなく，経済的状況・家庭環境や家族の人間関係にかかわる情報なども，ケアをするにあたって必要になることもある．

2）「個人情報保護法」施行時の混乱

2005年4月に施行された「個人情報保護法」に対しては，当初，過剰な反応が起こり，医療介護の領域に混乱がみられた．たとえば，「患者や利用者を公衆の前では名前でよんではいけないのか」「病室やベッドに患者や利用者の名前を書いてはいけないのか」「他からの電話での，患者や利用者についての情報問い合わせには，いっさいしないほうがよいのか」「本人あるいは家族でなければ，利用者の医療情報は，ケアマネには伝えてはいけないのか」などの疑問が呈され，混乱が起こった．

しかし，個人情報保護法は，個人情報を「保護」するだけでなく「共有」することによって，患者や利用者の人権に配慮し，医療や介護の質を向上させることがその本来の目的である．

以下，個人情報保護法の基本構造を外観し，適切な個人情報保護の手順について学んでみたい．

3）守秘義務と個人情報保護の関係

守秘義務と個人情報保護は重なる部分はあるが，秘密と個人情報とは異なり，法的規定も異なる．前節のように「秘密」とは，少数にしか知られていな

い事実で，他人に知られることが本人の不利益になるものであり，「個人情報」とは個人情報保護法第2条により，「生存する個人の情報であって，情報に含まれる氏名・生年月日等により特定の個人を識別できる情報」を指す．

医療や介護の実践に際しては，患者や利用者の疾病・身体的状況・生活状況・家庭環境・経済状況，それらに沿ったケアプランや提供されたサービス内容など，広い範囲の多くの個人情報が含まれている．とくに，介護施設や在宅医療においては，本人の日常生活に密接にかかわるため，利用者本人および家族，関係者の個人情報を知る機会が多く，それらに配慮することが権利擁護につながることになる．

4）個人情報保護法の枠組み

医療や介護を実践するにあたっての個人情報保護についてのルールは，2005年4月に施行された「個人情報保護法」および「医療介護事業関係者における個人情報の適切な取り扱いのためのガイドライン」に示されている．その主な内容は，(1)個人情報の保護と，(2)個人情報の本人への開示からなり，また，(1)の個人情報の保護は，「目的外使用の禁止」と「第三者への提供禁止」が2本の大きな柱である．

(1) 個人情報の保護

　a) 利用目的の特定（第15条）

個人情報は，本人の治療やケアという目的で使用され，医療ケアチーム内で共有する場合は，とくに大きな問題はない．

　b)「目的外使用禁止」とその除外規定（第16条）

本人の治療・ケア以外の目的で使用される場合には，目的外使用となる．目的外使用する場合には，本人の同意が必要である．また，本人の同意がなくても目的外使用ができる除外規定は，＜人の生命，身体または財産の保護に必要な場合であって，本人の同意を得ることが困難であるとき／公衆衛生の向上のためにとくに必要がある場合／法令で定めた義務を遂行する場合＞である．

　c)「第三者への提供禁止」とその除外規定（第23条）

医療ケアチーム以外の人が利用する場合には，第三者提供となる．第三者提供の場合には，本人の同意が必要である．

たとえば，A病院の患者がB介護施設に移るとき，本人に関する情報を提供する際には，あらかじめ本人の同意を得る必要がある．これは，第三者提供は原則として本人の同意を得ることが必要とされているからである．また，学会誌などの論文において，本人の写真を掲載する場合も，個人を識別できるものであれば個人情報となり，第三者の閲覧に供するのであれば，本人の同意が必要となる．

　また，本人の同意がなくても，第三者提供ができる除外規定は，〈人の生命，身体または財産の保護に必要な場合であって，本人の同意を得ることが困難であるとき／公衆衛生の向上のために特に必要がある場合／法令で定めた義務を遂行する場合〉である．

(2) 個人情報の本人への開示（第25条）

　患者の個人情報は，本人の求めに応じて，本人に開示されなければならない【本人に対する開示の義務】．したがって，カルテなどに記載されている医療情報は原則として，本人に開示されることになる．

　以上のように，特定の個人を識別できる情報である「個人情報」は，本人の治療やケアという目的で使用され，医療ケアチーム内で共有する場合には，いままでと同様，とくに問題は生じない．しかし，「目的外使用する場合」，および「第三者に提供する場合」には，原則として本人の同意が必要である．この個人情報保護法の基本的ルールをしっかり押さえておけば，過剰に反応する必要もないであろう．個人情報保護法は，個人情報を「保護」すると同時に「共有」することによって，患者や利用者の人権に配慮し，医療や介護の質を向上させることがその本質であることを忘れてはならない．

3．行動コントロールの倫理
1)「行動コントロールの倫理」とは

　「行動コントロールの倫理」とは，認知症の進行による行動障害（攻撃性・興奮状態・徘徊など）が出現した場合，身体拘束や薬剤により，認知症の人の行動をコントロールすることは倫理的に許されるのかどうかという問題を扱う．では，身体拘束などの物理的抑制と，薬物による行動コントロールは異なるのか，あるいは，施設における行動コントロールと，病院における術

後などの行動コントロールとは異なるのかなどについて，以下，考えてみたい．

2）なぜ，「行動コントロールの倫理」について考えなければならないのか

日常のケアにおいて，落下の危険性が高い高齢者を，その危険から守るためベッドに柵をつける，縛っておく，あるいは転倒の危険がある高齢者を，人員が手薄なときに，ベルトつきのいすに座らせておくといった場面にしばしば遭遇するが，このような高齢者の行動をコントロールする行為は，だれもができる限り避けたいと考えていることも事実である．しかし，転倒や落下の事故に際して，施設側が訴えられて多額の損害賠償を請求される判決がなされている現状をかんがみると，拘束・抑制がよくないこととは分かっていても，施設側はどうしても防御的になり，何とか転倒・落下の危険を減らすために対策を講じなければとジレンマに直面することになる．介護職も，普段一所懸命ケアをして転倒を防ぐ努力をしていても，ちょっと目を離したすきに高齢者が転倒してしまい，裁判に訴えられて法的責任を問われることに納得がいかないケースもあるであろう．

また，最近の認知症の人の徘徊による踏切事故でも，徘徊事故を防がなかった家族に過失責任を認め，家族に対して損害賠償を請求するという判決があり，家族会などからは「認知症の人を縛っておけというのか！」と強い抗議の声が上がった．このように，行動コントロールに関する問題は，認知症の人々および家族にとってだけでなく，医療介護専門職にとっても，たいへん重要な問題であるといえる．

3）倫理的ジレンマ（倫理的価値の対立・倫理原則の対立）

倫理的には，拘束は尊厳に反する行為であることが多い．しかし，認知症の人々の安全性は大切であり，とくに，脆弱な高齢者にとって，転倒・骨折は今後の医学的予後に，ときにはその生命予後に，重大な影響を及ぼすことになる．

行動コントロールの際には，しばしば倫理的価値の対立がみられる．この2つの倫理的価値の対立が倫理的ジレンマとなる．具体的には，「拘束から自由になることはよいことである」という倫理的価値と，「転倒・骨折のリスクを減らすことはよいことである」という倫理的価値の対立である．

また，拘束からの自由は，倫理原則である「自律尊重原則 Autonomy」にかかわる．そして，転倒のリスクを減らすことは骨折を予防し，「善行原則 Beneficence」にかなうことになる．したがって，これら2つの倫理的価値の対立は，自律尊重原則と善行原則の対立と言い換えることもできる．これらの倫理的価値のうち，どちらがより重要なのかを，それぞれのケースの個性や特徴に応じて比較衡量して，今後の対応を考えることになる．

4）身体拘束の弊害

本人の意に反した拘束をすることによって，身体的・精神的・社会的弊害を引き起こすことになる．

(1) 身体的弊害

身体拘束は，不必要に運動を制限し，筋力低下・関節の拘縮・食欲の減退および脱水・褥創などが起こる．また，心肺機能の低下や感染症への抵抗力の低下は医療・投薬の増加につながり，結果として生活の質(Quality of Life；QOL)の低下を引き起こす．さらに，二次的な身体的障害として，筋力低下→歩行能力の低下→さらなる転倒の危険の増加が起こる．また，拘束を無理に外そうとして転倒し，打撲・挫創などの外傷を引き起こし，抑制帯による圧迫絞扼や嘔吐物による窒息なども起こり得る．

(2) 精神的弊害

高齢者本人にとって，拘束は大きな精神的ストレスとなり，怒り・恐怖・不安・混乱・屈辱・錯乱・諦観などの心理的感情的害悪をもたらす．また，興奮状態の悪化や認知症の悪化の原因ともなる．家族や施設職員にとっても，罪悪感・後悔・屈辱などの感情的害悪の原因となり，介護専門職としての誇りの消失・職員の意欲低下・虐待行為に対して慣れ鈍感になるという困った事態を生じる．

(3) 社会的弊害

介護施設に対する社会的不信感や偏見を生じ，高齢者の老年期に対する不安をあおってしまう．

5）拘束に関する法律

拘束抑制などの行動コントロールは，倫理原則に反するだけでなく，法律も，憲法第18条，憲法第31条，刑法第220条で，何人も自由を奪われない

ことをうたっている．

また，介護保険法第87条，指定介護老人福祉施設の基準に基づく省令により，「指定介護老人福祉施設は，サービスの提供に当たっては，当該入所者又は他の入所者等の生命又は身体を保護するため緊急やむを得ない場合を除き，身体的拘束その他入所者の行動を制限する行為を行ってはならない」と規定している．

そして，身体的拘束が緊急やむを得ない場合として，3つの要件【切迫性】【非代替性】【一時性】が示されている．

6）薬物による行動コントロール

認知症の人の行動障害に対処するために，精神安定剤などの行動をコントロールする薬剤がしばしば使用されるが，その際には，以下の点に留意する必要がある．

①適切な「尊厳に配慮したケア」がすでに実施されているか？

②その人に合った環境が整備されているか？：環境とは，社会的・物理的環境だけでなく，感情に配慮した心理的環境（接し方）も含まれる．

③薬物使用の目的を明確にする：目的は本人のQOLの改善か？ 家族のQOLか？ それとも介護専門職のQOLの改善か？ 原則的には，本人のQOLの改善であることが望ましい．

④適切な使用法（量）か？：「多剤併用・過剰投与はないのか」「薬物が残存認知機能をさらに悪化させていないか」「副作用が起きていないか」．

薬物使用の目的となる兆候を明確にする．そして，少量から開始し，効果・副作用をモニターする．

7）病院における身体拘束

介護保険法で身体拘束が禁止されている介護施設とは異なり，病院では，術後などに身体拘束がなされることが多かったが，以下の一宮身体拘束事件の判決で，病院においても，身体拘束は最小限であるべきとされた．

(1) 事件概要

入院中の80歳女性．意識障害の症状もあり，何度もベッドから起き上がろうとし，危険を感じた看護師がひもつきの手袋を使って，約2時間にわたって拘束した．女性は手袋を外そうとして，手首などに軽傷を負った．不必要

な身体拘束で心身に苦痛を受けたとして，女性の家族が，病院を経営する医療法人に損害賠償を求めた事件である．

(2) 判決

1審判決は，「拘束以外に危険を回避する手段はなかった」などとして違法性を否定．2審判決は，医療機関による場合であっても，必要最小限の範囲内に限って許されるものであり，切迫性，非代替性，一時性の要件を判断要素とする．「重大な傷害を負う危険があったとは認められない」などとして，拘束を違法と判断．

(3) 最高裁判決

「患者は腎不全の診断を受けており，薬効の強い向精神薬を服用させることは危険であると判断されたのであって，ほかに転倒，転落の危険を防止する適切な代替方法はなかったというべきである……拘束時間は約2時間にすぎなかった……その転倒，転落の危険を防止するため必要最小限度のものであった」と，看護師らが，転倒，転落により患者が重大な傷害を負う危険を避けるため緊急やむを得ず行った行為であって，不法行為法上，違法であるということもできないとした．

8）転倒のリスクマネジメント

拘束・抑制などの行動コントロールを減らすためには，転倒・落下事故に関するリスクマネジメントを適切に実施することが重要である．

患者や入所者が転倒・落下した場合，病院や施設に過失があれば，法的責任を問われ，損害賠償が請求されることになる．過失は，その転倒・落下の可能性を予見できたのにしなかったという「予見義務違反」と，転倒・落下を回避する対応をとらなかったという「回避義務違反」があるときに認定される．しかし，転倒があったからといって，常に訴えられて裁判になるわけではなく，本人や家族とコミュニケーションを十分にとり，誠実な説明や謝罪をし，適切なリスクマネジメントをすることによって，よい方向に解決することも多い．

9）尊厳と行動コントロール

認知症の人々の行動を本人の意に反してコントロールすることは，「尊厳に反する行為」「人としての価値をおとしめる行為」になる．「人としての価値

をおとしめる行為 Personal Detraction；PD」とは，認知症ケアマッピングにおける「権限を与えない」「訴えを退ける」「もの扱い」「無視」「無理強い」「ほっておく」「妨害する」などに相当する．したがって，例外3原則【切迫性】【非代替性】【一時性】に該当する場合でも，以下の点について常に考慮することが望ましい．

　①拘束の必要性と限界について考える
　②転倒原因の評価・検討
　③拘束を使用しなければならない際に留意すること
　　ⅰ）その人の尊厳に対して配慮しているか
　　ⅱ）その人の自律（自己決定権）に対して配慮しているか
　　ⅲ）その人の幸福 well-being に配慮しているか
　　ⅳ）その人の自立に配慮し，適切な支援をしているか
　④定期的な再評価；拘束が不要と判断されれば早急に外す

4．成年後見制度

　成年後見制度は，法定後見制度と任意後見制度からなる．法定後見制度は，すでに判断力が不十分な人の保護を図る制度であり，任意後見制度は，将来の判断能力の低下に備えるための制度である．しかし，成年後見制度を利用している人でも，日用品の買い物など日常生活に関する行為は単独でできるため，必要以上の行為制限を課すのではなく，本人の意思を尊重する姿勢が大切である．

1）法定後見制度

　法定後見制度は，現状においてすでに事理弁識能力がないか，あるいは減退している人を支援する制度である（表4-2，図4-3）．民法第858条に，法定後見制度について「成年後見人は被後見人の生活・療養看護・財産管理に関する事務を行う」と規定されている．「後見」は事理弁識能力がほとんどない場合であり，「保佐」はいちじるしく不十分な場合，「補助」は不十分な場合であり，財産管理および身上監護に関する法律行為（診療契約や介護保険契約の締結，その報酬の支払いなど）を後見人（保佐人・補助人）が代わって行うことができる．

表4-2　成年後見制度

	任意後見制度	法定後見制度		
		補助	保佐	後見
判断能力	今は判断力あり	判断力が不十分	判断力が著しく不十分	判断がほとんどできない
本人の同意	○	○	○	×	×
代理行為	あらかじめ定めておいた，自己の生活，療養看護および財産上の管理に関すること	申し立て時に選択した特定法律行為および重要な法律行為	申し立て時に選択した特定法律行為	重要な法律行為	すべての法律行為
			重要な法律行為		
支援する者	任意後見人 任意後見監督人	補助人 （補助監督人）	保佐人 （保佐監督人）	成年後見人 （成年後見監督人）

出典）稲葉一人，箕岡真子，supple編集委員会編：事例でなっとく看護と法．メディカ出版，東京(2006)．

改正前	改正後
禁治産者	被後見人
準禁治産者	被保佐人
戸籍記載	・戸籍記載の廃止 　（差別をなくすため） ・成年後見の「登記」制度を採用
	「補助」「被補助人」の新設

差別をなくすために，用語の改正や戸籍記載が廃止になった
出典）稲葉一人，箕岡真子，supple編集委員会編：事例でなっとく看護と法．メディカ出版，東京(2006)．

図4-3　成年後見法の改正点

【特定法律行為と重要な法律行為】

- 特定法律行為：本人の生活，療養看護及び財産の管理に関する法律行為全般を指す．要介護認定の申請や介護保険契約の締結などが含まれる．
- 重要な法律行為：民法第12条第1項で規定されている以下の行為を指す（たとえば，金銭の貸借，贈与，和解，訴訟，相続，不動産や家屋等に関すること）．

【本人意思の尊重と身上配慮義務】

「任意後見契約に関する法律」の第6条に，「本人の意思を尊重し，かつ，その心身の状態及び生活の状況に配慮しなければならない」とされている．

民法第858条には，「成年後見人は，成年被後見人の生活，療養看護及び財産の管理に関する事務を行うに当たっては，成年被後見人の意思を尊重し，かつ，その心身の状態及び生活の状況に配慮しなければならない」と規定されている．

2）任意後見契約に関する法律

「任意後見契約に関する法律」は，2000年4月介護保険法と同時に施行された．それは，介護保険契約・施設入所契約・診療契約などは法律行為のため，本人の契約締結に関する判断能力（事理弁識能力）が必要だからである．この法律は，認知症などによる将来の意思能力の減退に備えて，元気なうちに，事前に，自分の意思（任意）で，後見人の選任および代理行為の内容を決定し，契約をする任意後見制度について定めている．

任意後見人は，あらかじめ本人が定めておいた法律行為（たとえば，介護保険契約締結・診療契約締結・貯金の管理・不動産の売買など）を代わって行う．ただし，治療方針決定や終末期（ターミナル）医療における意思決定に関する事項は，代理権の内容に含まれないと考えられている．任意後見人は，親族だけでなく，第三者（たとえば，弁護士，司法書士，役所の職員）でもなることができる．

3）成年後見人の医療同意権

現時点の通説では，法的には，成年後見人には医療に関する同意権はないとされており，身寄りのない認知症高齢者に手術などの侵襲的医療行為が必要な場合には，医療者も施設もどうすればよいか困惑してしまう（法的には，同意があって初めて侵襲的医療行為の違法性が阻却される）

しかし，同意する人がいないという理由だけで，医療を受ける権利がないがしろにされてよいということにはならない．実際，医療者は，現時点でも成年後見人に対して医療の同意を求めており，また，多くの成年後見人も医療同意をしている．成年後見人の医療同意については，今後の法整備などが望まれる．

IV. 高齢者虐待の未然防止；一次予防

1. はじめに

　高齢者虐待の予防を図るうえでは，全体的かつ計画的に取り組むことが重要である（図4-4）[12]．

　一次予防は，虐待を未然に防ぐために地域全体で介護者と本人を支えるとともに，発生前のささいな変化を見守り，予兆を察知する．二次予防は，虐待が軽度な段階で早期に発見し，発生した際に悪化した際，高齢者虐待防止法に基づき効果的な対応が図られる段階である．三次予防は，対応後に再発を防止し，他団体と連携し問題解決に向けて働きかけを行う段階である．本節では，高齢者虐待防止法の対応以前に支援者が行うべき対応とその考え方について検討を行う．

2. 社会の問題として虐待の未然防止を考える

　高齢者虐待防止法では，市町村自治体が対応の中心的役割であると明記されたことにより，家庭内の虐待を介護する家族個々の問題としてではなく，地域社会全体の問題としてとらえることを促している．そして，市町村並びに直営の地域包括支援センターは，家庭内への立ち入り権限を有し，介護者を支援する義務を有している．これにより，市町村はその地域全体に高齢者虐待を発生させないという周知に向けた「メッセージ」を発信し，具体的に家族介護者を見守り，支援し，高齢者虐待の未然防止に向けた関係団体の「ネットワーク」を構築することが求められているのである．こうした市町村を中心とした地域や関連団体への働きかけが，「一次予防」として位置づけられる．高齢者虐待の「一次予防」の現状としては，対応窓口の設置等の整備や住民への周知は進んでいるが，住民や保健医療福祉関係機関との見守り・介入ネットワークや警察等との協議連携についてはまだ未設置の市町村が多いことが明らかになっている（図4-5）[4]．

3. 高齢者虐待防止法の限界とそれぞれの役割

　高齢者虐待防止法は，高齢者虐待の定義，国や地方公共団体の責務，虐待

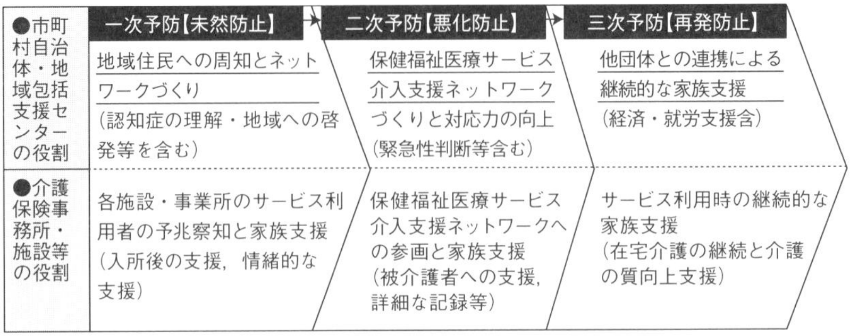

	一次予防【未然防止】	二次予防【悪化防止】	三次予防【再発防止】
●市町村自治体・地域包括支援センターの役割	地域住民への周知とネットワークづくり（認知症の理解・地域への啓発等を含む）	保健福祉医療サービス介入支援ネットワークづくりと対応力の向上（緊急性判断等含む）	他団体との連携による継続的な家族支援（経済・就労支援含）
●介護保険事務所・施設等の役割	各施設・事業所のサービス利用者の予兆察知と家族支援（入所後の支援，情緒的な支援）	保健福祉医療サービス介入支援ネットワークへの参画と家族支援（被介護者への支援，詳細な記録等）	サービス利用時の継続的な家族支援（在宅介護の継続と介護の質向上支援）

加藤伸司，矢吹知之：家族が高齢者虐待をしてしまうとき．ワールドプランニング，東京(2012)をもとに作成．

図 4-4　高齢者虐待の段階的な予防

を受けた高齢者に対する保護のための措置，介護する家族等への支援のあり方が定められた法律である．「家族介護は家族の責任でするべき」という従来の家族的機能(ファミリズム)から離れ，支援が必要か否かの判断を家族以外の他者である市町村が行い介入できることを意味している．すなわち，介護やそれに伴う虐待発生と対応は，個人の問題ではなく，国・地方自治体の責任との明らかな主張である．

　そして，法が整備されたことでなにが虐待であるのかが明確化されたと同時に，「虐待かもしれない」(法では，「虐待を受けたと思われる高齢者」)という疑いを発見した段階での専門職者の通報義務，そして地域住民の努力義務が虐待発生の抑止力として機能することが期待された．しかし，法施行後に虐待が減少したのかといえば，毎年報告されている法に基づく状況調査結果では，相談通報件数・判断件数共に増加傾向にある．さらに，虐待か否か，援助が必要か否かの判断，虐待者が虐待を認めない場合，またはセルフネグレクトのように被虐待者が助けを求めない場合等の判断を悩ます事例や，早期の虐待判断に至らないケースも少なくない(図4-6)．

　このように虐待事例が増加し複雑化している現状では，限られた人員のなかで担当する市町村職員は，対処的に発生後の対応に奔走されてしまう．「一次予防」として重要なことは，「高齢者虐待」の発生そのものを減少させるための「養護者支援」を軸足にした各関係機関のネットワーク構築と，ネット

第 4 章　高齢者虐待の未然防止と対応の方法

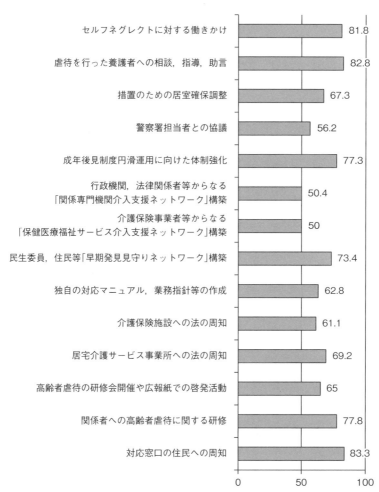

出典）厚労働省老健局高齢支援課認知症・虐待防止対策推進室(2015)「平成25年度高齢者虐待の防止，高齢者の養護者に対する支援等に関する法律に基づく対応状況等に関する調査結果」(http://www.mhlw.go.jp/stf/houdou/0000072782.html)．

図 4-5　市町村における体制整備等に関する状況

ワークにかかわる専門職からの直接介護者と地域に向けた積極的な働きかけである．

　法では，「一次予防」に当たる発生の未然防止の具体的な方法については示

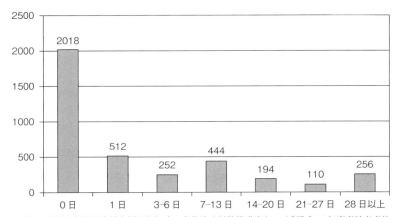

出典）厚労働省老健局高齢支援課認知症・虐待防止対策推進室(2015)「平成25年度高齢者虐待の防止，高齢者の養護者に対する支援等に関する法律に基づく対応状況等に関する調査結果」(http://www.mhlw.go.jp/stf/houdou/0000072782.html).

図4-6　相談・通報の受理から虐待確認までの期間

されていないものの，防止等については，第3条，国および地方公共団体による虐待の防止や養護者支援のための体制整備や連携，第4条，国民の施策協力の努力義務などが該当する．すなわち，発生防止に向けた地域への啓発，教育，周知，そして関係団体と地域の組織や団体との事前の連携やネットワークづくりを求めている．また，第6条では養護者による虐待防止のための指導および助言について，第7条では，虐待を発見した人の通報義務と通報者保護が明記されている．これは，通報を促進することを表し，虐待発生の抑止力とし期待されるところである．

　本節では，虐待の未然防止についての取り組み，いわゆる「一次予防」の方法を，表4-3に示す2つの視点で述べていく．1つ目は，虐待対応と防止の一義的責任を有する市町村自治体や地域包括支援センターが行う，地域への虐待の発生予防に向けた働きかけと体制づくり，2つ目は，介護保険施設・事業所等が提供するサービス内で行われる，家族支援と予兆察知の方法についてである．

表4-3　高齢者虐待の未然防止(一次予防)の関係機関の役割

高齢者虐待の未然防止(一次予防)	
市町村自治体，地域包括支援センターの役割	介護保険事業所等の役割
①高齢者虐待防止法の周知 ②認知症と家族介護者に関する理解・啓発，教育 ③関係者・団体のネットワークの構築 ④介護者を取り巻く社会的孤立・貧困防止に向けた取り組み ⑤本人の声を地域住民に伝える	①訪問看護による家族支援と情緒的支援 ②訪問介護，訪問入浴による早期支援による予兆察知 ③通所介護，通所リハビリテーションによる継続的な家族支援と予兆察知 ④短期入所サービスの家族支援と予兆察知 ⑤特別養護老人ホーム等入所施設の家族支援 ⑥地域包括支援センターとの連携とケアマネジメントの質向上

4．市町村自治体，地域包括支援センターの未然防止の役割
1）高齢者虐待防止法の周知方法

　どのような状態が虐待であるかを，専門職ではない一般の地域住民が判断することはむずかしい．在宅介護は，家庭のなかという親密な関係の「密室」で行われている．その行為が愛情によるものか，通常の営みであるのか，ほかに代替方法がない行為であるのかは，その家庭によって異なる．とくに，高齢者虐待防止法で規定される虐待には，「身体的虐待」や「性的虐待」のような明らかな犯罪行為と合わせて，「心理的虐待」「介護放任・放棄」「経済的虐待」が併記されており，後者の3類型に至っては，家族内・家族であるがゆえに許される範疇が異なることもあるためである．たとえば，夫婦喧嘩であるのか虐待であるのかという判断や，認知症の人が「ご飯を食べさせてくれない」「なにもしてくれない」と近所の人に訴えたとき，訴えられた人はどのように判断したらよいであろうか．とくに，認知症の人の場合，本人の訴えが認知症による記憶障害がもたらしていることや，被害妄想が影響していることもある．高齢者虐待に関する相談通報者の内訳をみてみると，約4割が介護支援専門員(ケアマネジャー)，介護保険事業所職員，医療関係者の高齢

表 4-4　相談通報者の内訳（複数回答）

	介護支援専門員	介護保険事業所職員	医療機関従事者	近隣住民・知人	民生委員	被虐待者本人	家族・親族	虐待者本人	当該市町村行政職員	警察	その他	不明（匿名含む）	合計
人数	8,795	1,810	1,412	1,321	1,252	2,603	3,245	457	2,096	3,488	1,596	69	28,144
%	31.2	6.4	5.0	4.7	4.4	9.2	11.5	1.6	7.4	12.4	5.7	0.2	100.0

出典）厚労働省老健局高齢支援課認知症・虐待防止対策推進室(2015)「平成25年度高齢者虐待の防止，高齢者の養護者に対する支援等に関する法律に基づく対応状況等に関する調査結果」(http://www.mhlw.go.jp/stf/houdou/0000072782.html).

者介護の専門職である．地域の見守りの役割として期待される民生委員や地域住民は合わせても1割程度にしかならないが，これは一般の地域住民は虐待に気づきにくいという解釈ではなく，前述のような場合の虐待か否かの判断がむずかしいため，相談・通報に至っていない，もしくは相談先が分からないと考えたほうがよいであろう（表4-4）．

第7条（養護者による高齢者虐待に係る通報等）では，「虐待を受けたと思われる」場合も通報する義務があることが明記されていることからも，明らかな虐待ではなくとも，疑いの段階で相談・通報を行うよう地域住民によりいっそう周知を図ることが求められる．その場合，「通報」を強調するのではなく，「相談」を強調することが大切であろう．また，どこに相談すればよいのかについて，周知・啓発を十分に行うことが求められる．

2）本人からの発信，認知症・介護者の理解の啓発，教育

認知症の人本人の声がなによりも有効である．初期の認知症の人で，自らの想いや体験を語ることができる人からの発信は，地域住民が「認知症になるとなにも分からなくなる」という認識から脱却することで，地域が大きく変わる契機となりうる．認知症の人は，なにも分からない人，困った人と地域の住民が認識していると，虐待の相談・通報は進まない．先述したとおり，認知症の人の「ご飯を食べさせてもらえない」「お金がない」などの訴えを，「あ

の人はなにも分からないから」「すぐ忘れてしまうから」という認識でとらえてしまうことで，問題が表面化しないこともある．一方，その訴えをすべてうのみにして，「あの家族はひどい」「虐待をしているのではないか」と疑ってしまうことは，介護をする家族を深く傷つけ，地域のなかで孤立化させる要因にもなる．このことから，地域住民には，認知症の症状と介護者のつらい状況について正しい理解と認識を図るための機会が必要である．被虐待者の半数が認知症を有している実態も，在宅における認知症介護の困難さを示している．とくに，高齢者が高齢者を介護する老老介護の世帯，配偶者のいない子供が親を介護する世帯など，副介護者や助けてくれる親族不在の現代においては，地域のなかで認知症の理解が大きな助けになり，在宅介護の継続のためにはそれが不可欠である．地域全体が共通の認知症の理解をし，同時に家族支援の機運を高めていくことは大きな力になることから，啓発的な講演会や研修会が定期的に開催されることが望ましい．

3）関係者・団体のネットワーク構築と教育

(1) ネットワークの役割と機能

虐待は，地域からの孤立により密室性の高い状況におかれることで，家庭問題ではすまない重大な虐待事例になりやすいことが明らかになっている．法に基づく状況調査における虐待事例では，虐待者が配偶者の場合，7割以上が「夫婦のみの世帯」であり，「息子」「娘」が虐待者の場合は，約半数が他の同居者がいない．つまり，その背景には密室化があり，「虐待者と被虐待者のふたり暮らし」世帯で虐待が起こる場合が多いことが明らかになっている．こうした状況から，虐待を発生させない関係者の協力体制とネットワークがあること，そして介護者を地域から孤立させないネットワークがあることは，一次予防として必須の事項である．

まず，虐待防止ネットワークである．第3条では，国および地方公共団体は，高齢者虐待の防止および高齢者虐待を受けた高齢者の保護に資するため，「関係省庁相互間その他関係機関の連携強化」「民間団体の支援その他必要な体制整備」に努めること，第16条では，「老人介護支援センター，地域包括支援センターその他関係機関，民間団体等との協力整備」による連携協力体制の構築が示され，虐待防止に向けたネットワーク整備・構築を市町村自治

表4-5　虐待防止ネットワークの内容

①連携強化や役割の明確化を図るための年数回の関係団体の会議
②メンバーによる地域の情報共有
③地域の課題解決に向けた検討
④パンフレットや講演会などによる地域住民への啓発
⑤メンバーや関係者への研修
⑥防止に向けた人的資源，社会資源の開発
⑦虐待に対する判断基準や客観的指標，記録様式の共有　など

体に求めている．虐待防止ネットワークの役割は，関係機関が虐待について共通の認識をもち，虐待の相談通報時，事例に対して迅速に効果的で質の高い対応が行われるために設置される．具体的には表4-5が考えられる．

　このように，具体的な対応よりも体制づくりと基盤づくりが中心となり，その役割は，地域で虐待が発生するリスクを軽減する体制づくりとなることから，高齢者虐待防止ネットワークはなくてはならないものである．そこで，重要なことは，虐待の判断を行う際に中心となる職員やネットワークメンバーが，「虐待とはどういう状態をいうのか」という「虐待判断基準」の共通認識をもつことである．実際の在宅の虐待事例をみると，単純に法の定義を用いて虐待であるのか否かを判断することがむずかしい事例が多い．この見解が立場やメンバーによって異なると，かりに当事者と接見した担当者が，虐待の可能性が高く早期介入が必要であると強く感じたとしても，最終的に判断する担当者のいるコアメンバー会議等で楽観的な経過観察を推奨する雰囲気がある場合には支援が遅れ，危機的な状況になるまで介入されず取り返しがつかない事態を招くこともある．すなわち，「正常化への偏見(normalcy bias)」が働き，初動が遅れてしまうのである．「正常化への偏見」は，異常な状態を示す情報について日常生活や既存の解釈枠組みに当てはめ，事態の異常性を認めようとしない傾向のことであり，第三者の視点に乏しい固定化した組織に多くみられる傾向である．これでは，予防的機能を果たさず虐待事例は減少するどころか，顕在化してからの対応にとどまり，虐待件数はかえって増加していくであろうし，最悪の事態を招いてからの行動になるおそれもある．いわゆる，「初動の遅れ」である．こうした事態から脱却を図るために

は，現状を見分けることのできるリーダーの存在，多くの情報を集約する能力と判断機関の整備，平常時からの発生時の準備と状況を想定した訓練が必要である．家族やそれを取り巻く地域社会の現状を見据えると，もはや高度成長期の通念的な家族のあり様の回復は唯一の目標ではない．この事実を直視し，虐待対応担当となる部署の職員や関連する団体職員による教育研修は繰り返し行うことが求められる．虐待防止ネットワークメンバーが家族を支援するための虐待の「判断基準」の統一を図ることを目的とした研修を行うことから始めなければならないであろう．

(2) 地域住民ネットワーク形成と育成

地域包括ケアシステムが目指す理想からいえば，地域全体で家族介護者や認知症の人を支えるネットワークを形成することが望ましい．しかし，虐待という社会的犯罪として取り扱われる事象については，とりわけ注意が必要である．地域活動に住民が積極的に参加するためには，住民の意識の「全員一致」が求められるが，これが実現するためには，その地域に危機意識が芽生え，「ケア」が展開されることが必要であると過去の歴史が物語っている[13]．欧米でエイズが流行した際には，ゲイ・コミュニティで身体的ケアや経済的助け合いを行うネットワークが強化されたことで可視化したといわれている[14]．わが国でも，阪神淡路大震災を契機にボランティアという概念が成立し，そのネットワークが生まれたことにもあるように，大きな災害やその地域で虐待の死亡事例が発生することで，地域の問題としての活動が生起するのである．このことから，地域のネットワーク化を図る際に，高齢者虐待をその「地域に潜む問題」と扇動し，「早期発見・見守りネットワーク」を構築することは避けなければならない．虐待を「悪」としてとらえた場合，それを排除しようとする「正義感」が働き，ともすれば介護する家族を追い込み，より孤立させ，虐待を潜在化させてしまうおそれも伴う．

「早期発見・見守りネットワーク」に求められるのは，介護者への気遣い，そして介護者・本人に対する周囲からの「承認」である．したがって，まったく新たにこうしたネットワーク組織を形成するのではなく，既存の民生委員，自治会，町内会，ボランティア，NPOなどの社会資源を活用し，そのつながりをもつ場を「家族支援」を軸足にしたネットワークとする必要がある．機

能はあくまで住民主導であり，声かけの実施や学習機会の確保，介護者や認知症の人の居場所づくりを行い，虐待の防止よりも介護者・家族支援を旗印にした活動を展開するよう働きかけることが求められる．

(3) 地域関係団体ネットワーク

居宅系介護保険事業所やケアマネジメント機関，入所系介護保険事業所，医療機関は，家族介護者が日常的に接する機会も多く，もっとも近い存在といってよい．これらの機関，組織は，虐待が発生する以前の家族の変化，被介護者本人の身心状況の変化を早期から読み取る立場にあることから，一次予防ではその役割は大きい．また，警察や消防，保健所は地域住民と密接な関係にあることから，ネットワークへの参加は不可欠である．こうした関係機関の理解があることで，虐待の発生時に早期介入につながる事例は多くみられる．さらに，弁護士会や権利擁護団体，消費者センターは，法的な根拠が必要な際や地域包括支援センター，行政の介入できる範疇を超えるケースが生じた際のアドバイザーとして必要であることからも，ネットワークメンバーとして加える必要がある．

ただし，先述したとおり，「家族支援」を軸とした関係団体によるネットワークは心強くもあるが，「監視社会」をつくるおそれもはらんでいる可能性がある．私的領域である「家族」には，必ずしも公的な地域社会のルールが適用されるとは限らない[15]．「監視社会」は，地域社会のルールを強要させるために排除を招きかねず，日本に古くからある「ムラ」意識を醸成させることになりかねない．その結果，一度の過ちも許されない雰囲気は，介護者を苦しめ，認知症高齢者を家に閉じ込め，「臭いものにふた」をする風潮を作り上げてしまうおそれもあるのである．したがって，ネットワークを組織する立場にある人は，家族のルールが許される範疇を見極める共通の「ものさし」となる高齢者虐待防止法の理解を関係団体が深める機会を設け，単純に「ハイリスク家族」などというラベリングに陥らないための多角的な理解が必要である．ひいては，「尊厳の保持」についての共通認識と各組織の「役割分担の明確化」がなされるための教育の継続を行うことであろう．

(4) 介護者の社会的孤立・貧困防止に向けた取り組み

高齢者虐待が個人ではなく社会的な問題であることからも，行政が予防に

向けた社会・地域構造の変革に向けた取り組みを行わなければ，根本的な解決に向かわない．高齢者虐待による死亡心中事例は例年20件前後で推移しているが，介護や看病を苦とした自死(自殺)は，毎年警察庁が理由を把握しているだけでも300件あまりであり，虐待による死亡心中事例の約10倍にも上る[16]．さらに，介護をしながら働く人は2012年10月時点で291万人おり，介護や看病を理由にした離職は2011年10月から1年間で年間10万人を超え，その後再就職ができた人は3割程度であるという報告もある[17]．かりに，理由が介護であったとしても，介護者が年金の支払いを滞った場合は給付額にも影響を及ぼすことから，精神的，経済的にも不安は多く，介護者自身の将来に影響を及ぼすことは明らかである．また，晩婚化が進み，生涯未婚率は男性で20%であり，その息子介護者による親への虐待がもっとも多いという調査結果は皮肉である．結婚をしていない息子や娘が介護を理由に離職した場合には，息子や娘による親への経済的依存，親による子どもへの心理的な依存など，お互いに依存し合い，密室性は高まっていくことは明らかである(第2章-Ⅰ参照)．息子はよかれと思い懸命に介護をしているにもかかわらず，地域や社会から孤立していることから，正しい介護の知識や介護サービスが得られないばかりか，周囲から正当な評価が得られない．場合によっては，「結婚もしないで大丈夫かしら」「息子の介護は危険だ」と地域からささやかれ，より社会的孤立を増長することも考えられる．結果，事態は深刻化していく．

　高齢者虐待は，高齢者虐待防止法によって定められたことによって，こうした事態を家族個々の問題や介護者の性格・資質の問題としてとらえてはならないと明確化されたことは先述したとおりであり，この状況をもたらす要因として，その介護者がおかれた地域全体，社会構造がもたらした問題として考えていく必要がある．

　このような，介護者を孤立させない地域全体，社会構造の変革には，地域包括支援センターや市町村自治体の虐待対応担当者だけの努力では解決することはむずかしく，市町村首長が先頭になり，都道府県並びに市町村行政の責任として総合的な取り組みがなされなければならない課題である．これまで述べたことは，すべて喫緊の課題として，表4-6に示す地域社会構造に

表4-6 介護者の社会的孤立防止に向けた取り組み

働きながら介護ができる職場環境整備
介護を理由にした離職を防止するために，企業や団体に介護休暇の理解促進や拡大を公的働きかける
団地等のニュータウンへの対策(コンパクトなコミュニティ)
社会資源や環境の格差を軽減することが求められる．高齢化率上昇と支え手が不足することが予測される地域へ集いの場，買い物，娯楽等の介護をすることによる外出する機会が減少しないためのコンパクトな地域づくりの支援が必要である
社会的孤立の防止
声かけや見守りの活動の促進により社会的孤立を予防する支援体制構築．同時に，地域社会とつき合わなくてもよいという権利を保証するための専門職の積極的な訪問や知識や情報発信や取得のITの活用なども検討しなければならない．
社会資源としての地域住民への教育・啓発
認知症サポーターは，一般市民に対する認知症の知識の伝達並び啓発にとどまらず，地域と介護者，被介護者を結ぶボランティアとしての積極的な活用が求められる．

藤本健太郎：孤立社会からつながる社会へ；ソーシャルインクルージョンに基づく社会保障改革．139-148，ミネルヴァ書房，東京(2012)をもとに作成．

働きかける取り組みが行われることが期待される[18]．

5．介護保険施設・事業所による家族支援の役割

　介護保険法の目的第1条に明記されるとおり，支援の対象は第一義的にはあくまで要介護者本人であり，介護者支援にはふれられていない．当然，介護保険法に基づいて実施される各種事業でも介護者支援に対する事業は規定されておらず，通所介護や訪問介護は，副次的には介護者の一時的休息には値するものの，事業者にとってどれほど意識されているかは定かではない．地域支援事業などで開催される介護者教室や家族会は介護者支援でもあるが，参集した参加者に対する支援や周囲の理解という間接的支援にはつながるものの，参加できない状況にある家族には直接的な支援につながらない現実がある．そこで，それぞれの介護保険施設・事業所における業務上の場面で想定される役割を整理した[19]．

1)訪問看護の家族支援と情緒的支援

　医療的な対処が必要な要介護者が訪問看護を利用しており,その処置が適切ではないと生命にかかわるという危険性による家族介護者の不安感は大きく,こうした心理状態の安定と負担感軽減の役割が求められる.また,訪問看護は,医師の指示の下,利用者の申し込みがあって利用されるが,介護保険の給付枠を考慮して決定されるという制約から,十分なサービスが提供されがたいという状況も考えられる[20].さらに,専門職ではない家族介護者がたん吸引や胃ろうなどの器具や道具を使用することで,かえって介護負担を引き起こすことも考えられる.したがって,かかりつけ医や介護関係者とこまめな情報交換が行われ,介護を家族介護者1人に任せず,専門職間の連携の下に支えていく姿勢を意識的に示し,継続的に支援を行うことが大切である.また,在宅介護を行ううえで,医療関係者となる看護師による介護者への心身健康状況の助言は非常に有益であり,声かけや確認を行うことで介護者は安心感が増し,信頼関係の構築にもつながることになる.

2)訪問介護,訪問入浴の早期支援による予兆察知

　訪問介護や訪問入浴サービスは,日常生活動作の低下し始めた段階で利用する場合が多く,要介護度が重度化することにより利用頻度が多く,また「身体介護」の割合が高い.一方,要介護度が軽度であれば「生活援助」の割合が高くなる傾向がある.そのため,重度者を介護する家族の身体的負担は増加することが懸念されることから,介護者の健康や身体状況を気遣う声かけや助言を心がけることが必要である.訪問介護の「生活援助」の利用は,厚生労働省が定める算定基準では,ひとり暮らしや同居家族の疾病や障害で家事が困難な場合,もしくは「やむを得ない場合」として,介護疲れによる共倒れ等のおそれがある場合等はサービスが提供できるとされている.サービス算定基準に従えば,この「やむを得ない場合」の判断基準はなく,サービス計画を行うケアマネジャーの判断にゆだねられる.しかし,介護者自身が限界を示すことについては,現実的にはぎりぎりの状態になるまでがまんするであろうし,表出したときには深刻な状況であることが想定できる.つまり,介護者のネガティブな側面であるために潜在化し,支援が遅れる.それを防ぐためにも,介護負担感の増大の予防的観点から家族の声を初期の段階からよく

聞き，身体的なわずかな変化や予兆についての観察を行い，内在する不安要素を一刻も早く読み取ることが必要である．そのためにも，もっとも近くで介護をする現場のスタッフとの密なコミュニケーションが求められる．

3) 通所介護，通所リハビリテーションの家族支援と予兆察知

通所介護や通所リハビリテーション(以下，通所サービス)は，認知症や初期の段階から利用される．平成25年度の受給者の要介護状態区分では，要介護1および2の占める割合が6割を超えている状況である[21]．通所サービスでの支援場面は，送迎時のようす観察場面，サービス利用時の要介護者のようす，とくに入浴時の要介護者の身体状況などが想定される．送迎時に職員は家族と顔を合わせる場合が多く，家族の表情やしぐさから変化を頻繁に察知することができる存在である．認知症介護研究・研修仙台センターが行った調査においても，短時間のかかわりで感覚的な異変を8割以上の職員が察知していることが明らかになっている．また，送迎時の場面では，家族が要介護者に対するかかわり方を観察することによって，その異変を察知することが可能である．そして，送迎時の車中やサービス利用時に家族がいない場面で，要介護者が在宅生活のようすを吐露することもある．介護される側の気持ちは，介護者の気持ちと同じではないことが多く，その背景には，家族であるがゆえの葛藤が隠されている場合が考えられる．介護負担感は，1つのイベントで突如出現するのではなく，日々の蓄積が徐々に介護行為に負の影響を及ぼすことから，要介護度が軽度の段階で利用される通所サービスで，そのサインを読み取ることができれば，高齢者虐待等の事態を未然に防ぐことにつながるであろう．職員は介護者と積極的にコミュニケーションを図り，必要な情報収集の蓄積から判断することが大切である．

4) 短期入所サービスの家族支援と予兆察知

短期入所は，介護者の休息を図るうえで非常に有効なサービスである．同時に，ある程度の期間を施設側でその人の生活全体を観察できるため，要介護者の生活場面で障害となっていることや認知機能障害が生活に及ぼしている影響を観察できる機会でもある．また，認知症がある場合には，実行機能障害による失行，失認は，認知症に関する専門的なケアを提供しなければ，本人は激しく混乱し，認知症の行動・心理症状(Behavioral and Psychological Symptoms of Dementia；BPSD）を生じさせる可能性が高まり，家族介護者の負担感を増大させている可能性も考えられることから，短期入所時にその場面のアセスメントを行い，介護方法の改善を行うことが必要であろう．その結果や施設でのようすについてサービス終了時に家族に伝えることによって，その後の在宅介護の継続につながることがある．以上から，短期入所サービス職員には，短期間でのアセスメント能力と認知症介護に関する専門的知識，実践能力が求められる．

5）特別養護老人ホーム等入所施設の家族支援

　入所施設の家族介護者との接点は入所時のみとは限らず，入所待機時，入所時，入居中，それぞれでの支援が必要である[22]．予防的な申し込みも含めて，2013年時点での特別養護老人ホーム入所待機者は52万200人と報告されていることからも分かるように，待機が必要な場合が多く，ゆえに申し込みにきた際の相談員による在宅でのようすの聴き取りが優先的入所に大きく影響を及ぼすために，慎重に行わなければならない．たとえ緊急性が低くても，潜在的な不安を抱えている，言い出せない事情が潜んでいるなどの可能性を踏まえて，慎重に支援に当たることが求められている．次に，入所の決定後では，入所時に家族は入所が決まった安堵感と同時に，強い罪責感を感じることが多くみられる．この心理状態の緩和を図るためには，入居中には入所者の日々の変化や行事，制度変更等，細かな施設の状況報告が求められる．同時に，施設におけるケアの質が低いと，家族の罪責感は軽減するどころかさらに重くのしかかる．そのために，介護の質の高さを維持するだけではなく，「お便り」のような形式で，施設生活のようすを手紙やホームページなどを利用して定期的に公表することが，施設入所の罪責感の軽減につながるものと思われる．

　「あれだけ好きだった趣味のカメラに何の関心も示さなくなってショックを受けた」「料理が好きだったのになにもしなくなった」等，家族は，なにもできなくなった自分の親や親族をみて落胆するものである．「もう昔のお父さん（お母さん）ではない」「まるで抜け殻」と感じるのである．そう感じさせないために，その人のこれまでとは違う「できること」を生活のなかで見つけ，見つけたことを家族に伝えることが職員の役割であり，家族間の新たな関係

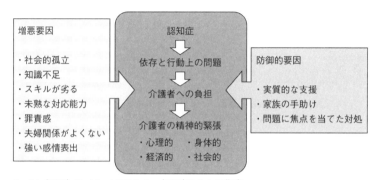

Brodaty(1977), Poulshock&Deimling(1984)をもとに作成.
図4-7 認知症が介護者に及ぼす影響のモデル

を構築するきっかけになるのである.

6）地域包括支援センターとの連携とケアマネジメントの質向上

　在宅介護では，補助介護者が不在であることが大きな介護負担の要因のひとつであることは，これまでの研究でたびたび指摘されているところである.介護者の身体的，精神的な負担は BPSD の出現によって増大し，介護者1人では在宅介護の継続をむずかしくさせる(図4-7)[23].

　たとえば，「見当識障害」により外出し，家に帰ることがむずかしくなる，いわゆる「徘徊」や，「失認」「失行」により食べられないものを口にする「異食」，「記憶障害」から火の管理ができなくなり，火事のおそれがあるようなことが頻繁に発生すると，認知症の人を自宅に1人にすることがむずかしくなり，介護者は職業生活の継続ばかりではなく，短時間の外出すらむずかしくなる.しかし，一般的に介護保険の要介護度でみると「要介護1」(立ち上がる，歩くなどの日常生活の基本動作が不安定)程度になり，介護保険内では十分なサービスを利用できず，自己負担が多くなってしまう．要介護度は，身体的な自立から見立てが行われるために，上述した認知症の症状だけでは範囲内で利用できるサービスが限られ，経済的に余裕がない場合には，介護者は最低限のサービスの選択をするであろう．介護者の社会生活や職業生活の継続を考えると，必然的に見守りが行えない時間帯が発生し，その間認知症の被介護者が外出し，行方不明になることや事故に遭うことがないよう，安全配

慮を目的として，外側から外出できないよう施錠を行わざるを得なくなる．かりに，その時間帯に介護保険を利用し訪問介護を利用したとしても，訪問介護業務終了後の介護者不在時間が発生すれば不測の事態の不安が生じることから，事業所に施錠の依頼をし，事業所は「安全配慮義務」を優先し，この行為を行うことを考えてもおかしくない．しかし，この行為は高齢者虐待防止法の解釈では行動抑制，身体拘束となる可能性が高い．虐待者は，訪問介護事業所並びにこうした介護計画を容認もしくは黙認した居宅介護支援事業所となる．2012年，神戸市で起きた虐待事例はこれと類似するケースであった．

　「家族に依頼された」ことを理由に，本人の権利侵害に当たる行動制限を行うことはできない．いかなる場合においても，介護従事者は利用者の権利を守ることはできても，それを奪う行為は許されないのである．ただし，施設での介護と同様に「例外三原則」に該当する場合，所定の手続きを行い，県への報告の義務を果たすことで，それが一次的に解除される場合もある．

　つまり，在宅において認知症の人を介護する家族を支援する場合には，家族と介護保険事業所のサービスだけで完結することは少なく，地域住民や介護保険外のサービスなどを活用し，すき間を埋めていかなければ，その継続は困難になる．高齢者虐待の「一次予防」は，「虐待をさせない」支援ではなく，「現状よりよい介護を行う」ための支援が必要である．居宅介護サービス事業所におけるケアマネジメントはこの視点で行われることが必要であり，そのための支援を検討したうえで，自事業所だけで完結できる事例は少ないことを認識する必要があろう．そのうえで，困難と思われる事例については，地域包括支援センターと連携し，インフォーマルサービスの活用や不測の事態の予防を図る体制づくりを図ることが，認知症の人と家族を守り，自事業所を護ることにつながるのである．

Ⅴ 高齢者虐待の段階的対応と再発防止；二次予防・三次予防

1．はじめに

　高齢者虐待防止と家族支援は，高齢者虐待防止法では，養護者支援として

一体的に考えられているものの，実際の対応では虐待対応が主となることが多く，「家族支援」は法に基づく虐待対応が終結した時点で同時に終結してしまうことがある．前節では一次防止である未然防止を検討した．本節では，発生後の対応である二次予防，そして再発防止の三次予防について，とくに「家族支援」を軸に検討を行う(図4-4)．また，対応については多職種連携ネットワークが求められ，支援者は複雑で混乱するところである．この点についても，予防と同様に専門性の多様さを基準に，一次対応から三次対応までの段階的な対応として解説を行う．

2．虐待の悪化防止に向けた対応方法と家族支援の役割(二次予防)

施設・養介護事業所職員による虐待の背景には，介護者の知識や技術の未熟さ，待遇や仕事内容，人間関係等の職場環境から生じるストレスなどの要因が考えられる．家族による虐待の場合，施設ではなく介護者や被介護者が生活を営むなかで発生しており，個別性が高く，密室化し背景も多様である．それゆえに，その対応にあたって，地域包括支援センターといった1つの機関のみでの対応には限界がある．たとえば，介護者本人は虐待そのもの知識がまったくない場合や，介護者が被介護者の年金なくしては生活が成り立たないような状態が，介護が始まる以前から継続していた場合はどうであろうか．このような事例では，介護問題以前に家族問題が背景となっている，または潜在している可能性が高い．高齢期の家族は，たとえ介護問題が解決しているか，それがなかったとしても健康問題をはじめ何らかの支援を要する家族であることが多い可能性が高い．すなわち，介護問題に限定せずに権利擁護，経済問題，健康問題，家庭内暴力等多様な家族問題として継続的な多職種・多機関での対応がなければ，高齢期の家族支援はむずかしいのである．

しかし，多職種・多機関がかかわるためにはそれぞれの役割が整理されていなければ効果的な支援にはつながらず，かえって対応の遅れや混乱につながる可能性もある．ここでの虐待対応は，早期介入と効果的な家族・本人支援によって現状の状況を改善する偽虐待の「悪化防止」(二次予防)を図るための，市町村・地域包括支援センターの対応方法と介護保険事業所の役割を表4-7のように整理した．

表4-7 高齢者虐待防止法での市町村と地域包括支援センターの虐待対応と家族支援の役割

市町村および直営地域支援センターの虐待対応と家族支援の役割	地域包括支援センターの虐待対応と家族支援の役割
(1) 市町村の行うべき虐待対応と権限行使 ①老人福祉法上のやむを得ない事由による措置およびそのための居室確保(第9条第2項，第10条) ②成年後見制度の首長申立(第9条第2項) ③立入調査および警察署長への援助要請(第11条，12条) ④面会制限(第13条) (2) 市町村が行うべき体制整備と家族支援 ⑤専門的に従事する職員の確保(第15条)連携協力体制の整備(第16条) ⑥対応窓口，高齢者虐待対応協力者の名称の周知(第18条)	(1) 虐待の相談対応(委託できる役割) ①虐待を受けた高齢者の保護・虐待防止に向けた養護者に対する相談・指導・助言(第6条) ②通報を受けた場合，高齢者の安全確認その他の事実確認(第9条第1項) (2) 権利侵害の予防と悪化防止 ③財産上の不当取引による被害の防止(第27条)

1) 市町村の虐待対応と家族支援の役割

　高齢者虐待防止法の条文に基づいて考えると，市町村の役割は権限行使による虐待対応と，虐待対応を促進する体制整備や家族支援に関する事柄に分類することができる．なお，ここでいう市町村とは，市町村担当部署および市町村直営型の地域包括支援センターのことであり，とくに市町村が委託することの不可能な事務，つまり市町村の責任において行わなければならない事柄と行うべき権限行使について考えていきたい．

　(1) 市町村の行うべき虐待対応と権限行使(委託できない役割)

　①老人福祉法上のやむを得ない事由による措置およびそのための居室確保

　　(第9条第2項，第10条)

　「やむを得ない事由」とは，契約によって必要な介護サービスを利用することができない高齢者を，市町村長の権限によってサービスに結びつけることをいうものである．かりに，家族が反対している場合でも，その権限により要介護認定を行うことや，受診に結びつけることの措置を行うことができるものである．また，本人の同意がない，または認知症によって表現できないにもかかわらず，成年後見人等の代理人がいない場合で切迫した状況にある

```
┌─────────────────────────────────────────────────────┐
│              やむを得ない事由                        │
│ ①居宅サービスの契約が困難な場合やその前提である介護認定ができない場合 │
│ ②養護者からの虐待を受け，保護される必要がある場合   │
│ ③養護者の心身の状況により，養護の負担を軽減するための支援が必要な場合 │
└─────────────────────────────────────────────────────┘
                          ↓
┌─────────────────────────────────────────────────────┐
│       やむを得ない事由による措置のサービス種類（主なもの） │
│ ①訪問介護，②通所介護，③短期入所生活介護，④小規模多機能型居宅介護， │
│ ⑤認知症対応型共同生活介護，⑥特別養護老人ホーム     │
└─────────────────────────────────────────────────────┘
```

「やむを得ない事由」の解釈
①本人が家族等の虐待又は無視を受けている場合
②認知症その他の理由により意志能力が乏しく，かつ，本人を代理する家族がいない場合を想定している．
　また，次により「やむを得ない事由」が消滅した時点で，措置を解除し，契約に移行する．
●特養に入所すること等により，家族等の虐待又は無視の状況から離脱し，介護サービスの利用に関する「契約」やその前提となる要介護認定の申請を行うことができるようになったこと．
●成年後見制度等に基づき，本人を代理する補助人等を活用することにより，介護サービスの利用に関する「契約」やその前提となる要介護認定の「申請」を行うことができるようになったこと．
出典：「老人ホームへの入所措置等の指針について」(昭和62.1.31社老第8号社会局長通知)，(平成12.3.7全国高齢者保健福祉関係課長会議資料)．

図4-8　やむを得ない事由による措置

場合には，「やむを得ない事由による措置」を行い，高齢者の福祉を図る，すなわち，現状よりもよい状態にするための支援を行うための役割と責任を市町村が負っていると解釈できる(図4-8)．

②成年後見制度の首長申立(第9条第2項)

養護する人が通帳や金銭を管理し，介護者が必要な人が必要なサービスを利用できないでいるような状況は，経済的虐待が疑われるケースである．こうしたケースでは，成年後見制度の利用が必要になる可能性が高い．首長申立による成年後見制度利用は，本人に判断能力に問題があり，身近に適切な介護をしてくれる人がおらず，配偶者を含め2親等内に親族がいない場合には，新町村長の申立の検討を市町村担当者が検討を始めなければならない．

③立入調査および警察署長への援助要請(第11，12条)

高齢者の生命または身体に重大な危険が生じている，またはそのおそれが

あると認められる場合には，市町村の権限行使により「立入調査」を行うことができるとされている．これは，市町村と直営の地域包括支援センターのみに限られており，委託型の地域包括支援センターには認められていない．「立入調査」を行う際に，必要に応じて市町村長が警察署長へ援助要請をすることが可能である(第12条)．警察の介入要請が必要なケースは，高齢者の安全が懸念されているにもかかわらず，養護者が介入を拒み，高齢者と面会ができない状態になっている場合などに援助要請がなされる．「立入調査」も「警察への援助要請」も担当者個人の判断ではなく，法的根拠が必要なものであるために，必要性が客観的に判断できる事実確認の記録や結果を整理し，当然，機関内でその目的と方法が事前に共有されている必要がある．

④面会制限(第13条)

高齢者虐待防止法に基づき，高齢者の安全を守ることを目的とした分離保護による入所を施した場合，そのための面会制限を行うのは，市町村および直営の地域包括支援センターの役割である．養護者からの面会の要望や面会の制限のために担当者を定め，入所施設との連絡窓口となる役割がある．たとえ面会の制限を行ったとしても，養護者が直接入所施設を探し出して無断で訪問したり，むりやり連れ戻そうとしたりすることを防ぐため，入所先を伏せるような配慮もすることが必要である．しかし，高齢者虐待防止法の目的である「養護者支援」の視点に立てば，ただ避けるだけではなく，いずれ再統合を目指し，家族(養護者)支援の視点をもち，養護者の状況改善を視野に入れ支援を検討することが必要である．

(2) 市町村が行うべき体制整備と家族支援(委託ができない事務)

①専門的に従事する職員の確保(第15条)，連携協力体制の整備(第16条)

虐待対応の専門従事者の確保は法で定められており，担当者は相談窓口としての役割を担うことからも，家族(養護者)支援の担当者といってよいであろう．受付業務だけではなく，他の関係機関との連携・調整の役割も担うため，虐待対応のために連携が必要な保健所や社会福祉協議会，警察，法律などの関係する団体への周知と関係構築を行っていくことが求められる．家族支援を要するケースとして，セルフネグレクトや社会的孤立家族，障害や依存症などがある介護者の場合があり，家族支援を目的とした予防的な分離保

護体制の構築のための居室確保も準備されることが必要である．

また，たとえば緊急的シェルターや，山村部で施設が不足している地域など社会資源が不足している場合には，他の市町村との連携や民間団体・NPO の活用などの連携を検討しなければならない．

②対応窓口，高齢者虐待対応協力者の名称の周知(第 18 条)

相談に乗りやすい体制をつくることは，家族支援につながると同時に早期発見につながる．家族(養護者)支援の視点では，加害者となる可能性のある介護者自らが，虐待の蓋然性を自覚した時点で相談することが望ましい．潜在化させないためにも，相談窓口は虐待の相談・通報窓口という「監視」を思わせない配慮が望まれるところであり，介護者が SOS を示しやすい窓口となる必要がある．家族による虐待は，知らず知らず自覚のないままに生じるケースが多いことからも，「虐待の自覚」を促進させることが在宅介護者の支援では重要である．現状の各市町村等で作成されるポスターをみると，施設虐待と同等の扱いでの虐待啓発が行われていることが多く，逆説的に潜在化させる社会形成をしてしまう可能性があることからも，「分かりやすく」，かつ「スティグマタイズ」させない名称や表記に留意しなければならないであろう．

2）地域包括支援センターの虐待対応と家族支援の役割

地域包括支援センターの役割を高齢者虐待防止法の条文に基づいて考えると，介護者(養護者)の負担軽減に向けた働きかけや，権利侵害を未然に防ぐ予防的対応など，虐待か否かにかかわらず，家族支援のための予防的働きかけが中心であることが分かる．ここでは，とくに「二次予防」，悪化防止の視点で市町村が委託できる事務を地域包括の役割としてとらえて考えていきたい．

(1) 高齢者虐待の相談対応

①虐待を受けた高齢者の保護・虐待防止に向けた養護者に対する相談・指導・助言(第 6 条)

この条文において，養護者による虐待の防止と虐待を受けた高齢者の保護のための相談業務は，虐待もしくはその疑いの受付窓口がすべての地域包括支援センターにあることを示している．加えて，地域包括支援センターに従

来から備わる,「権利擁護事業」による成年後見制度利用促進も含めて考える必要がある．また，養護者の虐待については，虐待と「思われる」疑いのあるケースを発見した人はその段階で通報の努力義務があり，生命または身体に重大な危険が生じている場合にはすみやかに通報する義務が課されていることからも，その通報窓口となる地域包括支援センターは，深刻化や悪化を防ぐうえで受付窓口として大きな責任がある．また，相談・通報された段階では，すでに時間が経過している可能性もあることから，その内容について，組織として「虐待の疑い」を早急に協議する材料として，チェックシートやアセスメントシートを用いて正確な聞き取りが行われる必要がある(p.223)．高齢者の保護のための適切な措置を講じ，または家庭裁判所に対して成年後見開始の審判等の申立てをすることとされており，さらに，その高齢者の住居への立入調査や，警察署長に対する援助要請が行われることもあるために，連携がより重要である．

また，在宅介護をめぐる虐待の対応を考えるうえでは，相談の段階で高齢者についてだけではなく，養護者(家族等)支援の視点で，養護者(家族等)の全体像の把握をし，助言や指導も同時に行われる必要がある．

②通報を受けた場合，高齢者の安全確認その他の事実確認(第9条第1項)

たとえ，地域住民から「虐待しているのではないか」と相談があった場合でも，その根拠を問い詰めることは望ましくない．通報義務は，「虐待を受けたと思われる」段階で通報が求められるため，根拠はなくてもよい．もしも，根拠が乏しい通報をとがめることがあれば，通報できない風潮を作り出してしまうためである．そのため，地域包括支援センターでは，通報を受けた場合には，ただちにコアメンバー会議(地域包括支援センター職員，市町村担当職員，市町村担当管理職)を開催し，緊急性の判断を行い,「緊急性が高い」と判断された場合には,地域包括支援センターが事実確認を行うことになる．このプロセスで大切なことは，緊急性を共有するためのリスクアセスメントシートが用意されていることで，チェック項目をチェックし，私情や主観が含まれないよう客観的に判断することである．具体的な判断基準や事実確認の方法についてはあとに述べる(p.223)．

(2) 権利侵害の未然防止と悪化予防
①財産上の不当取引による被害の防止(第27条)
　高齢者の権利侵害を未然に防ぎ，早期での予防的対応を図ることが求められている．地域包括センターは，高齢者を狙った高額商品の売りつけや詐欺など，消費者被害を未然に防ぐための相談受付や成年後見制度の利用促進の支援を行うことで，悪化防止を図る役割を担っている．たとえば，消費生活トラブルにより財産被害を受けている場合，「消費生活トラブルネットワーク」等と連携し支援を行っている市町村もあり，クーリング・オフ等解約，返金を図る支援や，さらなる被害を未然に防止するために近隣住民，関係機関と連携しながら見守りを行う．また，財産管理に不安がある場合は，家族や関係機関と連絡調整をとり，「成年後見制度」や「地域福祉権利擁護事業」の利用を視野に入れる必要がある．

3．虐待の対応を効果的に行うためのネットワーク
1）虐待対応の分類とレベル
　高齢者虐待は，緊急性によって対応方法が変わると同時に，そのケースが抱える問題によって対応方法が異なる．たとえば，息子か母親を介護している状況で，部屋中尿臭がしており，極めて不衛生な環境におかれ，3日以上食事をとっておらず，高齢者が衰弱しているという「介護放任・放棄」のケースを対応したとしよう．かりに，養護者である家族が，年金や財産があり経済的には問題はないが軽度の知的障害を有しており，懸命に介護をしていたが相談先が分からずに，結果的にこうした状況に陥り，地域包括の介入に対し非常に協力的であったケースはどうか．このケースでは，対応に必要な専門機関は，地域包括支援センターのほかに，高齢者の一時保護を行うための入所施設もしくは居宅家介護サービス，また，介護者である息子の支援として行政の障がい担当課などが考えられる．一方，養護者の家族が経済的に苦しく，生活の支えは被介護者の年金であり，年金はすべてギャンブルやお酒が最優先となり，必要な介護サービスを受けさせず，地域包括支援センターの介入も強く拒み続けているケースではどうであろうか．おそらく，警察を同行した立ち入り，保健所，アルコール依存の解決に向けたアプローチや世

第4章　高齢者虐待の未然防止と対応の方法

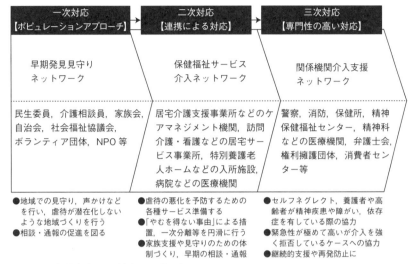

図4-9　高齢者虐待の対応の段階とネットワーク

帯分離による生活保護受給等が検討されなければならない．これは極端な事例ではあるが，同じ「介護放任・放棄」であったとしても，対応はまったく異なることが分かるであろう．いかなるケースであっても，養護者である家族の状況や本人の状況，意思疎通，経済的状況，自覚によってさまざまな職種・機関がネットワークを構築し，協力して解決へ向かう支援の対応方法が柔軟に検討される必要がある．ネットワークの構築については，「市町村・都道府県における高齢者虐待の対応と養護者支援について」[24]および「地域包括支援センター業務マニュアル」[25]において図で示す3つのネットワーク構築を図り，援助を展開する旨が記載されている．図4-9は，そのネットワークについて対応機関や連携機関の専門性によって分類を行ったものである．

2）早期発見・見守りネットワークの機能と役割（一次対応）

（1）ネットワークの目的

一次対応は，「早期発見・見守りネットワーク」を活用する対応である．介護者が健康であっても，うまくいかない介護や言うことを聞いてくれない被介護者に対してイライラし，どなってしまうこともある．しかし，経済的に

も問題はなく，こうした事態は継続的ではなく突発的・単発的であり，まだ虐待と判断できるレベルまでには至らず，状況は不安定ながらも何とかやっていけるという介護者では，地域住民の声かけや「見守り支援」よって支援を行う予防的働きかけが中心の対応でも，乗り切ることが可能であろう．「早期発見・見守りネットワーク」は，「虐待防止」を主張するのではなく「顔のみえる地域づくり」「安心して暮らせる地域づくり」を行うための活動を促進することで「無関心者」や「傍観者」をなくし，虐待を潜在化させず早期の発見につながり，介護者や家族が SOS を出しやすい地域づくりを行うことがねらいとなる．

(2) 構成メンバー

民生委員，介護相談員，家族会，自治会，行政委員，社会福祉協議会，各種ボランティアや NPO（介護関係，地域づくり等），民間団体（タクシー会社，商店街等）．

(3) ネットワーク形成維持の方法と危険性の理解

企画・運営者側は，このネットワークを効果的に働かせるための「仕かけづくり」が必要であり，そのために，教育機会や活動の場の創出と啓発を行うことが必要である．「活動の場」なくしてはネットワークは消滅するであろうし，そもそも必要がない．「活動の場」とは「参加の場」であり，いわば地域住民の「社会参加の場」を創出することが，ネットワークを継続させるための地域包括支援センターや行政としての役割と考えるべきである．

高齢者虐待防止法に基づき，「虐待防止」を前面に押し出して活動を展開することは危険である．なぜなら，虐待防止が社会正義であれば，適切な介護以外は社会悪としてとらえ，「あってはならないもの」として，介護者の「社会的排除」をもたらすことにつながりかねないからである．こうした議論は，1990 年代から社会教育や成人教育のなかで議論されているところでもある[26]．社会的排除は問題を「潜在化」させ，虐待をかえって深刻化させてしまう．したがって，行政や地域包括支援センターなど組織する人が第一に取り組まなければならない課題は，「家族支援」を軸としたネットワークメンバーおよび住民への認知症や虐待に対する教育である．

「継続するネットワーク」には，参加者の効力感が伴わなければならない．

地域社会への期待を大きくし，ネットワーク運営者側が期待をすると，ともすれば地域福祉や地域包括ケアという名の，地域住民への責任の転嫁ととらえられてしまうおそれもあるからである．しかし，「早期発見・見守りネットワーク」は，住民の主体的参加による意識がなければ機能することは見込めない．たとえば，行政主導によって行われた地域づくりは，行政が手を引いたとたんに消滅していくことがあるように，戦略的手段として計画的に行われることが不可欠である．このネットワークは自然発生的に生じたネットワークではなく，行政施策としてのネットワークであるからこそ，形づくりだけで終わる可能性が高く，いかに実質化するかということが課題なのである．先駆的事例では，参加者の活動報告会やネットワーク会議の開催，腕章をつけての見守りウォーキングや体操等，参加者のベネフィットにつながる行動をかねて実施されることが大切である．加えて，ネットワーク既存のものが多く存在していることからも，新たなネットワーク構築だけではなく，既存の地域づくり等のネットワークを援用し，地域の防災，防犯，徘徊の見守り，健康づくり，行方不明者の捜索，自殺予防等を加え地域の問題に取り組む活動とすることで，より有機的で創発的な活動になるであろう．

3）保健医療福祉サービス介入ネットワークの機能と役割（二次対応）

(1) ネットワークの目的

二次対応は，「保健医療福祉サービス介入ネットワーク」を活用する対応であり，早期発見や早期対応，継続支援に役立つ．すでに虐待と認められたケース，介護者が介護ストレスを吐露している，または明らかに現状では虐待や事故が予見できるケースで，連携によって解決を図る必要がある場合の対応である．具体的には，介護保険サービス利用に対して拒否がなく，必要なサービスを利用することにより介護負担軽減を図ることで家族機能と介護力の回復を目指すこと，また，自らの心身の健康上の不安を抱えている介護者の居宅系サービスによる継続支援である．また，このネットワークを形成することで，緊急一時保護が必要な場合の受け入れ先の確保も行うことが望ましい．予防的機能と対応は，各機関が虐待に対する共通の理解がなければスムーズに支援が行われない可能性が考えられる．とくに，虐待か否かの判断に迷う場合には，ネットワークを活用し，それまでの介護者や本人のようすを以前

図4-10 保健医療福祉サービス介入ネットワークで共有・共通認識すべき事項

からかかわっていた居宅サービス事業所職員から聞き取り，現状のアセスメントをすることができる．さらに，医療機関関係者の客観的な見解をもとに，ケースに対する総合的な合議を行うことも可能である．ネットワーク会議では，メンバーで共通認識されなければならない点が3点考えられる(図4-10)．第1に，虐待の判断基準となる「尊厳」が侵されている状況をどのようにとらえるかという倫理観，第2に，健康や生命に重大な危険を及ぼす可能性があるかというアセスメント結果からの将来的な見通し，第3に，「見守り支援」の役割分担をどのようにとらえるかである．

見守り支援は，「現状では緊急性が低いからとりあえず見守りで」とならないように，各専門職や機関の役割分担を明確にすることが必要であり，その組み立て方は，図4-11のとおりである[27]．

(2) 構成メンバー

居宅系介護事業所，訪問介護事業所・訪問看護事業所などの訪問系介護サービス事業所，短期入所事業所，通所介護事業所等の居宅系介護サービス事業所，特別養護老人ホームなどの入所施設，病院や医療施設．

(3) ネットワーク形成・維持の方法

他業種や地域住民ではなく，専門職による高齢者支援に関する有機的なつながりが基になるネットワークである．すなわち，メンバー相互の仕事上のメリットを提示しなければならず，ネットワークに参加することで，メンバー

図4-11 具体的な見守り支援の組み立て

（表の内容）
① どの機関のだれが
② なにを
③ いつまで見守るのか
④ どの状態になったら
⑤ どの機関のだれに
⑥ どのような方法で連絡するのか
⑦ 見守りを行う責任者の役割と範囲を明確にする

↓

三次予防（再発防止）へつなげる

大渕修一：高齢者虐待対応・権利擁護実践ハンドブック．法研，東京(2008)をもとに作成．

が有する専門的な知識や技術の学びとなる場であることが大切である．つまり，「地域包括支援センター（または行政）の業務に協力してください」というネットワーク形成ではなく，メンバーすべてにとって有益な集まりとなることを提示する必要がある．具体的には，「保健医療福祉サービス介入ネットワーク」のメンバーはすでに，基本的な介護や社会福祉問題を生業としている人であるから，基本知識の確認の必要はない．その次の段階からのスタートであることを考えれば，たとえば「地域の保健福祉医療のリーダーとなる人材を育成する」というように，地域のために必要な専門職の集まりを強調するというのも1つの方法である．また，メンバーがすでに抱える問題をネットワーク会議等で事例として取り上げ，地域の課題として共有・共感・同感（sympathy）し，虐待介入の問題が発生した際にお互いのできることを確認し協力関係をつくるという段階を踏む必要がある．

4）関係専門機関介入支援ネットワークの役割と機能（三次予防）

(1) ネットワークの目的

三次対応は，生命や健康に重大な影響をすでに及ぼしている緊急性の高い虐待ケースや，介入が困難なケースへの対応，また虐待以外の家族問題や消費者被害がある場合に必要なネットワークである．たとえば，介護者は妹（無職）で姉を介護しており，被介護者である姉は精神疾患を患っている高齢者，妹は多額の借金を抱えている事例．被介護者は自殺企図もあり，ひとりで外

出してはけがをしたり，警察に保護されたりすることがたびたびあり，そのつど，介護者である妹は引き取りに行っていたものの，心労から2人の関係は悪化し，被介護者が深夜に外出しても探しに行くことはなくなり，放置するようになっていく．緊急性も高く，「介護放任・放棄」の疑いもあるがサービスは利用する余裕もないために，利用にはつながっていない．警察や医療機関，地域包括支援センターそれぞれの共通認識の下に協力し支援を行わなければ，解決することが困難な事例である．かりに，介護問題が解決してもこうした事例の場合には，家庭問題が背景にあることから別の問題が発生し，また別の支援が必要になることが予測される．「関係専門機関介入支援ネットワーク」は，三次予防にもつなげる観点から，そのさきの予測と現状の困難さの解決を同時に測る必要性があり，家族の全体をとらえ，「機能不全」に陥った「家族支援」の視点をもつことが求められる．

(2) 構成メンバー

警察，消防，保健所，精神保健福祉センター，精神科等医療機関，弁護士会や権利擁護団体，家庭裁判所，消費者センター，金融関係，不動産関係者，学校関係等．

(3) ネットワークの形成・維持の方法

認知症や高齢者介護とは直接関係がない専門職団体のネットワークであることから，ネットワーク構築を図るうえでは，周囲からもそのつながりを可視化するための作業が求められる．そのためには，ネットワーク会議を開催するための目的の明確化が必要である．現状の高齢者虐待だけではなく，消費者被害，高齢者を対象とした詐欺事件，交通事故，行方不明者等，高齢者問題の多くには認知症と疑われる事例が多く存在することから，これらの課題について共同で取り組み，地域住民に対する予防に向けた啓発活動の必要性は共通認識されているはずである．このネットワークは，いわば専門の違う機関・団体・組織による家族支援のコラボレーションである．従来の縦割り型の支援から，組織間の連携の集合体を構築し，それぞれがもつ支援制度を活用することができる．ネットワーク形成の段階として，社会教育の発展形態の考え方を借りれば，第1に，高齢者や認知症にかかわる知識の交換を行うことである．この段階では議論することではなく，知識や情報の交換を

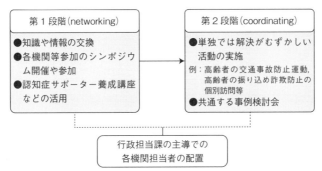

Himmelman AT：On Coalitions and the Transformation of Power Relations；Collaborative Betterment and Collaborative Empowerment. *American Journal of Community Psychology*, 29(2):277-284(2001)をもとに作成.

図4-12　関係専門機関介入ネットワークにおける組織間の連携

行うだけであり，お互いを知り合うきっかけとして，シンポジウムや講演会などの学習機会へ招聘したり訪問したりすることが重要である．第2段階では，それぞれの機関等の高齢者や認知症の人を対象にした業務のなかで，単独では解決がむずかしい事例を協働することである．実際に活動する前に，事例検討会を開催することが望ましい．これらが有機的に展開するために，各機関等に高齢者や認知症問題に対するネットワーク担当者をおくことが大切である(図4-12)[28,29]．

専門機関ネットワークの場合では，地域包括支援センター主導ではなく，管轄する部署レベルが主導し，ネットワークを形あるものにしていき，担当者が変わることで消滅していくことを防がなければならない．

4．ネットワークに求められる虐待の緊急性の判断基準と事実確認
1）判断基準の考え方

虐待かどうかの判断は，受付後すぐにコアメンバー会議を開催し，行われなければならない．①受付時に状況を詳しく聞き取り，②コアメンバー会議で虐待がどうかの判断を行ったうえで，③同時に緊急性の判断がなされる．

（1）受付時の確認

受付時は多くの場合，電話等での相談・通報となる．この場面は，虐待か

表4-8 受付時の聞き取り項目の例

①	虐待の状況	だれが，いつ，どこで，だれに，どうしたのか？その状況を把握した経緯
②	高齢者本人の状況	高齢者の氏名，居住，連絡先，心身の状況(要介護状態)，意思表示能力
③	養護者や家族の状況	世帯の状況，心身の状況，意思表示能力，要介護者とかかわっている人
④	高齢者と家族の関係	現時点での家族関係，過去の家族関係
⑤	介護サービスなどの利用状況や関係者の有無	かかわっているサービスや専門職はだれか
⑥	通報者の情報	氏名，連絡先，高齢者や養護者との関係性(通報者は匿名もあり得る)

大渕修一：高齢者虐待対応・権利擁護実践ハンドブック．法研，東京(2008)をもとに作成．

否かを判断する場面ではない．現時点での緊急性の判断と，事実確認のための訪問調査，コアメンバー会議で情報を漏れなく収集する必要がある．聞き取り項目について表4-8にまとめた．虐待を受けていると思われる高齢者本人の心身の状況について具体的に聞き取り，現状での緊急性を判断することが求められる．虐待の判断の「確度」を上げるためには，その状態をどのように把握したのかは重要であり，直接みたこと，聞いたことであれば，「どのような状況」で「いつから」であるのかは必ず把握したい．相談・通報者に対しては，根拠や証拠を問い詰めることなく，高齢者虐待防止法第8条に基づき，この通報について個人が特定できるようなことは絶対にないことを知らせなければならない．これによって，継続的な情報提供が得られ，三次予防にもつながる．

なお，相談・通報の受付は，市町村および地域包括支援センターとなるが，それ以外の機関に通報があることも考えられるため，各ネットワークメンバーには情報共有のためのリスクアセスメントシート等を共有することで，その後の対応への連携が期待できる．

(2) 虐待かどうかの判断

虐待か否かは，その家庭の状況や本人の状況によって判断に迷うところである．とくに，在宅で家族が介護をしている場合では，夫婦喧嘩にみられる

家族間のトラブルによる言い争いなのか，元来こうしたかかわり方であったのか等惑わされる要素が多く存在している．たとえば，懸命に介護していたにもかかわらず，たった一度手を上げてしまったことについて，虐待として対応する必要があるのか．しかし，このような事例で明らかなのは，介護者が介護に対して冷静に向き合えない状況にあることであり，何らかの支援が必要であることは確かな事実である．虐待の未然防止という観点では，「高齢者虐待」として対応するのではなく，「養護者支援」を行う観点で，ときに「高齢者虐待防止法」にのっとり対応をする必要があるであろう．とくに，「身体的虐待」については明らかな虐待として明確であるが，「経済的虐待」「心理的虐待」「介護放任・放棄」「性的虐待」は，「家族のあり様」が影響していることが多く，また自覚がない場合が多く，潜在化しやすく，重度化して顕在化する事例があとを絶たない．そして，家族関係や高齢者本人の意思がもっとも尊重されるべき事象であることから，ていねいな事実確認をしなければ明らかにならない．したがって，疑いの段階で「高齢者の権利を守る」「家族の負担感を軽減する」という家族の機能不全に着目し，対応がなされなければならない．判断には事実確認が伴うが，第三者である地域包括支援センターや行政が介入する時点ですでに，既存の家族関係を崩すおそれがあり，より潜在化させるおそれが生じる．したがって，事実確認のための訪問の際には，「定期訪問」「災害時の名簿作成」「介護保険サービスや介護教室の案内」などと自然を装い訪問を行うことが必要であろう．図4-13は，判断の目安を示した．

(3) 緊急性の判断

虐待と判断したうえで，（もしくはその判断と同時に）緊急性が高いと判断された場合は，高齢者虐待防止法第9条に基づき，すみやかに高齢者の安全の確認，事実の確認を行い，一時保護などの措置を実施しなければならない．緊急性の判断は，「高齢者虐待により生命または身体に重大な危険が生じているおそれがある」と認められるとされていることから，可能性も含めて初期から検討がなされなければならない．検討される時期は受付直後であり，コアメンバー会議にて行われるが，その基準について地域包括支援センター職員および行政の担当部署のなかで緊急性の基準が共有されていなければ，深刻な状況が顕在化するまで対応に結びつけることはむずかしくなる．判断

図4-13 虐待かどうか迷う場合の判断の目安

の際には，高齢者と養護者(家族等)双方の心身の状況，生活環境，家族関係や虐待の程度などから多角的に判断がなされなければならないため，迷いが生じることが考えられる．しかし，基本は，現状の情報から「高齢者の生命または身体に重大な危険が生じるおそれがあるか」「高齢者や養護者(家族等)が協力や立ち入り調査を拒否し本人の事実確認ができない場合」は緊急性が高いと判断されなければならないであろう．加えて，緊急性の判断は，リスクアセスメントシートなどを用いて，判断を鈍らせたり妨げたりする要素を排除し，担当者や関係者の主観や先入観，既成概念を交えないように行うことで早期対応につながる．その目安となる基準については図4-14，判断後の対応方針決定の流れは図4-15に示した[30]．

5．終結と虐待の再発防止(三次予防)
1）2つの終結

虐待の対応は，その対応が始まった段階で終結をイメージしてかかわることが基本であるが，その終結はなにをもって終結とみなすのか悩ましいところである．日本社会福祉士会では，終結の判断として「虐待が解消されたこと」「高齢者が安心して生活を送れるために必要な環境が整ったこと」が確認されることが最低条件として提示した[31]．また，同会では，「あくまでも『虐待対応としての終結』であり，必ずしも当該高齢者や家族とのかかわりが終了す

第4章 高齢者虐待の未然防止と対応の方法

緊急性の判断の目安
●「高齢者の生命または身体に重大な危険が生じるおそれがあるか」 ●「高齢者や養護者(家族等)が協力や立ち入り調査を拒否し，本人の事実確認ができない」

①生命が危ぶまれるような状況が確認される，もしくは予測される	・骨折，頭蓋内出血，重症のやけどなどの深刻な身体的外傷 ・極端な栄養不良，脱水症状 ・「うめき声が聞こえる」などの深刻な状況が予測される情報 ・器物(刃物，食器など)を使った暴力の実施もしくはおどしがあり，エスカレートすると生命の危険性が予測される
②本人や家族の人格，精神状態に歪みを生じさせている，もしくはそのおそれがある	・虐待を理由として，本人の人格や精神状態にいちじるしい歪みが生じている ・家族の間で虐待の連鎖が起こり始めている
③虐待が恒常化しており，改善の見込みが立たない	・虐待が恒常的に行われているが，虐待者の自覚や改善意欲がみられない ・虐待者の人格や生活態度のかたより，社会不適応行動が強く，介入そのものが困難であるなど，改善が望めそうにない
④高齢者本人が保護を求めている	・高齢者本人が明確に保護を求めている

東京都福祉保健局：高齢者虐待防止に向けた体制構築のために；東京都高齢者虐待対応マニュアル．東京(2006)をもとに作成．

図4-14 虐待かどうか迷う場合の判断の目安

ることではない」ことを強調しており，高齢者の尊厳ある生活を保障するために支援は継続する必要性を強調している．つまり，かりに分離・保護対応を行って施設に入所したとしても，残された家族への支援は終結していない．同時に，高齢者と養護者(家族等)との再統合の可能性も含めて，支援は継続するのである．

第1の「終結」は，高齢者虐待防止法に基づく対応の「終結」である．高齢者虐待防止法に基づく法的な対応の責任は市町村であることから，「終結の判断」の基準は市町村が行うことであり，1つの基準としては，虐待が発生した直接的な原因や問題が解決し，法的責務に基づき，直近の再発のおそれが消滅したことを踏まえ，行ってきた支援計画の評価を担当部署，関係団体のネットワークによって判断されたことが目安となる．

第2の「終結」は，家族によるサポート機能回復と養護者(家族等)個人のサポート資源の開発や終着を構築することである．高齢者虐待の問題の要因は，

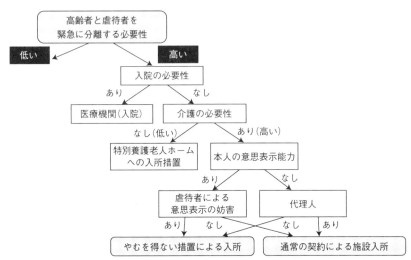

北海道保健福祉部(2006)「高齢者虐待対応支援マニュアル」(http://www.pref.hokkaido.lg.jp/hf/khf/homepage/07-/05-gyakutai-taioh-sien.htm)をもとに作成．
図4-15 緊急性が高いケースにおける対応方針決定後の流れ(例)

解決が図られたとしても，残された家族への影響は多大であり，同時に養護者(家族等)が高齢者であることや，その養護者が近い将来高齢者になる可能性は極めて高いことをかんがみれば，根本的な解決とはいえないであろう．再発防止を図るのであれば，その点に着目しなければならない．

以上から，高齢者虐待防止法に基づく「終結」と，本書のテーマでもある「家族支援」の「終結」の2つの終結があると考えてよいであろう．

2）高齢者虐待防止法の対応の終結

高齢者虐待防止法では，具体的な「終結」の方法についてはふれられていないが，法の目的並びに条項の内容から，次のことを終結ととらえることができる．

『この法律は，高齢者に対する虐待が深刻な状況にあり，高齢者の尊厳の保持にとって高齢者に対する虐待を防止することが極めて重要であること等にかんがみ，高齢者虐待の防止等に関する国等の責務，高齢者虐待を受けた高齢者に対する保護のための措置，養護者の負担の軽減を図ること等の養護

者に対する養護者による高齢者虐待の防止に資する支援(以下「養護者に対する支援」という.)のための措置等を定めることにより,高齢者虐待の防止,養護者に対する支援等に関する施策を促進し,もって高齢者の権利利益の擁護に資することを目的とする』(高齢者虐待防止法,第1条目的抜粋／傍点は筆者).

傍点のように,法的根拠からみれば,高齢者虐待対応の「終結」は高齢者の保護であるため,養護者の負担軽減が図られ,虐待が防止され,高齢者の権利利益の擁護がなされたと評価できた段階であると解釈できる.厚生労働省の作成した対応マニュアル『市町村・都道府県における高齢者虐待への対応と養護者支援について』[32]においては,「終結」は法に基づく一連の対応が行われ援助が実施されたあと,「ケース会議による評価,援助方針,内容,各機関の役割の再検討」をもって援助の「終結」と表現されている.このことから,終結のキーワードとして,「再発防止」「養護者支援」「対応の評価」がなされることで,いちおうの「終結」ととらえられると読み取れる[32].では,市町村の対応の実務を掌握する都道府県の対応マニュアルでは,どのように示されているのであろうか.東京都の対応マニュアルである『高齢者虐待防止に向けた体制構築のために；東京都高齢者虐待対応マニュアル』[33]では,明確な対応の「終結」という表現は用いられず,唯一「第5章やむを得ない事由による措置の活用について」で,早めの対応が必要なやむを得ない事由による措置の検討の視点の具体的な例として,「虐待が恒常化しており,軽減もしくは終結する見込みが全く立たない」にのみ用いられており,「終結」が明示されるはずの対応の流れでは,「終結」とは表現せず,ケアマネジメント過程として図式化され,「モニタリング」から「アセスメント」を繰り返す構図となっている[33].さらに,その評価がなされる「モニタリング」の詳細項目をみると,「東京都の調査では,事例対応の期間は『2年以上』(12.5%)など長期にわたる場合も少なくないようです」と記載されているのに対し,東京都のマニュアルを参考に,その後東京都福祉保健事業団が作成し,広く都内の研修資料として用いられているマニュアル『区市町村職員・地域包括支援センター職員必携；高齢者の権利擁護と虐待対応お役立ち帳』[34]「第3章高齢者虐待への対応の基本姿勢と留意事項」では,「終結」という表現が用いられた.

その部分を抜粋すると,「その解決は容易ではなく,発見から終結又は現在までの期間が『2年以上』(12.5％)など長期にわたっている場合が少なくありません」と,「終結」があくまで消極的に用いられたにすぎない[34]. そのほかには,神奈川県の『養護者による高齢者虐待対応事例集』[35]では,いくつかの事例経過を紹介し,支援経過の最終段階を「支援の終結」としており,終結の内容では「未然防止への対応」「養護者の支援」「世帯分離」が項目として設定され,一貫性はない[35]. 場合によっては,「支援の継続」が終結であるとしている事例もあるが,最終的には「支援の評価」を行うことがいちおうの終結としていることがうかがえる. さらに,千葉県館山市で作成された『館山市高齢者虐待対応マニュアル』[36]では,対応の終結について「また,『終結』とは,虐待対応としての終結であり,当該高齢者や家族への支援が終結というわけではありません. 住み慣れた地域で安心して尊厳ある生活が送れるように,必要に応じて,権利擁護対応や,包括的・継続的ケアマネジメント支援を行います」として,日本社会福祉士会の定義を援用し,継続する可能性を示唆している[36].

これらからも,「終結」はあくまで対応のいちおうの終結であり,あくまで継続的なケアマネジメントの対称として残されることを前提とした,消極的「終結」とのとらえ方が妥当であろう. しかし,継続的ケアマネジメントもしくは権利擁護対応として残された場合,市町村で抱える事例は際限なく増加をすることが予測でき,現状の限られた担当者ではとうてい対応できないという現実的課題が残される. 今後待たれるのは,虐待対応の「終結」の一定の定義であり,地域包括支援センターの役割としての「終結」までのプロセスと責任の所在である. そして,責任の移管先である,現状では明示されていない別の専門機関で対応されるべき虐待対応後の総合的な「家族支援」の機関や法制度の整備が,早急に検討されなければならないであろう.

3）家族支援の終結

前述したとおり,高齢者虐待防止法に基づく対応の「終結」であり,家族支援の「終結」ではない. たとえ,高齢者虐待防止法の対応の対象となる家族から虐待の事実が解消したとしても,そもそもその家族や周辺には,離職による社会的孤立状態や,アルコール依存,精神疾患,障害,児童虐待や家庭内

暴力(Domestic Violence)問題などが残されていたとすれば，高齢者虐待防止法上の終結としかいえず，本質的な問題は何ら解決していない．虐待の再発の防止を図るためには，もっと根本的な働きかけを考えていかなければならないのである．このような問題を生じる家族としてのサポート機能が不全状態に陥っているケースが多くみられ，家族であることが相互の発達の助けになるどころか，妨げになっている場合が多々みられる．しかし，単に分離保護することは，第1の「終結」で説明した対応上の「終結」にしかならず，家族のサポート機能回復のための支援が，家族支援の「終結」に向けた取り組みである．

第1章-Iで論じたように，虐待は，「親密な関係」にある家族が「ケア」という行為を行うことから，「ケアする」「ケアされる」という二者関係に陥る必然的な結果とも考えられている．とはいえ，いまも家族には他の関係には代替しがたいサポート機能が備わっていることも，また事実である．

多様化する家族関係では，問題が生じた際，1つの終結のあり方を目指すことは現実的ではない．家族の集合体としての家族支援を考えるよりも，家族それぞれのメンバーごとに異なるととらえる見方がより有効であると考えられている[37]．たとえば，「サポート資源としての家族」は，家族間の凝集性が高く，親族中心のネットワーク構成であるほど女性の心理的なストレスが高まるという報告がある．また，親族や家族は関係を解消することが困難であるが，友人のような解消可能な距離感のある関係のほうが，情緒的安定をもたらしているという報告もあるように，家族関係は万能な「サポート資源としての家族」とは一概にはいえず，潜在的なものであるという感覚は分からなくもないであろう．これが，家族の関係の両義性である．

以上のように，多義的である「家族支援」の「終結」の道筋をつけるためには，「家族支援」を一義的に考えるのではなく，ある程度整理をしておかなければならない．家族間のサポート機能の機能不全に陥った家族のサポート機能を，ストレス軽減などの心理面である「情緒的な支援機能の回復」と，介護や家事などの「手段的な支援機能の回復」に分けて考える必要がある．

まず，手段的な支援機能が低下している家族への支援である．家族支援の手段的な支援とは，日々の営みで直接的かつ頻繁な活動である食事をつくる，

表 4-9 男女別の情緒的支援の相手

	配偶者	子ども	親	他親族	友人	仕事関係
男性（$n=722$）	52.6	14.0	18.8	21.5	26.3	20.1
女性（$n=984$）	48.2	23.9	24.2	31.9	40.3	9.3

掃除をするなどの家事全般や，介護や看護，見守りなど長期間にわたって継続的に行われる活動のことを示している．手段的な機能不全とは，情緒的な面と相互に影響している部分でもあるが，こうした日々の活動が，その人の心身の問題によって遂行することが不可能な状態となることであり，介護場面では自覚のない虐待となり得る要因である．手段的な家族機能は，社会的制度を用いて解決することが可能である．たとえば，介護保険サービスの利用や民間の家事援助サービスの活用を促進，子育て問題の場合は育児や児童福祉，障害者問題は障害者福祉，経済的問題については生活保護等のそれぞれの問題に対する機関につなげ，連携して対応することが，手段的な「家族支援」につながるのである．

次に，情緒的支援機能が低下している家族への支援である．情緒的支援機能の回復には，サービス利用につなげるだけで解決することは少なく，新たなサポート源の開発が必要なケースが多い．表 4-9 は，2003 年の JGGS（日本版 General Social Surveys）[1]において，情緒的支援源と想定される相談相手としてだれを挙げているかを示したものである．つまり，サポート源はなにかという問いであり，課題を検討するうえでのヒントとなる．男女差をみると，男性は女性より「配偶者」と「仕事関係」に依存し，女性は男性より「子ども」「他親族」「友人」との情緒的な支援を享受していることが分かる．女性の場合の情緒的な支援の行方は，配偶者がいない場合において，「友人」関係を構築することを目指すことが必要である．他方, 男性は配偶者と虐待の末，分離や死別した場合に残される情緒的支援の相手が少ない．つまり，退職もしくは離職して妻の介護に専念している男性は，「情緒的なサポートなし」となっている可能性が高いのである．男性の情緒的支援源として確保されなければならないのは，「仕事」にみられる役割がもっとも重要であることから，

社会的役割の創出と居場所をつくることが，男性への「家族支援」では有力な「終結」への方向づけといえよう．

4）終結の限界

しかし，家族支援の終結は，支援を行うことで即時的な解決が図れるケースは少ない．また，高齢期の家族支援では，今後ますます増加が見込まれる独居世帯や，遠距離で介護を行っている家族の支援も検討されなければならない．これまで述べてきたように，家族支援の対象は，個別のサポートとして検討されることが1つの出口への光ではあるが，同時に，家族は取り巻く環境の変化とともに，問題が変化し続けていることを踏まえての取り組みが検討されなければならない．それは，これまで家族問題が経験してきた背景であった都市化や産業化の犠牲者であり，少子高齢化による介護の担い手，これまで家族関係存続のよりどころであったコミュニティの崩壊である．このことから，家族支援の「終結」は"現時点で"という時限つきの「終結」として考えることが大切なのである．従来からの婚姻を中心とした家族制度は，家族に介護の役割をゆだねるという日本型福祉システムとともに崩壊し，介護保険による契約による介護制度は，今後ますます単身で自立した生活を可能にするシステムではあるが，家族の意義を弱め，機能を弱体化させるであろう．しかし，これも"現時点"で，という解釈が妥当である．旧来的な地域連帯のわずらわしさ，現状の孤立社会をつくる可能性が見え隠れする危ういインターネット中心の弱い連帯でもなく，新たな家族支援の「終結」を目指さねばならないであろう．少なくとも，高齢者虐待の深刻化の背景には，密室性のなかで行われてきた家族介護の影響は大きく，小規模化する「家族」だけに任せられる介護を，「地域」において手段的，情緒的な支援機能をもたらせること，合わせて，人口減少する「地域」と「地域」の連帯をつくる仕かけを準備することが必要である．

注
(1) 日本版 General Social Surveys（JGSS）は，大阪商業大学比較地域研究所が，文部科学省から学術フロンティア推進拠点としての指定を受けて(1999～2003年度)，東京大学社会科学研究所と共同で実施している研究プロジェクトである（研究代表：谷岡一郎，仁田道夫，代表幹事：佐藤博樹，岩井紀子，事務局長：大澤美苗）．

東京大学社会科学研究所附属社会調査・データアーカイブ研究センターがデータの作成と配布を行っている.

文　献
1) 厚生労働省老健局(2006)「市町村・都道府県における高齢者虐待への対応と養護者支援について；高齢者虐待防止の基本」(http://www.mhlw.go.jp/topics/kaigo/boushi/060424/dl/02.pdf).
2) 厚生労働省老健局(2006)「市町村・都道府県における高齢者虐待への対応と養護者支援について；養介護施設従業者による虐待への対応」(http://www.mhlw.go.jp/topics/kaigo/boushi/060424/dl/05.pdf).
3) 厚生労働省老健局(2006)「市町村・都道府県における高齢者虐待への対応と養護者支援について；養護者による虐待への対応(市町村における業務)」(http://www.mhlw.go.jp/topics/kaigo/boushi/060424/dl/03.pdf).
4) 厚生労働省老健局高齢者支援課認知症・虐待防止対策推進室(2015)「平成25年度高齢者虐待の防止,高齢者の養護者に対する支援等に関する法律に基づく対応状況等に関する調査結果」(http://www.mhlw.go.jp/stf/houdou/0000072782.html).
5) 箕岡真子：認知症ケアの倫理.ワールドプランニング,東京(2010).
6) 箕岡真子,稲葉一人：ケースから学ぶ高齢者ケアにおける介護倫理.医歯薬出版,東京(2008).
7) 箕岡真子,稲葉一人：わかりやすい倫理.ワールドプランニング,東京(2011).
8) 箕岡真子：認知症ケアの倫理.ワールドプランニング,東京(2010).
9) 稲葉一人,箕岡真子,supple編集委員会編：事例でなっとく看護と法.メディカ出版,東京(2006).
10) 箕岡真子：生命倫理／医療倫理；医療人としての基礎知識.日本医療企画,東京(2013).
11) 厚生労働省：身体拘束ゼロへの手引き；高齢者ケアに関わるすべての人に.厚生労働省,東京(2001).
12) 加藤伸司,矢吹知之：家族が高齢者虐待をしてしまうとき.ワールドプランニング,東京(2012).
13) Ralston L, Stoller N：Hallomas；longevety in a Back-to-the-Land Women's Group in Northern California.(Rothblum ED, Sablove P)Lesbian Communities；Festivals, RVs, and the Internet, 63-72, Routledge, New York(2005).
14) Adam BD：Sex and Caring among Men；Impact of AIDS on Gay People.(Plummer K)Modern Homosexualities；Fragments of Lesbian and Gay Experience, 175-183, Routledge, New York(1992).
15) 上野千鶴子：プライバシーの解体；私的暴力と公的暴力の共依存をめぐって.アディクションと家族, **17**(4):401-405(2000).
16) 警察庁生活安全局生活安全企画課(2014)「平成25年中における自殺の状況」

(https://www.npa.go.jp/safetylife/seianki/jisatsu/H25/H25_jisatunojoukyou_01.pdf).
17) 総務省統計局(2014)「労働力調査(詳細集計)」(http://www.stat.go.jp/data/roudou/rireki/4hanki/dt/pdf/2014_3.pdf).
18) 藤本健太郎：孤立社会からつながる社会へ；ソーシャルインクルージョンに基づく社会保障改革．139-148, ミネルヴァ書房, 東京(2012).
19) 矢吹知之：介護保険サービス施設・事業所におけるケアラーの支援．老年精神医学雑誌, **25**(9):1017-1024(2014).
20) 高齢者虐待防止研究会, 津村智恵子, 大谷 昭編：高齢者虐待に挑む(増補版). 初版, 188-226, 中央法規出版, 東京(2006).
21) 厚生労働省(2013)「平成25年度介護給付費実態調査の概況」(http://www.mhlw.go.jp/toukei/saikin/hw/kaigo/kyufu/13/).
22) 板澤 寛：特別養護老人ホームにおける家族支援．認知症ケア事例ジャーナル, **4**(3):274-278(2011).
23) 国際老年精神医学会(日本老年精神医学会監訳)：BPSD；認知症の行動と心理症状. 第2版, アルタ出版, 東京(2013).
24) 厚生労働省老健局：市町村・都道府県における高齢者虐待の対応と養護者支援について．厚生労働省, 東京(2005).
25) 厚生労働省老健局：地域包括支援センター業務マニュアル．東京都社会福祉協議会, 東京(2005).
26) 高橋 満：コミュニティワークの教育的実践；教育と福祉とを結ぶ．東信堂, 東京(2013).
27) 大渕修一：高齢者虐待対応・権利擁護実践ハンドブック．法研, 東京(2008).
28) 高橋 満：社会教育の現代的実践；学びをつくるコラボレーション．創風社, 東京(2003).
29) Himmelman AT：On Coalitions and the Transformation of Power Relations；Collaborative Betterment and Collaborative Empowerment. *American Journal of Community Psychology*, **29**(2):277-284(2001).
30) 北海道保健福祉部(2006)「高齢者虐待対応支援マニュアル」(http://www.pref.hokkaido.lg.jp/hf/khf/homepage/07-/05-gyakutai-taioh-sien.htm).
31) 日本社会福祉士会：市町村・都道府県のための養介護施設従事者等による高齢者虐待対応の手引き(「都道府県・市町村のための養介護施設従事者等による高齢者虐待対応の手引きの策定に関する研究事業」報告書別冊). 中央法規出版, 東京(2012).
32) 厚生労働省老健局(2006)「市町村・都道府県における高齢者虐待への対応と養護者支援について」(http://www.mhlw.go.jp/topics/kaigo/boushi/060424/).
33) 東京都福祉保健局：高齢者虐待防止に向けた体制構築のために；東京都高齢者虐待対応マニュアル．東京(2006).
34) 東京都福祉保健事業団：区市町村職員・地域包括支援センター職員必携；高齢者

の権利擁護と虐待対応お役立ち帳.東京(2014).
35) 神奈川県保健福祉局(2011)「養護者による高齢者虐待対応事例集」(www.pref.kanagawa.jp/uploaded/attachment/369358.pdf).
36) 館山市(2013)「館山市高齢者虐待対応マニュアル」(http://www.city.tateyama.chiba.jp/files/300101365.pdf).
37) 野々山久也.論点ハンドブック家族社会学.世界思想社,東京(2009).

第5章

看取りにおける倫理

I. はじめに

　認知症の人々のよりよい End of Life Care（＝看取り）を支援するためには，適切な医療やケアの提供，および日常生活の支援をすることはもちろんであるが，それに加えて，「意思決定の支援」がたいへん重要になってくる．そして，家族支援において，もっともむずかしいのが，この終末期の看取りに関する意思決定支援である．つまり，「看取りの意思確認」が適切にできるように支援することである．

　とくに，家族は，患者の命にかかわる重大な決定をしなければならないことに不安や苦悩を抱えているため，関係者間のコミュニケーションを促進させるリエゾン liaison としての役割を担う人材（＝専門職）が必要となる．適切な意思決定支援には，関係者間（医療・看護・介護・福祉・家族・本人など）の情報の共有・対話・連携協力が必須であり，そのためにはリエゾン liaison としての役割は重要である．関係者間のよい連携があって初めて，本人の価値観に焦点を当てたコンセンサスを得ることができるようになる．このようなリエゾンとしての役割を担う人材として，連携のかなめとなる看護職や介護職が期待される．

　また，認知症の進行に伴って，しだいに「自分のことを自分で決めること」ができなくなってくるが，認知症の人すべてに意思能力（＝医療やケアについて決める能力）がないわけではない．軽度～中等度認知症の場合には，Shared Decision Making を実践して，意思決定の共有・支援をすることが大切である．この Shared Decision Making は，パーソン・センタード・ケアの重要な構成要素にもなっている．しかし，終末期の認知症の場合には，本人には意思能力がなく，自己決定はできない．このような場合，「家族が代わりに決めること（代理判断）」になるが，どうしたら，本人にとって"もっともよい判断"をすることができるのであろうか．

　本章では，介護施設における看取りの意思確認書作成のプロセスを通じて，「家族は，本当にその人にとって最善の決定をすることができるのか？」「家族が，その人にとって最善を決定できるようにするには，どのような支援をすればよいのか？」について考えてみたい．

そのために,「本人が決めること」と「家族が決めること」の倫理的違いについて学び, 適切な意思決定のプロセス「だれが代理判断者として適切か?」「適切な代理判断の手順とはどのようなものか?」を考えてみたい. さらに,「その人にとっての最善の決定をする」ためには,本人を「かけがえのない1人」としてみなし, 本人の自律 Autonomy を尊重した事前指示および Advance Care Planning について考えることが, 今後は重要となってくる.

II. よりよい「看取り」をするためには, 正しい「看取りの意思確認」が必要である

介護施設では, 日常的に「看取り」や「看取りの意思確認」が行われている. そして,「看取り」という言葉は,「お迎えがくる」「平穏な死」「自然な死」といったふうに, 何となくやさしいお別れのイメージがある.

しかし,「看取り」はなにも問題のない, やさしいお別れなのであろうか? あるいは, 私たちのやっている「看取りの意思確認」の方法は本当に適切なのであろうか?

以下のような入所時の「看取りの意思確認」のシーンをしばしば見かける.

施設長「お母さんの看取りはどうしますか」「①もしものとき, 救急車で病院に運びますか? ②施設で自然に看取りますか? ③自宅で看取りますか?」

家族「この施設で看取ってください. どうぞよろしくお願いします」

施設長「分かりました. 書類に記入してください.」

上述の会話のように, 施設入所時に, 家族は「積極的な治療をしないで施設で看取りを希望する」「蘇生のために救急車をよんだり, 病院に搬送したりする」「自宅で看取る」などの選択肢から望む方法を選ぶことになる.

このような家族の意向をそのまま尊重する「看取りの意思確認」に何ら疑問を抱かないで, 家族の意向どおり, "もしものとき" にはそのまま看取ってしまうことが日常的に行われている. しかし, 以下のような疑問が持ち上がってくる.

『家族の意向は, 本人の願望を反映しているのであろうか? 本当に本人

は治療を望んでいなかったのであろうか？』『家族は，本人の代弁者として適切なのであろうか？』『施設長と家族の話し合いで，命にかかわる決定をしてもよいのであろうか？』『"もしものとき"の医学的判断は適切なのであろうか？』『本人は本当に終末期なのであろうか？』『治療は役立たないのであろうか？』』

　また，救急隊からは，このような問題提起もある．施設からの搬送ケースにおいて，積極的な処置を望まないと意思表示される場合があるが，この書類が本当に適切につくられたのか，そのまま信じてよいのかどうか怪しい事例に出くわし，対応に苦慮することがしばしばあるということである．さらに，救急救命センターからは，積極的治療の適応のない高齢者が搬送され，ベッドをふさぎ，積極的治療が必要な他の救急患者の受け入れができないで困っているという訴えもある．

　「看取り」には，それぞれ個人の価値観や人生観によって，いろいろな形があるであろう．しかし，どのような形の「看取り」をするにしても，その前に，正しい「看取りの意思確認」が必要である．つまり，「看取りの意思確認」には，守らなければならないいくつかの医学的・倫理的・法的なルールがあるということである．

　高齢者施設においては，「看取り」や「看取りの意思確認」は日常的な出来事になりがちであるが，ここで，日々の忙しいケア業務に流されないで，一度立ち止まってみる必要がある．現在，行っている「看取りの意思確認」の仕方は本当に正しいといえるのかどうかということを，医学的視点・倫理的視点・法的視点から考えていきたい．とくに，終末期については，法のけんけつ領域であり，法律がないため，倫理的視点がたいへん重要になってくる．

III 「本人意思」についての問題

1. 本人に意思能力があれば，「看取りの意思確認書」は，本人の意向に沿って作成されるのが原則である

　施設入所時の「看取りの意思確認」に際して，「積極的な治療をしないで施設で看取りを希望する」「蘇生のために救急車をよんだり，病院に搬送したり

する」「自宅で看取る」などの選択肢から望む方法を選ぶ場合，本人に意思能力があれば，家族だけで決めてしまうことは望ましくない．本人に意思能力があれば，「看取りの意思確認書」は本人の意向に沿って作成されるのが原則である．

　人々は，医療やケアを受けるときには自分の病状などについて適切な説明を受け，それらの情報を踏まえて，自分自身の価値観に沿って自己決定をすることができる．この自己決定の権利は，倫理原則である自律尊重原則や，インフォームド・コンセントの法理として法的にも保障されている．

　意思能力とは，自分自身が受ける医療やケアについて説明を受けたうえで，自ら判断をくだすことができる能力を指す．高齢になったり，認知症の進行に伴って，意思能力はしだいに低下してくる．しかし，高齢あるいは認知症があるという理由だけで，「自分では判断できないであろう」と先入観をもって，本人の意向を無視して家族や介護者が何でも決めてしまうことは，自己決定権を尊重していないことになる．なぜなら，高齢者や認知症の人々すべてに意思能力がなく，自己決定が不可能というわけではないからである．また，意思能力が不十分，あるいはボーダーラインであると評価された場合でも，本人の意向をできる限り尊重できるように，意思決定の支援(＝共有された意思決定 Shared Decision Making)をすることが大切である．この Shared Decision Making は，パーソン・センタード・ケアの重要な構成要素のひとつになっている．

2．「インフォームド・コンセント」の意味

　正しい「看取りの意思確認」をするためには，「インフォームド・コンセント」の真に意味するところを知っておく必要がある．なぜなら，本人に意思能力があれば，「看取りの意思確認書」は，適切なインフォームド・コンセントを実践して作成される必要があるからである．

　インフォームド・コンセントは，自分の受ける医療やケアについて「知る権利」と「選択する権利」から成り立っており，多くの判例に基づいた，法的にも保障された権利である．インフォームド・コンセントとは，ただ単に患者が書類に同意のサインをするといった形式的なものではなく，医療者が患

者本人と話し合いを重ね，本人から同意を得る対話のプロセスそのものであるといえる．

3．意思表示できない人の「自己決定権」を尊重するために；事前指示の重要性

しかし，実際，終末期に近くなったり，認知症が進行したりすると，意思表明できない高齢者が増えてくる．このような意思表示できない人の「自己決定権」を尊重するためには，「事前指示」が重要である．事前指示とは，本人が意思能力があるうちに，自分自身で，将来の看取り（終末期医療ケア）などについて，前もって指示しておくことである．事前指示は，意思能力が正常であった「かつてのその人」の自己決定権を延長することになるため，よりよい「看取りの意思確認」をするためにもたいへん役立つ．

事前指示が有用な理由は，①高齢者本人にとっては，本人の価値観や自己決定の権利を尊重することになる，②家族にとっては，本人の考え方が分からない場合には，ただ単に，根拠なく憶測しなければならなくなってしまうが，そのような憶測をすることに対する心理的苦悩や感情的苦痛を軽減することになる，③医療介護専門家にとっては，本人の事前の意思があるのとないのとでは，治療を中止したり差し控えたりした場合の，法的責任の程度が異なってくる，④事前指示は有用なコミュニケーションツールになり得る．事前指示書を作成するプロセスそのものが，医療ケア専門家と，患者や家族とのコミュニケーションを促進させ，本人の生き方に共感しながら寄り添うことに貢献できるということである．事前指示の作成は，「その人の人生の最期の生き方」を決めることにほかならず，事前指示作成のプロセスにおけるコミュニケーション・対話を通じて，本人・家族・医療ケア専門家などの関係者みなが，さらなる信頼関係を構築することができるようになる．

事前指示書の雛形のひとつに，『私の四つのお願い』がある．その具体的内容は，【お願い1】代理判断者の指名，【お願い2】望む医療処置・望まない医療処置について，【お願い3】残された人生を快適にすごし，満ち足りたものにするために，【お願い4】大切な人々に伝えたいことである．とくに，将来の病状の予測が的確にできない場合には，本人のもっとも信頼する「代理判断者」を指名しておくことが，本人の自己決定権を保障することにつながる．

また,「事前指示」は,関係者と十分にコミュニケーションを重ねて作成し,定期的に再評価する必要がある.

Ⅳ 家族等による代理判断

1.「適切な家族」による「適切な代理判断」

　施設が「看取りの意思確認」をする際には,キーパーソンと思われる家族に,いくつかの選択肢を提示し,家族の決定を尊重することが,実際にはほとんどである.

　しかし,「高齢者本人による自己決定」と「家族による自己決定」の倫理的意義は,必ずしも同じではない.そこで,「看取りの意思確認」をする際には,一度,立ち止まって『家族のなかで,だれが決めるのが適切なのであろうか？』『キーパーソンと思われる人は,本当にキーパーソンになってよいのであろうか？』『家族がすべて決めてしまってよいのであろうか？』『家族による代理判断は適切であったのか？』などについて,よく考えてみることが必要である.

　ときには,家族内で意見が対立する場合や,利益相反の場面にも出くわす.これらの家族(キーパーソン)は,親の病状が悪化したとき,本当に,本人のために判断ができるのであろうか？　といったことを再考してみることも必要である.もしかしたら,家族が介護負担から逃れることや,年金を使うことができるような方向で,判断をする可能性もあり得る.

　本人のことを真摯に考えることができる「適切な家族」が,「適切な代理判断の手順」を踏み,十分に話し合って,「看取りの意思確認」をすることが基本である.

2.だれが『適切な代理判断者』か？

　「だれが代理判断者になるのか？」は,それによって決定内容が大きく変わってくるため,大きな問題である.「適切な家族」が代理判断をすることによって,初めて「よい判断」ができることになる.わが国では,自己決定といっても,現実には「家族という関係性のなかでの自己決定」になる.そして,実

際,家族の治療やケアへの協力・配慮が,結果として患者本人の利益ともなる.しかし,反対に,高齢者に対する虐待や利益相反,介護負担などが問題となっている現状もあり,家族が,必ずしも患者本人の意思や願望を反映・代弁していない場合,あるいは本人の「最善の利益」を推測できるのか疑問のある場合もある.

　代理判断者としては,本人が指名した代理判断者(＝Proxy)が,より理想的である.なぜなら,本人が,まだ意思能力があるうちに,代理判断者Proxyを自分で指名しておけば,自分自身の自己決定権を尊重してもらえることになるからである.また,原則として,医療・ケア提供者は,代理判断者になることはできない.それは,医療ケア提供者が終末期医療ケア(＝看取り)の最終判断者になれば,パターナリズムへ逆行してしまうことになるからである.

　家族が本人に代わって終末期医療についての決定ができるのは,①家族が,患者の性格・価値観・人生観等について十分に知り,その意思を的確に推定しうる立場にある,②家族が,患者の病状・治療内容・予後等について,十分な情報と正確な認識をもっている,③家族の意思表示が,患者の立場に立ったうえで,真摯な考慮に基づいたものである場合である(東海大学事件判決,1995).このような条件を満たす家族であれば,本人の看取りについて,適切に「看取りの意思確認」をすることができるであろう.

3.『適切な代理判断の手順』とは？

　上述した条件を満たす「適切な家族」が,代理判断において「適切な代理判断の手順」を踏むことが必要である.

　「適切な代理判断の手順」とは,①事前指示の尊重,②代行判断(本人意思の推定),③最善の利益判断,となる.介護施設側は,この手順に沿って,家族(代理判断者)に対して,看取りの意思確認を実施することがたいへん重要である.

1）事前指示の尊重

　家族等による代理判断の際には,本人の事前指示があれば,まず,それを尊重する.その主な内容は,①望む医療処置と,望まない医療処置について

(これを書面に表したものがリビングウィル)，②医療に関する代理判断者を指名することから成り立っている．

2）代行判断

本人による事前指示がない場合には，代行判断を実施する．代行判断とは，「現在意思能力がない患者が，もし当該状況において意思能力があるとしたら行ったであろう決定を，代理判断者がすること」である．すなわち，本人意思を，適切に推定することを意味する．高齢者本人の価値観・人生観などを考慮して，それと矛盾がない判断を，家族が本人に代わってなすことを意味する．

3）最善の利益判断

事前指示がなく，また本人の意思の推定さえもできない場合には，本人の「最善の利益 Best Interests」に基づいて，家族が今後の方針について決定をすることになる．すなわち，「本人にとってなにがもっともよいことなのか」「治療による患者の利益が，本当に負担を上回っているのかどうか」について共感をもって考えることになる．

V．家族がよりよい代理判断をするために

1．「家族の代理判断」の法的意味

正しい「看取りの意思確認」をするためには，家族が適切な判断をすることが必要である．実際，長年，その高齢者と共に暮らしてきたたいていの家族は，適切な代理判断をすることができることが多いが，さまざまな事情で，家族の代理判断は常に適切とは限らない．ここでは，「家族の代理判断」の意味するところを考えてみたい．

また，家族の意見や同意は，当然のように受け入れなければならないと思われがちであるが，法的には必ずしもそうとはいえない．なぜなら，「医療同意」は，法的には「法律行為ではない」と考えられているからである．法的には，「医療同意」は「一身専属的法益への侵害に対する承認」であるといわれている．したがって，『家族等による同意は，本人の同意権の代行にすぎず，第三者(家族)に同意権を付与しているものではない』とされている．つまり，

人は，みなそれぞれに同意権という権利をもっているが，それを本人が意思表明できなくなっても，家族に渡したわけではないということである．家族は単に，本人に代わって同意しているだけであって，本人の同意権という権利をもらったわけではない．法的には，同意権はあくまで本人にのみ属する権利である．したがって，家族などによる代諾は，本人に意思能力がないケースで，あくまで本人の利益のためになされる，あるいは，本人の不利益にならないようになされる場合のみ正当化されるのである．

　このような同意権の法的意味を考えるとき，家族の同意・代理判断したことを，すべて受け入れるべきだということには必ずしもならないということになる．家族が決定・同意した内容の適切性について，正しく評価がなされる必要がある．つまり，家族による代理判断の適切性について評価する際には，家族の意見は「本人の意向を代弁しているか」「本人の最善の利益を反映しているか」などについて注意をはらうことを忘れてはならない．また，家族関係についても留意する必要があるであろう．たとえば，高齢者と家族の関係は良好であったのか，感情的しこりがあるなど険悪ではなかったか」「虐待はなかったのか」「年金や遺産相続などの利益相反はないのか」，さらには「介護を負担と感じ，放棄したいと思っていなかったのか」などについてである．

　さらに，医療ケア専門家は，日常臨床の実践において，当然のように「ご家族の方はどう考えますか？」「ご家族の方，決めてください」といった問いを投げかけるが，法的には「家族の定義（範囲）」が決められているわけではない（遺族の範囲は規定されている）．したがって，長年連れ添った法的関係のないパートナーのほうが，音信不通の子どもより親しい家族である場合もあるであろうし，また，家族内で意見がまとまらず，不一致がある場合もしばしばある．

2．家族による代理判断は適切か？

　前述のように，「本人の医療への同意権」は家族に委譲したものではないため，家族が何でも好きなように決めてよいということにはならない．したがって，「看取りの意思確認」に関する家族の決定内容は適切であるのかどうかを，

医療ケア専門家は，立ち止まってしっかり考えなくてはならない．適切な代理判断とは，本人の価値観や意向を適切に反映したものでなくてはならず，ただ単に，家族だからといって，当然には，何でも自由に決めることはできないのである．

そこで，家族の決定・判断は，本当に「患者本人の意思を推定あるいは反映しているのか？」，もしかしたら「家族自身の願望や都合ではないのか？」という微妙な倫理的違いに，医療ケア専門家は敏感になる必要がある．

3.「本人が決めること」と「家族が決めること」の倫理的"ちがい"

もちろん，本人が意思表明できないときには，家族が決めることは，必ずしも悪いことではないし，実際，家族が決めなければ，医療やケアの現場は立ちゆかない．しかし，そのような家族が代わりに決める場合には，「患者本人による自己決定」と，家族の都合や願望である「家族による自己決定」とを明確に区別することが重要である．つまり，「看取りの意思確認」について決定するときには，先述の「適切な代理判断者」による「適切な代理判断の手順」を踏み，本人の意思・願望・価値観を，適切に反映させることが必要である．

医療ケア専門家は，家族が意思決定する際に，「患者のかつての願望」「患者の価値観に基づいて推測された願望」「患者の最善の利益」と，「家族自身の願望」について，明確に区別できるように支援することが重要だということである．そのためには，医療ケア専門家も，これらの倫理的区別について十分理解していなくてはならない．

VI 意思決定のプロセスの重要性

1.「看取りの意思確認」の結論を出すためのプロセス

終末期の看取りの問題は，それぞれのケースごとに個性・特徴があるため，結論は必ずしも同じにはならない．たとえば，「胃ろうがよい・悪い」「蘇生処置をする・しない」「人工呼吸器を使う・使わない」「自然に看取る・救命処置をする」という二者択一的な結論ではなく，問題なのは「その結論を出すた

めのプロセスなのだ！」ということである．

　それぞれのケースに応じた適切な結論を導くために，「適切な意思決定のプロセス」を踏むことが重要であり，具体的には，前述のごとく「適切な代理判断者」によって，「適切な代理判断の手順」を踏むことである．

　そして，この意思決定の手続きにおいて，「対話のプロセス」はたいへん重要である．対話の内容として，医学に関する事項だけでなく，倫理的価値に関する事項の両者が必要となる．医学的事項としては，現在の病状・将来起こり得ること・治療法・その治療法による治癒の可能性などに関する情報を適切に伝える必要がある．また，倫理的価値に関する事項としては，「なにを治療目標としているのか」「どのような生活の質（Quality of Life；QOL）を望んでいるのか」などの，患者本人の価値観・人生観を十分考慮する必要がある．

　そして，対話・話し合いに際して，医療ケア専門家は十分な情報提供・アドバイスをし，患者や家族が自分たちで方針を決めるお手伝いをすることになるため，種々の場面を想定した十分な情報提供・コミュニケーションが重要となる．そのためには「その本人のために」「みなで考える」という共感をもった姿勢で話し合いに臨むことである．

2．だれが「看取りの意思確認」の話し合いに参加するのか

　「看取りの意思確認」の話し合いは，家族と施設長だけでなされるとしたら，適切とはいえない．本人が意思表明できる場合は，まず「本人」が参加し，意見を述べることが基本である．本人が意思表明できない場合には，[患者家族サイド]では，①本人が指名した代理判断者（proxy），②（proxyがいない場合には）キーパーソンなどの代理判断者，③その他の近親者などが参加する．[医療ケア関係者]では，①施設長，②ケア担当者，③看護師，④医師，⑤介護支援専門員（ケアマネジャー）などがかかわることになる．

　「看取りの意思確認」は，高齢者の大切な命にかかわる決定をすることになるため，本人や家族が適切な判断をすることができるように，施設管理者・介護者・看護師・医師などが，それぞれの役割・立場から，「生活」や「医療」に関する適助な助言アドバイスをすることが求められる．

とくに，介護施設の医師には，より積極的に「看取りの意思確認のプロセス」にかかわることが求められている．現在の病状の適切な評価と，本人や家族に対する十分な医学的情報提供，本人や家族の意向の確認およびその適切性の評価，それらを決定するための話し合いの場における助言などにかかわることが，よりよい看取りに役立つことになる．なぜなら，「○○という治療をする」という医療的指示と同様に，「○○という治療をしない」という指示も医療的指示であり，「看取り」は「延命治療をしない・心肺蘇生術をしない」という医療的指示になるからである．

そして，医療ケア専門家は，本人や家族に代わって意思決定をするのではなく，患者・家族サイドが自分たちで方針を決めることができるように，話し合いの環境を整備する必要がある．家族などの関係者が，その決定について，あとから後悔したり感情的苦悩に陥ったりしないように，納得のいく決定ができるように支援することが大切である．

さらには，医療ケア専門家は，家族の判断や決定が，高齢者本人の願望や価値観からかけ離れていないかどうか，あるいは真摯に本人のことをおもんぱかり，共感をもって判断しているのかどうかについても，話し合いの経過を見守っていく必要があるであろう．

3．「看取りの意思確認」の手続き（プロセス）を公正にするために

家族介護者が，よりよい看取りの意思決定を実践するためには，「手続き的公正性」に配慮することが必要である．「手続き的公正性」確保のためには，①十分なコミュニケーション，②透明性，③中立性に留意することである．

1）十分なコミュニケーション

まず，命にかかわる重大な決定は，独断にならないことが重要である．それには，各自の主観や経験に頼りすぎてはならない．もちろん，経験が豊富で人格も備わっている人の直観による倫理観は正しいことも多いのであるが，命にかかわる重大な決定は，慌ててひとりで決めないことが肝要である．

そういった意味で，協働的プロセスはたいへん重要である．「キーパーソン（代理判断者）をだれにするのか」「看取りに関する方針」についての家族との話し合いの場や，職場でのカンファレンスにおいて，関係者が十分なコミュ

ニケーションをとることによって，多くの人の異なった意見や視点を取り入れることができる．まず，事前指示や推定意思を通じて，本人の意向・願望や，家族・近親者の意見を集め，その後，医療ケアチームが職場のカンファレンスをもつことになる．

しかし，残念ながら，この職場のカンファレンスにおいても，それぞれの施設の集団的思考ともいうべきものが存在することがある．この集団的思考（ある意味で集団による偏見）には，「高齢だから……」「齢にとって不足はない……」といったAgeism年齢による差別や，「認知症だから……」といったDementism認知症による差別などがあるが，これらの偏見に陥らないように，公正な視点をもつようにしたいものである．

2）透明性

密室での決定にならないように，透明性を確保することが必要である．それには，だれが，いつ，どのような意見を述べたのか等，話し合いの経過や決定理由を適切に記録しておくことが大切である．

3）中立性

もし，特定の人の意見だけが強調される，意見がまとまらない場合には，中立的第三者の意見を聞くなどして，中立性に留意することが必要である．そして，話し合いにおいて，みなが平等に意見を言える環境を整えることも大切である．

また，医学的判断に不確実性が伴う場合には，担当医以外の（少なくとも1人以上の）他の医師の意見を聴取したり，必要があれば，さらなるセカンドオピニオンを聴取したりすることも必要である．

さらに，終末期医療ケアのガイドラインに沿って話し合いを進めることも，中立性に留意することになる．厚生労働省の「終末期医療の決定プロセスに関するガイドライン」は法律ではないが，ソフトローとして，看取り（終末期医療ケア）にかかわる医療ケア専門家は，それを熟知し従う必要がある．

4．「看取りの意思確認書」の最終確認

「看取りの意思確認書」の具体的内容について記入が終わったあと，この書類が適切なプロセスで作成されたことを最終確認しておく．とくに，「看取

りの意思確認」の根拠は適切かどうか，「看取り」の決定に際して，本人あるいは家族(代理判断者)に対して，強要・強制・欺瞞はなかったかについて確認しておくことが望ましい．

5．定期的な再評価(再確認)の必要性

「看取りの意思確認」の内容については，本人の身体状態，病状，周囲の状況，医学の進歩などによって，変化する余地がある．また，関係者の揺れ動く気持ちに配慮し，「そのときの」「その人にとって」「もっともよい決定(最善の利益判断)」となるように，再評価・改訂をすることが望ましい．

具体的には，「定期的再評価」「意思能力のある本人による申し出」「意思能力のない本人の，家族による申し出」「医師・看護師などのスタッフによる申し出」「本人が，別の医療機関や介護施設に移るとき」「本人の病状が変化(悪化・好転・急変)したとき」に再評価および変更・更新をする．

本人が終末期に近くなってくると，本人だけでなく家族も，病状の変化によって感情的に不安定になることがしばしばある．このような揺れ動く想いに配慮しながら，「看取りの意思」について再評価をすることが大切である．また，遠くの関係者(親族)が出現し，最初の「看取りの意思確認」の決定内容に異議を唱える場合にも，再検討を要するであろう．

とくに，以前決定した「看取りの意思確認」の内容が，現在の本人の「最善の利益」に合致しないと思われる場合には，熟慮が必要である．家族に対して十分に，現在の医学的状況を説明し，家族が本人のために「なにが，現在の，その人にとって，もっとも最善か」を，真摯に判断できるような話し合いの環境を整備することが必要である．

6．関係者のコンセンサスが必要である(意見の不一致の解決方法)

よりよい「看取り」をするためには，家族や医療ケア専門家などが，「看取りの意思確認」の段階から，関係者間でコンセンサスを得ておくことが大切である．

看取りは，命にかかわる重大な決定になるため，あとで意見の不一致がこりとなり，内部告発という形をとることもあり得る．実際，多くの終末期

医療ケアに関する裁判は内部告発が契機となっている．このような内部告発は，職場内での信頼関係を損ね，不穏な雰囲気を醸し出し，そのしわ寄せは高齢者にいくことになるため，できる限り避けたいものである．したがって，事前に関係者間のコンセンサスを得ておくことが望ましい．それらには，①家族内におけるコンセンサス，②医療ケアチーム内におけるコンセンサス，③家族と医療ケアチームとのコンセンサス形成がある．

　このようなコンセンサス形成の過程で生じた，さまざまな倫理的ジレンマやコンフリクトを解決するために，倫理コンサルテーションというシステムが役立つ．倫理コンサルテーションとは，日常ケアや終末期ケアなど，医療や介護の実践の現場において生じたさまざまな倫理的問題について，関係者間で悩むことや，意見の不一致，衝突がある場合，中立的第三者である倫理専門家による助言を受けることをいう．

　倫理コンサルテーションの役割は，「倫理的ジレンマに悩んだとき，不安を軽減したり，対立を解決したりする糸口を与えてくれる」ものである．したがって，"なにをすべきである"という指示をするものではないし，医療やケアの内容を批判するものでもない．そして，本人や家族に代わって決定するものではなく，依頼者が，自分たちで決定できるように支援・アドバイスするためのものである．今後，日本中の医療機関や介護施設において，このような倫理コンサルテーションの場で助言をすることができる人材を養成することも，よりよい医療ケアを提供するために急務の課題であり，日本臨床倫理学会は人材養成のための研修会を開催している．

VII．「看取り」に際して，医学的アセスメントは十分か？

　いざ，「看取り」のステージに入る際には，「看取りの意思確認書」があっても，もう一度立ち止まって，本人の病状について，「看取ってもよい病態かどうか」を再評価することが必要である．

　病状の悪化時あるいは急変時に，「治る病気か」「治らない病気であるのか」を見極めないで，ただ単に「看取りの意思確認書」があるからといって，そのまま看取るということは，あってはならないであろう．もし，治る可能性の

ある病気なのに，なにも治療しないで，そのまま看取ってしまったらどうなるのであろうか．介護施設に居住する高齢者にも，他の人々と同様に，適切な医療を受ける権利はあるのである．それは，なにも若い人とすべて同じ濃厚な医療が，高齢者に必要であるということをいっているのではない．「そのときに」「その状況下で」「その高齢者にとって」ふさわしい医療があるのだということである（次節の高齢者の緩和ケア参照）．そんなわけで，介護施設においても医学的アセスメントを適切に実施することは，たいへん重要なことであるといえる．

　実際，高齢者の病状の変化があったときには，ケアスタッフだけでなく家族も不安や感情的苦痛を抱えている．そのような不安な気持ちに対処するためにも，担当医を中心として，「看取ってもよい医学的状況か」どうかを再評価することは重要である．医学的状況は常に変化しているため，「その時点での」医学的状況を明確にし，再評価することが必要となる．入所時の「看取りの意思確認書」を作成した時点と，病態は変化していないのか？　治癒可能な突発的病態が起きているのではないのか？　などについてアセスメントをすることになる．

　しばしば，高齢者が「元気がなく」「食欲もない」場合には，「そろそろお迎えがくる」と考えられがちであるが，介護者の直観（直感）や経験のみから，「そろそろお迎えがくる」と決めつけてはならないであろう．ぜひ，そこで「待てよ！」と一度立ち止まって，医学的アセスメントについて考える習慣をつけてほしい．日常の多くの看取りにあまりに慣れすぎて，それが日常的な仕事になってしまうと，これはしばしば陥りやすい間違いとなる．

　そして，高齢者の多くは，認知症だけでなく他の内科的疾患，たとえばがん・心臓病・呼吸器疾患，さらにはロコモーティブシンドロームといった運動器の疾患などを併発していることがしばしばある．実際，認知症そのもので亡くなるのではなく，他疾患によって命を奪われることがほとんどである．しかし，「認知症だから……」「高齢だから……」という先入観や偏見で，適切な治療を受ける権利を奪われているケースも見受けられる．これには，「Ageism」年齢による差別や，「Dementism」認知症による差別といった問題が含まれている．

VIII. 高齢者の慢性疾患における緩和ケアの重要性

1.「看取りの意思確認」があるからといって，必要な医療やケアを提供することを妨げてはならない

　前述のように，高齢者にも他の人々と同様に，適切な医療を受ける権利はある．しかし，それは，若い人とすべて同じ濃厚な医療が，高齢者に必要であるということではなく，「そのときに」「その状況下で」「その高齢者にとって」ふさわしい医療があるのだということである．それは，その高齢者にとって望ましい QOL を実現するための医療ケアである．

　「看取りの意思確認」をすることや「看取り」をすることが，「すべての医療やケアをやめてしまうことではない」ということは，医学的にも倫理的にもたいへん重要である．「自然な看取り」あるいは「平穏な最期」は，無益な延命治療を差し控えたり中止したりして，快適ケア（comfort care）中心の緩和ケアに入ることを意味する．つまり，無益な延命治療はやめても，必要な治療や日常ケアをやめることではない，ということである．常に快適なケアを！　そして，身体的・精神的苦痛を取り除くための治療は必要！　ということになる．

　そこで，スローガン「Cure Sometimes ― Comfort Always ときに治療―常に快適なケア」が生きてくる．これは，高齢者の慢性疾患の"看取り"において，たいへん分かりやすい，そして大切なスローガンである．「延命治療をやめて看取りに入る」ということは，高齢者の慢性疾患における「緩和ケア」を実践するということにほかならない．

2. 緩和ケア的アプローチは，患者に対してだけでなく，家族に対しても

　「看取りの意思確認」をしたからといって，提供される医療やケアの質を落としてはならないであろう．なにがその患者本人にとって最適な医療やケアであるのかを，常に考える必要がある．また，緩和ケア的アプローチは，「生命をおびやかす疾患」に直面している患者本人だけでなく，家族に対しても重要なものである．

3．「看取りの意思確認」後にも，緩和ケアの内容について十分な対話を

患者や家族に，今後も，必要な医療やケアは継続的に提供されることを説明しておく必要がある．患者本人は，「看取りの意思確認書」作成後，医療ケア担当者が自分のことをあきらめてしまうのではないか，医療が必要な場合にも放っておかれるのではないかと心配している．患者本人や家族と定期的に話し合い，本人にとってより適切な緩和ケアなどについて説明をし，不安を取り除くことが大切である．

4．『緩和ケア』の概念

緩和ケアは，最初はがんの終末期においてたいへん重要視されてきたが，最近は，がんだけでなく，認知症をはじめとする高齢者の慢性疾患に対しても，緩和ケアという概念がたいへん重要であると考えられるようになってきた．このような高齢者の慢性疾患における緩和ケアの重要性にかんがみて，2011年WHO Europeが，「高齢者のための緩和ケアのよりよい実践」というガイドラインを出している．また，2013年6月にはヨーロッパ緩和ケア学会も「認知症における緩和ケアのRecommendation」という形でガイドラインを出している．

1）緩和ケアの定義

WHOによる緩和ケアの定義は，『生命をおびやかす疾患に伴う問題に直面する患者と家族に対し，疼痛や身体的，心理社会的，スピリチュアルな問題を早期から正確にアセスメントし解決することにより，苦痛の予防と軽減を図り，QOLを向上させるためのアプローチである』というものである．

2）緩和ケアの具体的実践

* 痛みや，他の苦痛からの解放
* 通常の日常生活と，自然の経過での死を保障する
* 決して死を早めるものでもないし，死を先延ばしするものでもない
* 患者の心理的・スピリチュアルなケアを含むものである
* 患者が死の直前まで，できる限り，通常の日常生活をアクティブに送れるようにサポートするものである
* 患者が病床にあるとき，および看取り後に，家族を支援するシステムを

提供すること
* 患者や家族のニーズにこたえるために，看取り後のカウンセリングを含めて，チームアプローチをすること．
* QOL を高めること，それは，病気の経過にポジティブな影響を与えることになる
* 緩和ケアは，病気の早い段階から，他の命を長らえることを目的とした治療(例：化学療法・放射線治療)と共に適用されるべきものであり，苦痛を与える合併症に対処することも含む

IX 心肺蘇生をしない(＝看取る)という医師による指示；DNAR 指示

1.「看取りの意思確認書」を作成したら，次は「DNAR 指示」を作成してください

「看取りの意思確認書」は，基本的には，終末期の延命治療について，本人および家族の意向・願望を聞き取った書類，あるいは，本人および家族が自分たちの意向・願望を書いた書類である．そういった意味では，私的で個人的な書類である．終末期の延命治療に関する正式な医療上の指示(オーダー)ではない．

そして，前述のように，「〇〇という治療をする」という指示と同様に，「〇〇という治療をしない」という指示も，命にかかわる重要な医療上の指示である．したがって，このような命にかかわる指示は，それが「〇〇という治療をする」であっても，「〇〇という治療をしない」であっても，原則として，医師によるオーダーが必要ということになる．

そこで，「看取りの意思確認」ができたら，その後，担当医に「蘇生不要指示 DNAR 指示」を書いてもらうことが望ましいといえる．ケアスタッフだけでなく，家族も，医師による適切な医学的アセスメントに基づいた DNAR 指示があることによって，安心して看取りのステージに入ることができる．

2．DNAR指示（蘇生不要指示）とは

　DNAR指示（＝Do Not Attempt Resuscitation）は，『疾病の末期に，救命の可能性がない患者に対して，本人または家族の要望によって，心肺蘇生術を行わないことを指し，これに基づいて医師が指示する場合をDNAR指示』という（日本救急医学会雑誌，1995）．

　DNAR指示は，「患者の自己決定（事前指示）」，あるいは「適切な代理人」による「適切な手順」を踏んだ代理判断に基づいて，医師が出す指示（オーダー）である．

　現在，わが国では，急性期病院を中心に日常的にDNAR指示が出されており，最近では，96％以上の病院で出されているという調査結果もある．また，アメリカのある州では，ホスピスの100％，ナーシングホームの95％がDNAR指示書を使用している．

3．DNAR指示は，介護施設の「看取り」においても無関係ではない

　現在，多くの急性期病院で出されているDNAR指示は，決して，介護施設の看取りと無関係ではない．「心肺停止になっても，そのまま蘇生処置をしない」ということは，まさに，介護施設における「看取り」そのものであり，DNAR指示は介護施設の看取りにも適用されるのである．厳密には，介護施設においても，看取りの適正な手続きである「DNAR蘇生不要指示」が必要ということになる．

　今後は，介護施設における高齢者本人の医療を受ける権利・医療を拒否する権利に配慮した，密室にならない適切な「意思決定の手続き」を実践するためにも，熟慮を要する課題である．

　また，DNAR指示によって差し控えられる医療の内容を具体的に示すために，最近では，POLST（Physician Orders for Life Sustaining Treatment）という概念が出てきている．POLSTは，心肺蘇生術（Cardio Pulmonary Resuscitation；CPR）だけでなく，他の延命治療に関する具体的指示も含んでいる書式である．患者や家族との「看取りの意思確認」の話し合いにおいて，CPRだけでなく，それ以外の治療処置についてもコミュニケーションを深め，具体的・明確にしておくことが望まれる．

POLST(DNAR 指示を含む)の書式については，日本臨床倫理学会のホームページでそのひな形を公開している(http://www.j-ethics.jp)．看取りの意思確認のプロセスを適切にするための【基本姿勢】【書式】【ガイダンス】についても詳述されているので，ぜひ参照されたい．

X. おわりに

　よりよい「看取り」を実践するためには，まず第1に「看取りの意思確認」を倫理的に適切なプロセスを経て行うことが大切である．そのためには，家族に対する意思決定支援がたいへん重要になってくる．

　本人が意思表明できれば，できる限り本人の願望や価値観を反映し，本人意思(自己決定)を尊重することが基本となる．もし，現在，意思表明できない場合には，以前の本人意思である事前指示が尊重される．

　事前指示がない場合には，家族等が判断をすることになるが，家族の代理判断の法的意味を理解し，家族の判断が本人の最善の利益にかなうかどうかを見極める必要がある．

　そのためには，医療ケア専門家は，家族が意思決定する際に，「患者のかつての願望(＝事前指示)」「患者の価値観に基づいて推測された願望(＝代行判断)」「患者の最善の利益」と，「家族自身の願望(＝家族による自己決定)」について適切に区別できるように支援することが重要である．

　さらに，高齢者の慢性疾患における緩和ケアや，DNAR 指示(POLST)についても，十分に配慮することが，よりよい看取りを実践するための，今後の課題である．

文　献

1) 箕岡真子：「私の4つのお願い」の書き方；医療のための事前指示書．ワールドプランニング，東京(2011)．
2) 厚生労働省(2007)「終末期医療の決定プロセスに関するガイドライン」(http://www.mhlw.go.jp/shingi/2007/05/dl/s0521-11a.pdf)．
3) 箕岡真子：認知症ケアの倫理．ワールドプランニング，東京(2010)．
4) 箕岡真子，稲葉一人：ケースから学ぶ高齢者ケアにおける介護倫理．医歯薬出版，

東京(2008).
5) 箕岡真子,藤島一郎,稲葉一人：摂食嚥下障害の倫理.ワールドプランニング,東京(2014).
6) 箕岡真子：正しい看取りの意思確認.ワールドプランニング,東京(2015).

おわりに

　本書は，家族支援をキーワードに，現代社会の在宅介護のむずかしさと，家族関係のむずかしさについて，多分野の専門家による分析と考察を加えたうえで，具体的な支援方法にたどり着くことを目指し，各章を通して論じてきた．

　本書を通して家族について改めて見直していくと，「自分だったらどうするか」，そもそも「安定した家族など存在しないのではないか」という一抹の不安が生まれていく感覚を私自身でも感じていた．ステップファミリー，同性夫婦，シェアハウスなど，従来映画や小説，海外の特異な事例として紹介されてきたことが身近になっている．確かに，このように多様になってしまった家族は，これまでのライフコースというあるサイクルのなかだけで論ずることがむずかしく，出口がみえなくなっている．まるで，ゴールのない綱渡りをしている感覚である．

　だからといって，決してあきらめているわけでも，悲観しているわけでもない．

　家族は昔から不安定であり，弱いものを支えるために，家父長制があり，家制度があり，地域の隣組や講のような互助組織があったのだ．しかし，いまはそれに代わり助け合う「仕組み」が，多様な家族形態に追いつかなくなっているのであろう．だからこそ，支援する人が必要なのである．

　家族が「生」の基盤であることに変わりはなく，逆に渾沌としているからこそ，改めて「家族」の機能に期待したいのである．血縁や地縁の有無にかかわらず，介護を必要としている人が，「本当に介護をされたい人」はだれなのかが，はっきり表明できる社会になってほしい．「介護をしない権利」は第2章でも述べたが，「愛しい人を表明できる権利」もあるはずだ．そんな思いを本書には込めたつもりである．

私のつたない文章では，伝えきれない部分もあったと思うが，松本一生先生，箕岡真子先生，松本望先生，松下年子先生，高原昭先生，湯原悦子先生，杉山秀樹先生，佐藤典子先生，大塚眞理子先生，吉川悠貴先生の助けのおかげで，その気持ちが多少なりとも緩むことができ，そして貴重な家族支援に関する1冊となりました．ありがとうございました．

　そして，家族支援を考えると，どうしても自分の家族のことが頭に浮かぶのである．そのときは，かってに私の両親，疎遠な兄，亡くなった兄，そして妻をイメージするのである．間違いなくいえるのは，不安もあるが，支えになっているということをつけ加えたい．深謝．

　最後に，私がこれまで出会った家族のみなさんは，他人の私にありのままの心情を語ってくれました．なによりも本書がきっかけとなり，家族のみなさんに一刻も早く，いまよりももっとよい支えの手が届くことが切なる願いです．

2015年4月

　　　　　　　　　　　　　　　　　　　　　　　　　　　　矢吹　知之

認知症の人の家族支援
―― 介護者支援に携わる人へ ――

2015 年 5 月 15 日　第 1 版第 1 刷

定価：本体 2,000 円 + 税

編著者　矢吹知之

発行者　吉岡正行
発行所　株式会社ワールドプランニング
〒162-0825 東京都新宿区神楽坂 4-1-1
Tel：03-5206-7431　Fax：03-5206-7757
E-mail：world@med.email.ne.jp
http://www.worldpl.com
振替口座　00150-7-535934
表紙イラスト　吉田勇亮
印刷　株式会社双文社印刷

©2015, Tomoyuki Yabuki
ISBN978-4-86351-092-0